ÉTUDES MORALES

SUR

L'ANTIQUITÉ

PAR

CONSTANT MARTHA

Membre de l'Institut
Ancien professeur à la Faculté des lettres de Paris

TROISIÈME ÉDITION

PARIS
LIBRAIRIE HACHETTE ET Cie
79, BOULEVARD SAINT-GERMAIN, 79

ÉTUDES MORALES
SUR L'ANTIQUITÉ

OUVRAGES DU MÊME AUTEUR

PUBLIÉS PAR LA LIBRAIRIE HACHETTE ET Cie

Les moralistes sous l'empire romain ; 5ᵉ édit. 1 vol. in-16. 3 fr. 50
   Ouvrage couronné par l'Académie française.

Le poème de Lucrèce (morale, religion et science) ;
   4ᵉ édit. 1 vol. in-16 . . . . 3 fr. 50
   Ouvrage couronné par l'Académie française.

La délicatesse dans l'art. 1 vol. in-16 . . . . 3 fr. 50

ÉTUDES MORALES

SUR

L'ANTIQUITÉ

PAR

CONSTANT MARTHA

Membre de l'Institut
Ancien professeur à la Faculté des lettres de Paris

TROISIÈME ÉDITION

PARIS
LIBRAIRIE HACHETTE ET Cie
79, BOULEVARD SAINT-GERMAIN, 79

1896

Droits de traduction et de reproduction réservés.

AVANT-PROPOS

Si les précieuses découvertes de l'archéologie attirent de plus en plus l'attention sur tout le détail matériel de la vie grecque ou romaine, on est moins curieux aujourd'hui de pénétrer dans l'âme antique. Il nous a semblé pourtant que des études particulières sur l'état moral dans l'antiquité à diverses époques ne seraient pas sans intérêt, et nous avons essayé de faire ce qu'on pourrait appeler de la psychologie historique en un certain nombre de chapitres distincts, mais qui ne sont pas sans liaison, qui se soutiennent mutuellement.

Dans ce volume, l'*Eloge funèbre chez les Romains* laisse voir quel sentiment civique animait les grandes cérémonies funéraires en un temps où Rome, naïve encore et peu lettrée, avait déjà la conscience de sa grandeur future. *Le philosophe Carnéade à Rome* nous fait assister au premier éveil de la curiosité philosophique et de la science morale chez un peuple qui jusque-là n'avait été que politique et guerrier. *Les consolations dans l'antiquité* permettent de se figurer les entreprises ou généreuses, ou ridicules de la philosophie sur la douleur. *L'examen de conscience* met en lumière les désirs de perfection intérieure qui s'étaient emparés de certaines écoles. Enfin, au moment où la philosophie et l'ancienne religion sont aux prises avec le christianisme, on voit par deux illustres exemples ce que pouvaient être un *chrétien devenu païen* et un *païen devenu chrétien*.

A de telles études ne convient pas l'appareil de l'érudition. On ne peint pas les âmes avec des gloses. Sans doute un auteur, en ce sujet comme en tout autre, doit observer les règles

d'une sévère critique et s'appuyer sur des textes;
mais il n'est pas tenu de verser toutes ses notes
devant le lecteur. C'est à l'écrivain de mériter du
crédit par la clarté de son exposition, la vraisemblance de ses tableaux, la sincérité manifeste de
son style. Le public se plaint quelquefois, non
sans raison, que l'antiquité devienne de plus en
plus un domaine réservé aux seuls initiés, entouré de barrières épineuses, comme pour tenir
à distance les profanes. Nous voudrions, au contraire, qu'elle fût accessible par plus d'un côté à
tous les esprits cultivés, aux jeunes gens, même
aux femmes. Intéresser tout le monde, si l'on
peut, à l'histoire des idées morales, c'est faire
une œuvre morale soi-même.

Décembre 1882.

ÉTUDES MORALES
SUR L'ANTIQUITÉ

L'ÉLOGE FUNÈBRE CHEZ LES ROMAINS

Quand Agrippine rapporta d'Orient les cendres de Germanicus, et que de Brindes à Rome, de ville en ville, et tout le long de la route, elle eut traversé les douloureux hommages d'une foule de toutes parts accourue et sans cesse renaissante, Tibère, ne voulant pas voir se renouveler sous ses yeux les témoignages d'un enthousiasme qui était une injure pour lui-même, ordonna que les funérailles de son trop adoré neveu se feraient sans pompe. Le peuple murmura : « Où sont les institutions de nos ancêtres? Quoi! on refuse au héros les vers composés pour perpétuer le souvenir de la vertu, on lui refuse encore les honneurs usités de l'éloge funèbre [1] » C'était

---

1. Tacite, *Annales*, l. III, 5.

en effet un des plus antiques usages de célébrer en des occasions et sous des formes diverses les hommes illustres qui avaient bien servi la patrie, usage si antique que les premiers essais de la littérature romaine s'y rattachent et en sont sortis. Avant qu'il y eût des poètes à Rome, les jeunes garçons étaient amenés dans les festins pour chanter aux sons de la flûte les exploits des héros; avant qu'il y eût des orateurs politiques, on faisait sur le forum, dans un discours public, du haut d'une tribune, l'éloge funèbre des nobles défunts. La poésie et l'éloquence ont donc leurs lointaines racines dans ces vieilles et patriotiques institutions. Bien plus, comme chaque famille patricienne conservait pieusement dans ses archives privées les éloges de ses membres, les premiers écrivains qui tentèrent de raconter les annales de Rome furent obligés de recourir, faute d'autres documents détaillés, à ces documents domestiques, si bien que ces vieux usages donnèrent naissance non seulement à la poésie et à l'éloquence, mais à l'histoire même. Pour ne parler ici que de l'éloge funèbre, cette coutume qui remonte peut-être au temps des rois, qui paraît au grand jour dès l'établissement de la république, qui durait encore sous l'empire, en excitant tant de regrets quand par hasard on y dérogeait, une coutume si enracinée tenait au sentiment le plus profond du peuple ronain, au culte pour ses grands hommes, qui se onfondait avec le culte de la patrie. L'oraison funère à Rome n'est donc pas une invention littéraire es temps cultivés, une cérémonie oratoire pour ne assemblée de délicats : elle a été naïvement réée par le peuple ou pour le peuple; elle est sorie des mœurs, elle a servi à les fortifier et à les aintenir, enfin elle a été comme une des pièces es plus durables de l'éducation civique.

I

Rome, qui en littérature a presque tout emprunté ux Grecs, ne leur est pas redevable de l'oraison unèbre. Ce sont les Romains qui ont imaginé ce enre d'éloquence, et sur ce point ils ont devancé s Athéniens eux-mêmes. Cela est affirmé par Denys 'Halicarnasse [1] et par Plutarque [2], et le témoinage de ces deux écrivains grecs mérite d'autant lus de crédit qu'il est plus désintéressé. Denys ssure que la première harangue funèbre fut prooncée à Rome seize ans avant que les Athéniens fussent avisés de célébrer ainsi les morts de Mathon. Cette première harangue romaine fut celle

1. *Antiq. romaines*, l. V, 17.
2. *Publicola*, ch. 9.

que fit Valérius Publicola en l'honneur de son collègue Brutus, qui avait chassé les Tarquins. Pour être né sur le sol national, l'éloge funèbre à Rome eut des caractères particuliers qu'il n'eut pas en Grèce. Chez les Romains, il était consacré à un homme; chez les Grecs, il était collectif, accordé seulement aux guerriers tombés ensemble dans une bataille ou dans une même campagne. Ainsi furent honorés par Périclès les soldats morts dans la guerre du Péloponèse et par Démosthène ceux de Chéronée. De là, selon Denys, un autre caractère distinctif : en Grèce, on ne célébrait que le courage, puisqu'il ne s'agissait que de héros militaires; à Rome, on vantait encore les vertus civiles. On voit ici comment la diversité des institutions s'impose même à l'éloquence. La démocratique Athènes, la république jalouse qui avait inventé l'ostracisme, se garde bien de glorifier ses grands citoyens, de peur d'exalter l'orgueil des familles et de susciter un nouveau Pisistrate; l'aristocratique Rome, au contraire, se fait un devoir d'offrir à l'admiration du peuple les hommes distingués des maisons patriciennes et ne craint pas de les couvrir de gloire : cette gloire rejaillit sur tout le patriciat.

L'histoire de l'éloge funèbre est courte, parce que les écrivains latins des siècles lettrés ne fournissent que bien peu de renseignements. Leur dédain ou eur silence tient à plusieurs causes. D'abord ils n'étaient pas en général curieux de connaître les anciens monuments littéraires de Rome, dont ils méprisaient la langue vieillie et rude. Au temps d'Auguste, la délicatesse des esprits négligeait l'antiquité romaine, comme au temps de Louis XIV elle ignorait le moyen âge. L'ancienne éloquence funèbre de Rome passa donc inaperçue, comme du reste l'éloquence politique du même temps, sur laquelle nous saurions peu de chose, s'il ne s'était rencontré dans les siècles de décadence des grammairiens, raffinés aussi, mais à rebours, blasés sur l'art régulier des œuvres classiques et qui, dans leur admiration rétrospective pour la demi-barbarie des vieux âges, nous ont conservé des fragments et des phrases des plus anciens orateurs. Pour des raisons particulières, l'éloquence funèbre dut même être négligée plus que tout autre. Ces sortes de harangues étaient trop fréquentes, puisqu'on en prononçait à toutes les funérailles patriciennes, et que peu à peu ces honneurs furent prodigués, même dans les municipes, aux plus minces personnages, hommes ou femmes, ainsi qu'en témoignent les inscriptions des tombeaux. L'accoutumance ôtait donc de leur intérêt à ces discours. A cette banalité s'ajoutait celle de la composition, qui ne pouvait guère varier, l'usage voulant que l'on fît toujours avec l'éloge du mort celui de tous ses ancêtres. Combien de fois a-t-on dû faire, dans la suite des temps, celui des Cornélius, des Fabius ou des héros de quelque illustre et nombreuse famille! L'uniformité de ces discours était inévitable. Chose plus fâcheuse, comme la coutume exigeait que le discours fût prononcé par le plus proche parent du défunt, l'orateur, se trouvant désigné par d'autres raisons que son éloquence, pouvait n'être pas éloquent, et c'est bien d'aventure quand il l'était. Enfin l'éloquence funèbre, eût-elle le plus grand éclat, ne pouvait laisser de vifs et durables souvenirs, parce que, calme de sa nature, elle n'offrait pas le dramatique intérêt des grandes luttes politiques et judiciaires qui chaque jour agitaient les esprits; elle était bien vite oubliée au milieu de ce bruit sans cesse renaissant et noyée dans les tempêtes civiles. Si ce sont des étrangers, des Grecs séjournant à Rome, Polybe surtout, qui nous ont laissé sur ces coutumes les plus intéressants détails, c'est que la nouveauté du spectacle leur offrait encore des surprises et parlait à leurs yeux et à leur âme. Nous ne voulons pas peindre en ce moment ce spectacle des funérailles illustres avec leur long cortège de musiciens, de pleureuses chantant les louanges du mort, de chars portant les images de ses ancêtres, immense cérémonie où le peuple était officiellement convoqué, où il accourait comme à la célébration d'un lugubre triomphe; mais c'est au milieu de cet appareil de la mort et de la gloire qu'il faut toujours replacer et se figurer l'éloquence funèbre romaine. Ainsi seulement peuvent reprendre quelque vie les rares souvenirs épars que nous allons recueillir, avec lesquels on en est réduit à recomposer son histoire.

S'il est vrai, comme l'affirment Denys d'Halicarnasse et Plutarque, que la première oraison funèbre fut celle que le consul Valérius Publicola prononça en l'honneur de son collègue Brutus qui chassa les rois, ce genre d'éloquence eut pour les Romains une glorieuse et touchante origine. Il aurait donc été inspiré par le plus grand événement de l'histoire romaine, il se confondrait avec les plus chers souvenirs de la liberté conquise et serait comme une des premières parures de la république naissante. Cet éloge de Brutus, ajoute Plutarque, fut si fort goûté du peuple, que, depuis, la coutume s'établit de rendre un pareil honneur à tous les grands personnages. Quoi qu'il en soit de cette haute origine, et bien qu'on en puisse à la rigueur douter, parce que les Romains étaient toujours fort enclins à faire remonter leurs plus nobles coutumes à l'établissement même de la république, toujours est-il qu'on rencontre de bonne heure çà et là dans l'histoire romaine la mention d'un certain nombre de ces éloges. L'an 480 avant notre ère, le consul M. Fabius prononça l'éloge funèbre de son frère Q. Fabius et de son collègue Manlius, tués dans une bataille contre les Véiens. L'orateur était ce Fabius qui avait refusé le triomphe en répondant : « Quand sa maison était en deuil de son frère, quand la république était veuve d'un de ses consuls, il n'accepterait pas un laurier flétri par les larmes de sa patrie et celles de sa propre famille, » belle phrase qui sans doute est de Tite-Live et non de ce Fabius, trop belle ou plutôt trop apprêtée pour ces temps antiques. En louant les deux héros, dit encore l'historien, il montra beaucoup de générosité, puisqu'il leur donna des louanges dont lui-même avait mérité la plus grande part [1]. Dix ans plus tard, en 470, Appius Claudius, accusé devant le peuple, étant mort avant la fin du procès où il avait par son insolente hauteur déconcerté et fait trembler ses accusateurs mêmes, les tribuns s'opposèrent à son éloge funèbre; mais, sur les prières de son fils, qui réclama « au nom de l'ancienne coutume romaine », le peuple ne voulut pas qu'on dérobât ce dernier honneur aux restes d'un grand homme, et il écouta son éloge, après sa mort, d'une oreille aussi favorable qu'il avait écouté son accusation pendant sa vie [2]. Il faut que l'usage de l'éloge

---

1. Tite-Live, l. II, 47.
2. Tite-Live, l. II, 61; Denys, l. IX, 66.

funèbre fût déjà bien enraciné pour que la foule tînt à celui d'un homme qui lui était si odieux.

De ces discours, il ne reste rien que de lointains et vagues souvenirs. Nous entrevoyons les scènes, mais les paroles nous échappent. Il faut attendre encore près de deux siècles et demi, jusqu'à l'an 221 avant notre ère, pour rencontrer un éloge dont on ait, sinon le texte, du moins le résumé. C'est celui de Lucius Métellus, prononcé par Quintus Métellus, son fils. Le père avait été grand pontife, deux fois consul, dictateur, maître de la cavalerie, un des quindécemvirs pour le partage des terres, et le premier, disait-on par erreur, il avait montré au peuple, pendant son triomphe, des éléphants pris dans la première guerre punique. Le fils rappelait tous ces honneurs et ajoutait, selon le témoignage de Pline, « que les dix biens les plus grands et les meilleurs, que les sages passent leur vie à chercher, son père les avait possédés dans leur plénitude. Il avait voulu être le premier guerrier de son temps, le meilleur orateur, le plus brave général, diriger sous ses auspices les affaires les plus importantes, être revêtu de la plus haute magistrature, avoir la plus haute sagesse, être le chef du sénat, acquérir une grande fortune par des moyens honorables, laisser beaucoup d'enfants, être le plus illustre citoyen de la république ; tous ces avantages, son père les avait obtenus, et aucun autre, depuis la fondation de Rome, n'avait eu un tel bonheur [1]. On a remarqué que ces biens énumérés rentrent un peu les uns dans les autres. Il semble que l'orateur ait tenu à trouver dans la vie de son père dix avantages et qu'il ait fait servir deux fois les mêmes, sous un autre nom, pour arriver au nombre désiré. On voit là l'inexpérience qui tâtonne et ne distingue pas bien les idées ; mais ce morceau a pour nous de l'intérêt, parce qu'on y saisit déjà une certaine velléité oratoire. A l'énumération des titres, qui faisait le fond de ces éloges, s'ajoutent ici des pensées un peu philosophiques. Nous avons sous les yeux comme un plan d'oraison funèbre romaine. Un autre caractère digne d'être noté, c'est que dans ce discours il n'y a rien de triste. Il ne s'agit que d'honneur et de bonheur. Selon les anciens, le bonheur, qui est un don des dieux, faisait partie du mérite.

A peu près vers le même temps, nous rencontrons un discours qui paraît avoir été touchant, celui où le vieux Fabius, *le temporiseur*, l'adversaire d'Annibal, le bouclier de Rome, rendit les derniers honneurs à son fils, qui était mort au sortir du consulat. La douleur d'un père regrettant devant tout le peuple un fils enlevé dans la force de l'âge et dans le

---

[1]. Pline, *Hist. natur.*, l. VII, 45.

premier éclat de sa gloire est plus pathétique que la douleur d'un fils célébrant son père chargé d'années. Il paraît que ce fut un imposant spectacle qui laissa de longs souvenirs. Le vieux Fabius était un vrai Romain des temps antiques, dont le langage, dit Plutarque, « était conforme à ses mœurs, tout substance, avec poids et profondeur de sentences et de conceptions singulières et propres à lui. » Chose nouvelle, Fabius non seulement rédigea son discours, mais le publia. Cicéron, dans le traité *de la Vieillesse*[1], fait dire à Caton : « L'éloge que Fabius prononça est dans toutes les mains; lorsque nous le lisons, quel est le philosophe que nous oserions lui comparer? » Ainsi voilà un éloge funèbre qui a produit une profonde impression même sur des lecteurs, que Cicéron a eu entre les mains et qu'il admirait, non point sans doute pour le style, qui devait être d'une trop antique simplicité, mais pour le ferme langage de la douleur paternelle héroïquement contenue.

Enfin il existe un petit fragment d'un éloge funèbre en l'honneur de Scipion Émilien, le destructeur de Carthage et de Numance, qui fut trouvé un matin mort dans son lit; selon toute vraisemblance, assassiné. Cet éloge, composé en 129 par son ami Lélius,

---

1. Ch. 4.

fut prononcé par Fabius, frère de l'illustre défunt. Nous en avons la péroraison, trouvée dans les scolies du *Pro Milone :* « On ne saurait assez rendre grâces aux dieux immortels pour avoir fait naître de préférence dans notre cité un homme d'un tel cœur et d'un tel génie, et on ne saurait assez s'affliger de le voir mort, et de la mort que l'on sait, dans un temps où tous ceux qui avec vous désirent le salut de la république auraient le plus besoin de le voir vivant, Quirites. » Ce fragment a du prix, parce que la parole y a déjà une certaine ampleur. Cette péroraison a frappé Cicéron, qui y fait allusion dans son discours pour Murena [1]. « Quand Fabius, dit-il, fit l'éloge de l'Africain, il remercia les dieux de ce qu'ils avaient fait naître un tel homme dans la république plutôt que partout ailleurs, parce qu'il fallait que l'empire du monde fût où était Scipion. » Ici encore, on doit remarquer une chose nouvelle et insolite. Lélius composa ce discours pour être prononcé par un autre. Cela devait plus tard arriver souvent quand l'orateur de la famille n'était pas éloquent. Lélius était le plus intime ami de Scipion ; il avait partagé avec lui les périls de la guerre et du Forum ; leur union était aussi célèbre que celle d'Oreste et de Pylade. Celui-ci était le plus grand capitaine du

---

1. Ch. 36.

temps, celui-là le plus grand orateur, et ce dut être pour les Romains un objet d'admiration de voir cette fidèle amitié survivre à la mort et l'éloquence de l'un, contrairement à l'usage, se mettre encore au service de l'autre.

S'il nous reste peu de fragments de cette éloquence, nous pouvons du moins nous figurer clairement le plan d'un éloge funèbre, plan pour nous assez étrange, qui n'est pas celui qu'on choisirait aujourd'hui. L'orateur faisait d'abord l'éloge du mort, dit Polybe, et, quand cet éloge était terminé, il abordait seulement celui des ancêtres, en commençant par le plus ancien, par l'auteur de la race, et redescendait de héros en héros jusqu'au défunt. On voit que l'ordre chronologique n'était pas ce qu'on recherchait. Dans la première partie du discours, dans l'éloge du mort, on célébrait, dit Polybe, ses vertus, ses actions, sa fin glorieuse [1]. Cicéron entre dans plus de détails, et, en donnant les règles du panégyrique en général, il fait une visible allusion à l'éloge funèbre, puisqu'il adresse ses conseils à ceux qui ont à écrire un discours semblable à celui qu'écrivit Lélius sur Scipion. « On parlera, dit-il, des dons de

---

1. VI, 53, 54. Voir aussi Tite-Live, l. XXVII, 27. — Plus tard, du moins sous l'empire, on suivit l'ordre inverse, à en juger par l'éloge funèbre de Claude, où Néron, l'élève de Sénèque, commence par l'éloge des aïeux et finit par celui du prince défunt.

la fortune, comme la naissance, les richesses, la puissance, la beauté, le génie. Si celui dont nous faisons l'éloge a possédé ces avantages, nous le louerons d'en avoir fait un bon usage ; s'il en a été privé, nous dirons qu'il a su s'en passer ; s'il les a perdus, qu'il en a souffert la perte avec constance. Les actions qui ont été accompagnées de fatigues et de dangers présentent le sujet le plus fécond, parce que la vertu vraiment héroïque est celle qui se dévoue pour les autres. Les honneurs décernés avec éclat, les prix accordés au mérite, donnent aussi beaucoup de lustre aux éloges, etc. [1]. » Nous abrégeons ces conseils donnés par Cicéron, qui conduit l'orateur pas à pas avec une sollicitude méticuleuse dont on ne doit pas s'étonner. Chez les anciens, où tout citoyen, fût-il peu instruit ou peu exercé, pouvait être obligé de parler en public, la rhétorique, aujourd'hui si suspecte et décréditée, était une maîtresse secourable qui soutenait les novices et soulageait même les plus habiles. Elle fournissait des cadres où l'esprit n'avait plus que la peine d'entrer. Ces compartiments, tracés d'avance par la rhétorique, font penser à nos papiers administratifs partagés en colonnes que tout employé est à même de remplir et

---

[1]. *De orat.* l. II, ch. 11, et les chapitres 84 et 85 ; Quintilien, l. III, 7, 10.

qui le dispensent de tous les efforts qu'exigeraient l'invention et l'ordonnance.

La seconde partie du discours, celle qui était invariablement consacrée à l'éloge des ancêtres, offrait moins de difficultés encore. Ici, l'orateur pouvait à la rigueur ne rien fournir lui-même. Il n'avait qu'à consulter les archives de la famille, où s'étaient accumulés de génération en génération, depuis des siècles, tous les éloges prononcés aux funérailles successives de tous les membres défunts. Il avait donc sous les yeux, sous la main, des annales toutes rédigées. S'il lui avait pris fantaisie de faire un très long discours, il lui aurait suffi de mettre bout à bout tous les éloges précédents, dont la suite eût ainsi présenté toute l'histoire de la famille; mais ce n'est pas ainsi qu'il devait procéder. Selon toute vraisemblance, il résumait cette histoire, ne rappelait que les faits les plus importants, énumérait les consulats, les triomphes ou les récompenses éclatantes décernées dans la suite des âges à cette succession de héros. Cette simplicité commode du travail, cette rédaction toute faite ou cette sèche énumération de titres honorifiques expliquent comment on pouvait, sans risquer une mésaventure oratoire, charger du discours le plus proche parent, quel qu'il fût, eût-il peu de culture et nul talent. En effet, comme dans la suite des orateurs qui s'étaient succédé il s'en était trouvé certainement un ou plusieurs qui avaient célébré les ancêtres en bons termes, le dernier venu, ayant à traiter le même sujet, pouvait toujours redire ce qui avait été bien dit une première fois, sans que personne s'aperçût de la redite et du plagiat. Ainsi dans ces discours il n'y avait de vraiment nouveau que la partie consacrée à l'éloge du défunt. Cet éloge allait rejoindre dans les archives, dans le *tablinum* de la famille, les éloges précédents, et de cette manière se formait couche par couche, comme par alluvions, le dépôt de la gloire domestique, dépôt qui dans les temps antiques n'aurait pu se former, si l'usage des oraisons funèbres n'avait pas été établi. Grâce à cet usage, chaque noble famille possédait une suite non interrompue de notices biographiques qui était comme une partie importante de l'histoire générale de Rome. Aussi est-ce là que les premiers historiens de Rome ont dû puiser quand ils voulurent raconter l'histoire détaillée, car les documents officiels, *les Grandes Annales, les Annales des pontifes*, étaient nécessairement sommaires et ne contenaient que les faits les plus généraux. De là vient que l'histoire romaine est née dans une de ces maisons patriciennes. Si le premier historien romain a été un Fabius, Q. Fabius Pictor, c'est qu'appartenant à une famille illustre, laquelle de père en fils avait rempli les grandes charges et avait été mêlée aux plus grands événements, il trouvait sous sa main, chez lui, des documents précieux que tout autre n'aurait pu facilement se procurer.

Cet orgueil des familles, en fondant l'histoire, contribua, il est vrai, à la falsifier. Comme il y avait entre les nobles maisons une émulation de gloire, chacune était naturellement tentée, pour surpasser toutes les autres, d'embellir ses propres annales, surtout dans ces magnifiques cérémonies funèbres où l'on avait pour témoin tout le peuple, dont il était si utile de capter l'admiration. Les historiens romains furent souvent induits en erreur par ces éloges intéressés. Il faut se rappeler que sur les premiers siècles de Rome on avait fort peu de documents, que les archives privées étaient parmi les plus importants, que les discours prononcés aux funérailles en faisaient partie, et que les historiens ne pouvaient pas ne point les consulter; ils coururent donc le risque d'être souvent trompés par la vanité domestique, et se montrèrent surtout fort embarrassés de raconter des événements dont l'honneur était revendiqué par plusieurs nobles maisons. Tite-Live se plaint, non sans amertume, avec la gravité d'un auteur dont la bonne foi est perplexe : « Je suis convaincu que les souvenirs du passé ont été altérés par les éloges funèbres, alors que chaque famille voulait tirer à soi la gloire des actions et des dignités. De là sans doute cette confusion dans les œuvres de chacun et dans les monuments publics de l'histoire [1]. » Pour comprendre comment les monuments publics eux-mêmes ont pu être altérés par les orgueilleuses fantaisies des particuliers, on ne doit pas oublier que l'antique histoire de Rome — les Grandes Annales — avait été détruite dans l'incendie de la ville par les Gaulois, et que, pour rétablir cette histoire, on fut sans doute obligé de recourir aux archives privées que quelques familles avaient mises en sûreté dans le Capitole demeuré intact. Ainsi les mensonges de la vanité reçurent une sorte de consécration officielle. Pour recomposer leurs vieilles annales, les Romains avaient dû faire, après l'incendie, ce qu'on fit à Paris après le désastre de la *Commune*, alors qu'on rétablit, à l'aide de documents particuliers, les registres publics de l'état civil. Cicéron se plaint comme Tite-Live, et de plus montre clairement comment se faisaient ces mensonges : « On y trouve des faits qui ne sont point arrivés, des triomphes imaginaires, des consulats dont on a grossi le nombre, de fausses généalogies. On y anoblit des plébéiens en coulant des hommes d'une origine obscure dans une famille illustre qui porte le même nom; comme

---

1. L. VIII, 40.

si je me disais issu de M. Tullius, qui était patricien, et qui fut consul dix ans après l'expulsion des rois¹. » Chose assez plaisante, Cicéron, deux pages plus haut, fait volontairement un pareil mensonge, lorsque, s'adressant à son ami Brutus, son interlocuteur, il lui dit : « Brutus, qui a chassé les rois, est le premier auteur de ta race. » Cicéron savait fort bien que son ami était de famille plébéienne, et, menteur à son tour comme une oraison funèbre, il falsifiait l'histoire pour faire un compliment. Du reste, ces altérations de la vérité historique n'étaient pas toujours réprouvées. Pline l'Ancien est d'avis que placer parmi les images de ses ancêtres des héros qui n'appartiennent pas à votre maison, attribuer ainsi à sa famille des exploits sur lesquels elle n'a aucun droit, cela marque un beau naturel ; c'est montrer qu'on estime la gloire, c'est rendre un hommage à la vertu : *Etiam mentiri clarorum imagines erat aliquis virtutum amor* ². Cet hommage malheureusement ressemble beaucoup trop à celui que, suivant le proverbe, l'hypocrisie rend à la vertu, ou à celui que le vol rend à la propriété d'autrui.

Il y avait dans ces discours funèbres d'autres mensonges, ceux-ci plus innocents, puisqu'ils ne

1. *Brutus*, 16.
2. *Hist. natur.*, l. XXXV, 2, 3.

portaient pas sur l'histoire proprement dite, mais seulement sur l'histoire fabuleuse, qui appartient à l'imagination, et où il est permis à la vanité de se donner carrière. Dans tous les pays et dans tous les temps, l'aristocratie tient à se rattacher aux héros légendaires, et, quand la religion le permet, aux dieux mêmes. Suétone nous a conservé un fragment de l'éloge prononcé par Jules César aux funérailles de sa tante, où l'on peut voir un exemple de ces ambitieuses prétentions. César se déclare hardiment issu des rois et des dieux : « Ma tante Julie descend des rois par sa mère et des dieux immortels par son père, car c'est d'Ancus Marcius qu'est sortie la maison royale des Marcius, dont ma mère portait le nom, et c'est de Vénus que sortent les Jules, souche de notre famille. » Il ajoutait fièrement et non sans quelque grandeur dans le style : « On trouve ainsi dans notre race et la sainteté des rois qui règnent sur les hommes, et la majesté des dieux qui règnent sur les rois mêmes [1]. » C'est à peu près la phrase de Bossuet parlant de Dieu, qui se glorifie de faire la loi aux rois. Simple questeur à trente-deux ans, César avait déjà ces prétentions royales et divines qui, peu de temps après, furent acceptées par l'his-

---

[1]. « Est ergo in genere et sanctitas regum, qui plurimum inter homines pollent, et cærimonia deorum, quorum ipsi in potestate sunt reges. » (Suétone, *Vie de César*, ch. 6.)

toire et par la poésie. C'est sur elles que repose tout l'édifice de l'*Énéide*.

Il ne faut pas s'étonner de cette audace de César, qui brave si fort le ridicule. A Rome, ces choses ne prêtaient pas même au sourire. Pourquoi César ne serait-il pas issu de Vénus, quand d'autres, les Fabius par exemple, descendaient d'Hercule en droite ligne? Plusieurs nobles familles avaient leurs grands-parents dans l'Olympe. D'autres prenaient pour aïeule quelque nymphe honorée et devenue l'objet d'un culte rustique. D'autres, n'osant pas se proclamer, comme les Jules, petits-fils de Vénus, remontaient du moins jusqu'à Énée, ce qui revenait au même, puisque Énée était fils de la déesse, mais ce qui prouve chez eux une certaine réserve de langage. Les plus modestes se rattachaient à un des compagnons du héros troyen, trouvant sans doute que c'était encore une origine glorieuse. On profitait des plus lointaines ressemblances de noms pour prouver cette descendance. Ainsi la famille Cæcilia prétendait avoir pour auteur Cæcadès. Pour croire à une pareille parenté de noms, il faut avoir bien envie de descendre de quelqu'un. La science historique à Rome, loin de railler ces généalogies, venait au contraire les confirmer doctement, et le savant Varron entre autres avait composé un livre sur *les Familles troyennes*. Denys d'Halicarnasse affirme aussi que de son temps, au temps d'Auguste, il existait encore cinquante de ces familles. La plupart de ces légendes, devenues de l'histoire, étaient l'œuvre des Grecs. Quand vint le temps où ceux-ci parurent à Rome pour y chercher fortune, leur science de la mythologie, leur art de jouer avec les mots et les noms, et surtout leur complaisance vénale, fabriquèrent aux Romains les plus belles généalogies et leur fournirent de poétiques ancêtres à un juste prix. On serait même assez tenté de croire que ces malins étrangers, profitant de l'ignorance romaine, se faisaient un plaisir d'abuser la simplicité de leurs vainqueurs en leur faisant parfois adopter une origine compromettante : témoin Galba, qui, devenu empereur, exposa dans son palais son arbre généalogique, où sa race se rattachait à Pasiphaé. Quand on se fait soi-même ses aïeux, on pourrait les mieux choisir, et il n'y a pas de quoi se vanter d'avoir pour arrière-grand-père le Minotaure.

Quant au mérite littéraire et oratoire des éloges funèbres, Cicéron n'en a pas une haute idée et en parle avec quelque dédain. Son jugement peut surprendre les modernes : « Une cérémonie funèbre s'accommode peu des pompes de l'éloquence [1]. »

---

1. *De orat.*, l. II, ch. 84.

Cicéron ne prévoyait pas que ce genre d'éloquence deviendrait de tous le plus pompeux, et que les discours les plus majestueux et les plus magnifiques qu'il y ait au monde seraient précisément des oraisons funèbres. Mais, s'il n'a pas pu soupçonner le développement que ce genre prendrait, il a peut-être bien jugé de ce qu'il fut en général à Rome. Là, comme en célébrant le défunt on faisait en même temps l'éloge de ses ancêtres, qu'on racontait sommairement leur vie, le discours devait le plus souvent ressembler à un sec précis d'histoire. De plus, l'éloge funèbre à Rome resta presque toujours un discours de famille, consacré à la gloire domestique, et par conséquent enfermé en d'assez étroites limites. D'ailleurs le parent, fils ou frère, à qui l'usage imposait cette fonction funéraire, pouvait n'avoir pas de talent. Chez nous, l'oraison funèbre est devenue si imposante, parce qu'à l'éloge du défunt elle a mêlé de hautes pensées sur les mystères de la vie et de la mort, sur la politique, la morale, la religion, et surtout parce que dans le choix de l'orateur on proportionnait pour ainsi dire le panégyriste au héros, en confiant par exemple la gloire d'un Condé au génie d'un Bossuet.

Cependant il faut n'accepter qu'avec une certaine réserve le témoignage dédaigneux de Cicéron, puisque lui-même, on l'a vu, en plus d'un endroit se montre sensible à la beauté de ces discours et qu'il admire celui du vieux Fabius et va même jusqu'à imiter celui de Lélius. Nous avons peine à croire que ces éloges solennels aient été toujours maigres et secs. Ils devaient au contraire, autant du moins que le permettaient en chaque siècle l'état de l'éloquence et le progrès de la culture littéraire, ne pas manquer d'une certaine emphase. Les fragments que nous venons de citer sont sur un ton qui n'est pas trop modeste. On peut d'ailleurs s'en rapporter à l'orgueil des familles, qui ont dû se faire les honneurs à elles-mêmes de leur mieux. La preuve qu'on attachait une grande importance à ces morceaux d'éloquence, c'est qu'on tint à les publier avant même qu'on songeât à publier les discours politiques, car les plus anciens monuments écrits de l'éloquence romaine, selon Cicéron, sont les éloges funèbres [1]. On voit d'ailleurs par plus d'un exemple que, si l'orateur de la famille, désigné par l'usage, paraissait devoir rester au-dessous de sa tâche, on chargeait de composer le discours un orateur en renom. Bien plus, même quand l'orateur de la famille avait du talent, on préférait recourir à un talent supérieur. C'est ainsi que Lélius, le plus élégant et le plus habile orateur de son temps, écrivit

---

1. *Brutus*, ch. 16.

deux éloges de Scipion Émilien, l'un, dont nous avons déjà parlé, pour le frère du défunt, l'autre pour son neveu Tubéron, alors pourtant que Tubéron était un homme fort cultivé, un politique accoutumé à la tribune, qui excellait dans la discussion, mais dont le langage dur et d'une sécheresse stoïque paraissait peu convenir à une grande cérémonie. Cicéron lui-même prêta son talent sans égal à la douleur d'autrui et écrivit pour Serranus, un père qui avait à prononcer l'éloge de son fils, un discours qui rendit, dit-il, ses funérailles très touchantes : *funus perluctuosum fuit* [1] ! Que de fois les familles ont dû emprunter le talent des grands orateurs sans que nous le sachions et sans que le public romain se doutât de cet emprunt, qu'on était intéressé à tenir secret !

D'ailleurs dans les grandes solennités, dans ce qu'on appelait les funérailles publiques, honneur décerné, au nom du sénat et du peuple, à d'illustres personnages, l'orateur était désigné par le sénat et naturellement choisi pour son talent. Sous la république, aux funérailles de Sylla, ce fut le plus célèbre orateur du temps, dit Appien sans le nommer, qui prononça l'éloge du terrible dictateur [2]. Sous

---

1. *Lettres à Quintus*, l. III, 8.
2. *Guerre civiles*, l. I, 106.

l'empire, où ces honneurs extraordinaires étaient un peu prodigués, ces éloges officiels n'étaient pas rares, car Quintilien dit « que les oraisons funèbres sont une des fonctions de nos magistrats, qui souvent en sont chargés par un sénatus-consulte [1]. » Pour ne citer qu'un exemple, un grand citoyen, Verginius Rufus, qui avait refusé l'empire, fut célébré après sa mort par Tacite sur le forum dans un discours « qui répandit un nouvel éclat sur les rostres », et Pline ajoute « que ce fut le bonheur suprême de cet homme de bien d'être loué par le plus éloquent homme du siècle, *laudator eloquentissimus* [2]. » Ces discours prononcés sur de pareils personnages par de pareils orateurs n'ont pas dû être médiocres, et si, chose que nous ignorons, ils n'ont pas mérité l'admiration, du moins furent-ils admirés par les contemporains.

S'il faut en croire un savant allemand, M. Huebner [3], nous possédons sans nous en douter une oraison funèbre romaine, l'*Agricola* de Tacite. Selon ce savant fort ingénieux, mais un peu téméraire, Tacite, retenu par des fonctions publiques dans une lointaine province, ne retourna à Rome que quatre ans

---

1. *Inst. orat.*, l. III, 7, 2.
2. *Lettres*, l. II, 1.
3. *Hermès*, 1866, pages 438-448. Cette opinion a paru fort paradoxale et a été combattue par MM. Urlichs, Hoffmann et Hirzel.

après la mort d'Agricola, et comme, après ce long délai, le temps était passé du discours d'usage, il eut la pensée d'honorer du moins son illustre beau-père par un éloge écrit sous forme d'oraison funèbre. Nous aurions donc comme un exemplaire de cette antique éloquence perdue. Peut-être ne manque-t-il à cette opinion que d'être présentée avec plus de mesure et d'être mieux défendue. M. Huebner, au lieu de produire à l'appui de sa thèse des exemples peu probants, aurait pu dire que plus d'une fois, quand un homme considérable mourait loin de Rome et par conséquent n'avait pu recevoir les honneurs usités sur le forum, le parent qui eût été chargé de prononcer son éloge en faisait un sous forme de livre, en donnant plus ou moins à cet écrit le caractère de l'éloge funèbre. C'est ainsi que Brutus, le meurtrier de César, écrivit celui de son beau-père Appius Claudius, mort en Eubée, et celui de son oncle Caton, qui s'était percé de son épée à Utique. Plus tard, sous l'empire, quand il n'était pas permis pendant le règne d'un mauvais prince de prononcer l'éloge des grands citoyens à leurs funérailles, on attendait la fin du règne pour leur rendre les honneurs de l'éloquence, et longtemps après, en des lectures publiques, on leur consacrait des discours qui étaient *comme de tardives oraisons funèbres,* auxquelles Pline le Jeune se faisait un pieux devoir d'assister¹. Pourquoi Tacite n'aurait-il pas fait de même? Sans doute l'*Agricola* a un caractère plus historique qu'oratoire. Il renferme des considérations ethnographiques, géographiques, sur la Bretagne, conquise par Agricola, et d'autres détails qui conviendraient peu à un discours funèbre prononcé devant le peuple; mais on conçoit qu'après quatre ans révolus Tacite n'ait pas cru devoir faire un simple discours d'apparat, même sous la forme du livre, et que le futur historien des *Annales* ait déjà cédé à la tentation de faire de l'histoire. Seulement il a été inspiré par les sentiments qu'il eût montrés au forum comme orateur; il a entrepris, dit-il lui-même, ce livre par piété filiale, *professione pietatis*, et rien n'empêche de croire que la péroraison, par exemple, ne soit semblable à celles qu'on faisait d'ordinaire aux funérailles devant le cercueil : « S'il est un séjour pour les mânes des hommes vertueux, si les grandes âmes, comme les philosophes aiment à le penser, ne s'éteignent pas avec le corps, repose en paix, et mettant fin à nos faiblesses, à nos regrets, à nos plaintes efféminées, rappelle-nous, nous ta famille, à la contemplation de tes vertus, qu'il n'est pas permis de pleurer. C'est par notre admiration, c'est par

---

1. « Videor ergo fungi pio munere, quorumque exsequias celebrare non licuit, horum *quasi funebribus laudationibus* scris quidem, sed tanto magis veris, interesse. » (*Lettres*, l. VIII, 12.)

d'immortelles louanges, c'est en te ressemblant, si nous en avons la force, que nous devons t'honorer... » Cette belle et touchante apostrophe, qui renferme des sentiments analogues à ceux qu'on lit dans un certain nombre d'inscriptions funéraires et qui semblent avoir été d'usage, donne l'idée de ce que pouvait dire dans la péroraison un orateur à la tribune. Quoi qu'il en soit, nous croyons voir dans cette fin de l'*Agricola* comme un lointain retentissement et un souvenir, involontaire si l'on veut, de l'éloquence funèbre, et, si par hasard on admettait que de pareils accents ont parfois retenti sur le forum, on pourrait conclure qu'il y eut des jours où des éloges romains, par leur élévation pathétique, ont égalé nos oraisons funèbres. M. Huebner aurait pu citer à l'appui de son opinion, selon nous en bien des points hasardée et trop absolue, la péroraison de l'éloge d'Auguste prononcé par Tibère, telle que nous la trouvons dans Dion Cassius et qui est assez conforme à celle de Tacite : « Il ne faut donc pas le pleurer, et, tandis que nous rendons son corps à la nature, nous devons éternellement révérer son âme comme celle d'un dieu [1]. » Sans doute cette oraison funèbre d'Auguste n'est pas authentique : Dion, selon l'usage des historiens anciens, l'a composée

---

1. L. LVI, 41.

lui-même; mais les auteurs, pour donner quelque crédit à leurs discours inventés, étaient obligés de respecter les coutumes et d'observer les vraisemblances. Si le discours fictif de Tibère se termine ainsi, c'est qu'ainsi se terminaient les discours véritables. La fiction ne peut être que l'image de la réalité.

Nous ne voudrions pas trop exalter un genre d'éloquence dont nous savons si peu de chose et dont nous sommes obligé de deviner les mérites, nous reconnaissons volontiers que ces discours devaient être le plus souvent fort compromis par l'inexpérience des orateurs ou leur jeune âge, car les jeunes gens recherchaient ces occasions funèbres et paisibles pour faire sans encombre leurs débuts oratoires; mais, si l'on entendait de faibles harangues, on assistait à des scènes dont la diversité devait aux yeux de la foule renouveler l'intérêt. Chez nous, aux grandes funérailles, la cérémonie oratoire est toujours la même et n'offre rien de surprenant. L'orateur est un prêtre, il remplit un religieux office, et, à part le talent, qui peut varier, son apparition, sa personne, son costume, sont aussi prévus que la couleur des tentures qui décorent le temple. Combien plus attachante était la diversité de ces cérémonies à Rome, et combien aussi les situations étaient plus touchantes! L'immense et naïve multitude rassemblée sur

le forum était déjà émue quand elle voyait monter
à la tribune un fils venant célébrer l'honneur de son
père, ou un père qui avait à ses pieds le cercueil de
son fils, et quand ce père était le grand Fabius, cinq
fois consul, prince du sénat, le sauveur de Rome,
que de sentiments civiques à la fois et humains devaient faire battre les cœurs ! Bien des scènes extraordinaires pourraient être dépeintes ici, si elles
n'étaient pas si connues. Qu'on se rappelle seulement la harangue de Paul Émile, qui n'est pas, il est
vrai, une oraison funèbre proprement dite, mais qui
mériterait ce nom. Après avoir en peu de jours ren-
versé le puissant royaume de Macédoine et fait pri-
sonnier le roi Persée, il avait perdu ses deux enfants,
les seuls qui lui restassent, l'un cinq jours avant, l'autre trois jours après son triomphe, le plus magnifique
triomphe qu'on eût jamais célébré. Quand il prononça le discours où il rendait compte au peuple de
ses opérations militaires, il ne put s'empêcher de
parler d'un deuil domestique qui laissait désormais
sa maison vide et, comme il dit, n'y laissait plus que
le vieux Paul Emile. Il se proposa comme un exemple des vicissitudes humaines, fit voir que lui le
vainqueur était plus malheureux que le roi vaincu,
puisque celui-ci, tout captif qu'il était avec ses enfants captifs, avait du moins la douceur de les voir
vivants ; mais il n'avait pas, ajoutait-il, le droit de se

plaindre, car, connaissant les trahisons ordinaires de la fortune, et sachant que les grandes prospérités sont compensées par de grands revers, il avait formé le souhait que le malheur, s'il devait éclater, tombât sur sa propre famille plutôt que sur la république. Il faut lire dans Tite-Live et dans Plutarque [1] cette harangue d'une si sereine magnanimité, où l'orateur, loin de demander des consolations, semblait vouloir consoler le peuple de sa propre infortune. Comment un tel langage aurait-il pu ne pas produire sur la foule une impression profonde? Voilà des scènes qui ne sont point possibles quand le discours funèbre est prononcé par un orateur d'office et qui doivent leur touchante beauté non seulement à la grande âme de l'orateur, mais encore à cette circonstance que l'orateur mène lui-même son deuil.

D'autres scènes, pour nous un peu étranges, mais qui ne semblaient pas telles aux Romains, pouvaient toucher par leur puérilité même quand montait à la tribune un adolescent orphelin ou même un enfant. Octave fit l'éloge funèbre de son aïeule Julie à douze ans; Tibère fut plus précoce encore, n'ayant que neuf ans quand il rendit les honneurs à son père. Aucun ancien rapportant ces faits ne témoigne

---

1. Tite-Live, XLV, 41. — Plutarque, *Paul Émile*, 36. — Valère Maxime, V, 10, 2.

d'étonnement. Il n'y avait pas trop lieu de s'étonner de cette précocité, puisqu'on savait bien que ces enfants avaient un excellent précepteur, un maître de rhétorique, et que leurs discours n'avaient pas dû leur coûter. Les populations méridionales ne trouvent rien de disgracieux ou de choquant à ces graves enfantillages. Aujourd'hui encore, à Rome, la veille de Noël, dans certaines églises, sur une estrade, sorte de tribune, de petites filles de six ans prononcent de longs discours oratoires sur les mérites de l'enfant divin. A côté de ces gentillesses, qui ne laissaient pas de remuer les cœurs, qu'on se figure maintenant l'oraison funèbre de Jules César par Antoine, qui fut tout un drame tumultueux et terrible que Shakespeare a jugé digne de son théâtre. En des temps plus calmes, sous l'empire, peut-on croire qu'il n'y eût pas une immense curiosité quand l'empereur lui-même paraissait à la tribune pour rendre les honneurs funèbres à un membre de sa famille? Auguste y parut plusieurs fois pour célébrer successivement, après leur mort, son neveu Marcellus, son gendre Agrippa, sa sœur Octavie, son fils adoptif Drusus. La multiplicité de ces deuils dans une même famille souveraine pouvait être pour le peuple un sujet de compatissantes réflexions et de larmes [1].

---

1. « Flente populo romano. » (Sénèque, *Consol. à Marcia*, ch. 15.)

D'autres oraisons funèbres devaient offrir un grand intérêt politique, lorsque le nouveau prince, après son avènement, faisait l'éloge de son prédécesseur, lorsque par exemple l'énigmatique Tibère prononça celui d'Auguste et qu'on put se demander ce qu'il fallait craindre ou espérer. Il y eut même de ces funérailles impériales où la solennité de la mort finit en divertissante comédie, quand le jeune Néron célébra les vertus et la sagesse de l'imbécile Claude. Comme les oreilles avaient dû se dresser pour entendre cette oraison funèbre, artistement composée par Sénèque, discours qu'il était si difficile de faire, plus difficile encore de faire accepter, alors que personne n'avait d'illusions sur les mérites du défunt, Néron moins que personne, alors que plus d'un dans l'assemblée pouvait même soupçonner l'orateur d'avoir empoisonné son héros! La foule, longtemps attentive et décente, n'y tint plus et finit par éclater de rire [1]. D'autre part, le peuple, en entendant louer le meilleur des empereurs, Antonin le Pieux, par le meilleur des princes, Marc-Aurèle, ne dut-il pas se livrer à la joie de ses espérances et goûter les promesses d'un beau règne? Ainsi, dans ces solen-

---

1. Tacite, *Annales*, l. XIII, 3. Ce dut être aussi un curieux spectacle de voir à la tribune Néron célébrant sa femme Poppée qu'il avait tuée d'un coup de pied, et louant sa beauté à défaut de vertus, *formam... pro virtutibus* (l. XVI, 6).

nités oratoires de la mort, nécessairement uniformes, l'âge, le talent, la situation de l'orateur ranimaient la curiosité, et des scènes sublimes, pathétiques, piquantes même offraient à la multitude un intérêt que ne peuvent avoir nos régulières cérémonies.

Ce serait un rapprochement bien forcé que de comparer les éloges romains avec nos oraisons funèbres, puisqu'un des termes de la comparaison nous fait presque entièrement défaut; mais il convient pourtant de hasarder ici quelques réflexions. Nous ne nous refusons pas à croire, avec Cicéron, qu'en général ces éloges ont été médiocres; ils devaient l'être le plus souvent, comme du reste ils l'ont été chez nous. Si nous n'avions pas eu par le plus glorieux hasard un Bossuet pour prêter à l'oraison funèbre son enthousiasme et sa poésie biblique, et si par la plus extraordinaire conjoncture Bossuet lui-même n'avait pas rencontré les sujets les plus dignes de son éloquence, une révolution inouïe, la chute d'un trône et d'une église, puis toutes les fragilités de la jeunesse, de la beauté, de la grâce réunies dans une seule personne royale, enfin l'héroïsme et le génie de celui qui passait pour le premier des capitaines, pense-t-on que l'oraison funèbre occuperait une grande place dans l'histoire de notre littérature? Qui lit aujourd'hui celles de Mascaron, de Fléchier, de Bourdaloue, véritables orateurs pourtant, mais dont tout le talent n'a pu donner une vie durable à des discours qui, par leur nature même, semblent devoir ne pas longtemps survivre aux morts? L'orateur romain n'avait qu'un avantage, mais il était grand : c'était de pouvoir exalter franchement, sans restriction et sans scrupule religieux, les vertus et les grandeurs humaines, devant une assemblée de citoyens, une foule populaire prompte à s'émouvoir, pour qui d'ailleurs les louanges accordées aux défunts étaient en même temps les louanges de la patrie. Chez nous au contraire, au temps de Louis XIV, l'orateur sacré, à la fois prêtre et homme de cour, ne sait comment concilier les devoirs et les bienséances de son double caractère, obligé tour à tour d'exalter les grandeurs devant les grands et de les abattre devant Dieu, et, dans cette perplexité oratoire, il est même certain de ne pas persuader son cercle restreint d'invités, composé d'ambitieux et de courtisans, lesquels ne croient pas à la vanité des grandeurs et y croient si peu qu'ils aspirent dans le moment même aux dignités que la mort a rendues vacantes, et durant le discours, où l'on feint de mettre en pièces la gloire du monde, ne pensent qu'à en recueillir pour eux-mêmes les précieux débris. Orateur et auditoire sont également dans une sorte de contrainte, et après eux le lecteur, dont l'esprit se rend avec peine à ces discours toujours un peu mensongers qui ne reposent pas sur une véritable sincérité historique, où la flatterie est d'autant plus choquante qu'elle est prodiguée au nom d'une austère religion qui la réprouve, où de plus, par une trop visible contradiction, on méprise la gloire tout en glorifiant outre mesure le héros. De là une éloquence brillante, mais sans crédit, où le sermon fait tort à l'histoire et l'histoire au sermon, une pompe convenue, décoration passagère et périssable qui ne dure guère plus longtemps que les catafalques, les titres, les inscriptions et tout ce que Bossuet appelle les vaines marques de ce qui n'est plus.

II

Les honneurs de l'oraison funèbre furent accordés même aux femmes. Au temps de Camille, après le sac de Rome par les Gaulois, la république voulut, pour accomplir un vœu, envoyer un vase d'or à Delphes, et, comme l'or manquait, les dames, de leur propre mouvement, offrirent leurs bijoux : « en récompense de quoi, dit Plutarque traduit par Amyot, le Sénat ordonna qu'elles seraient louées publiquement de harangues funèbres après leur trépas, ni plus ni moins que les grands et honorables hommes. » Ce témoignage de Plutarque, bien qu'il soit conforme à celui de Tite-Live, a embarrassé quelquefois les historiens de la littérature romaine, parce qu'il est en désaccord avec celui de Cicéron disant que pareil honneur a été rendu pour la première fois par Catulus à sa mère Popilia, en l'an 102, au temps de Marius [1]. Cette contradiction n'est qu'apparente et s'explique. Plutarque parle d'un privilège extraordinaire et personnel officiellement octroyé aux généreuses matrones qui avaient fait le sacrifice, d'un droit qui naturellement s'éteignit avec elles, tandis que Cicéron mentionne la première oraison funèbre qu'un orateur ait faite en l'honneur d'une dame, de son autorité privée. Cet exemple devint coutume, et, depuis, bien des matrones âgées reçurent cet honneur. Le grand novateur, Jules César, innova sur ce point en célébrant, le premier, une jeune femme, son épouse Cornélie, ce qui lui valut l'amour du peuple « comme homme débonnaire et de nature cordiale [2] ». Ainsi peu à peu l'usage devint général, et les grandes familles purent, sans distinction de sexe ni d'âge, honorer d'un discours public leurs membres défunts.

1. Plutarque, *Camille*, 8. — Tite-Live, l. V, 50. — Cicéron, *De orat.*, l. II, 11.
2. Plutarque, *César*, ch. 5.

L'éloge des femmes devait être aussi simple que l'était leur vie. Bien que la matrone romaine fût plus libre que la femme athénienne, qu'elle ne fût pas enfermée dans un gynécée et qu'elle eût le droit de paraître dans les compagnies, son vrai mérite et sa gloire étaient de passer pour une bonne et exacte maîtresse de maison, de présider au travail de ses servantes, de travailler elle-même de ses mains. Dans un temple, celui du dieu Sancus, se trouvait une statue en bronze, image de Caia Cœcilia, femme de Tarquin l'Ancien, et à côté d'elle ses sandales et ses fuseaux précieusement conservés, comme symboles de son assiduité à la maison et de son travail journalier. Cette statue, qu'on voyait encore au temps de Plutarque, représentait l'idéal proposé aux dames romaines. C'est aussi de cette façon que nous apparaissent dans l'histoire les dames dont on veut nous donner une noble idée. La sœur d'Horace est en train d'achever un vêtement pour son fiancé Curiace ; la chaste Lucrèce inspire au jeune Tarquin un amour furieux, étant vue tard dans la nuit au milieu de ses servantes avec sa quenouille, en matrone accomplie. Même dans les temps de décadence et de corruption, l'idéal subsiste, et le maître du monde, Auguste, se pique encore de ne porter que des vêtements filés par sa femme ou sa sœur, ou même par sa fille [1], qui pourtant, s'il en faut croire la chronique légère de Rome, était loin de passer tout son temps à filer la laine.

En lisant les nombreuses inscriptions recueillies sur les tombeaux des femmes, on peut se figurer quelles vertus on aimait en elles, et par suite quel devait être le ton de leur éloge funèbre : « Elle fut très bonne, très belle, pieuse, pudique, soumise. » On ajoutait : « Elle garda la maison, *domiseda;* elle fila la laine, *lanifica.* » Ce dernier mot était pour les Romains si caractéristique qu'il finit par exprimer non plus un travail, mais une vertu, et par prendre un sens purement moral, comme on le voit par les mots qui l'entourent. Rien ne fait mieux comprendre ces sortes d'éloges qu'une épitaphe qui doit être assez ancienne, à en juger par la langue et l'orthographe, et qui est un chef-d'œuvre de simplicité décente. C'est la pierre du tombeau qui parle : « Passant, bref est mon discours, arrête et lis. C'est ici le tombeau d'une belle femme. Ses parents l'appelèrent Claudia. Elle aima son mari de tout son amour : elle mit au monde deux fils; elle laissa l'un sur la terre et l'autre déjà enfermé dans le sein de la terre; elle fut aimable en ses discours et noble dans sa démarche; elle garda la maison et fila la laine. J'ai dit'

---

1. Filiam et neptes ita instituit, ut etiam lanificio assuefaceret. (Suétone, *Auguste*, ch. 64 et 73.)

passe [1]. » En latin, cette épitaphe est charmante parce que le contraste d'une vieille langue et d'une orthographe archaïque avec la délicatesse du sentiment lui donne plus de grâce. On y trouve même un trait exquis, quand la pierre qui parle, après avoir arrêté le passant, l'engage à continuer son chemin, de peur qu'une présence prolongée ne profane le repos et le silence d'une si pudique et discrète personne.

Par cela que la vie des femmes était enfermée en d'étroites limites et que, pour être parfaite, elle devait être partout la même, leurs éloges funèbres étaient uniformes. Il n'y avait point là des différences d'actions, d'honneurs, de titres, comme dans les éloges des hommes. Une longue inscription, celle de Murdia, laisse voir que le panégyriste a quelque scrupule de redire ce qui a été déjà dit tant de fois ; après avoir épuisé la liste des vertus féminines, il conclut avec une sorte de découragement : « Enfin elle était semblable à toutes les honnêtes femmes. » Il expose même longuement la cause de son embarras, non sans noblesse : « L'éloge des femmes honnêtes est toujours à peu près le même dans sa simplicité, parce que leurs qualités naturelles, non altérées sous la garde de leur propre surveillance, n'exigent pas la variété des expressions, et, comme on ne leur

---

1. Orelli, *Inscript. lat.*, 4848.

demande à toutes que la même bonne renommée et qu'il est difficile à une femme de se donner des qualités nouvelles, sa vie ne pouvant guère sortir d'une paisible uniformité, elle cultive nécessairement des vertus communes, pour ne pas risquer, en négligeant une de ces vertus, de ternir toutes les autres [1]. » L'orateur est embarrassé de dire du nouveau et le déclare ingénument. Eh bien! par une assez étrange fortune, la modeste gloire de ces existences cachées, dont on était en peine de parler, est parvenue jusqu'à nous, tandis que les éloges des hommes les plus illustres ont péri. Le temps a englouti les oraisons funèbres des consuls et des triomphateurs en respectant celles de quelques matrones. Ce fait peut s'expliquer. Les éloges des hommes, par cela qu'ils étaient publiés, n'avaient que l'éphémère durée du papier ou du parchemin, tandis que ceux des femmes, qu'il eût été malséant de faire passer de main en main, étaient gravés sur la pierre durable des tombeaux. Leur brièveté relative permettait ce mode de publication, et le caractère sacré des sépultures mettait de chastes mémoires à l'abri des profanes et indiscrets propos. M. Mommsen a fait voir que trois longues inscriptions que nous possédons en grande partie, consacrées à Turia, à Matidia, à Mur-

---

1. Orelli, *Inscript. lat.*, 4860.

dia [1], ne sont autre chose que des oraisons funèbres transportées sur la pierre. L'éloge de Murdia offre une particularité curieuse : un fils y célèbre les vertus de sa mère, laquelle s'est remariée et a eu d'autres enfants. L'orateur, qui est d'un premier lit, remercie sa mère de ne pas l'avoir frustré au profit de ses frères nés d'un autre père. Il fait ainsi au public des confidences de famille ; il parle longuement d'affaires, en vrai Romain. On ne s'attend pas à rencontrer dans une oraison funèbre des détails tels que ceux-ci : « Elle institua héritiers tous ses fils à titre égal, en réservant une part à sa fille. On reconnaît son amour maternel à cette sollicitude, à cette égalité de partage. A son mari, elle légua une certaine somme d'argent pour relever le droit de la dot par un témoignage d'estime. Pour ce qui me concerne, elle se rappela le souvenir de mon père, et s'inspirant de lui et de sa propre droiture, après estimation faite, elle me laissa par testament un prélegs, non pour me préférer à mes frères en leur faisant tort ; mais par égard pour mon père, en mémoire de sa libéralité, elle résolut de me rendre ce que, au jugement de son mari, elle possédait de mon patrimoine, tenant ainsi à ce que ces biens, dont elle n'avait

---

1. L'éloge de Turia est du temps d'Auguste ; Matidia est la belle-mère de l'empereur Hadrien ; l'éloge de Murdia est à peu près de la même époque.

que le dépôt, redevinssent ma propriété, etc. [1]. »
A travers ce style formaliste courent des effusions
de tendresse et de reconnaissance. Une pareille
oraison funèbre ne pouvait être faite qu'à Rome, où
on mêlait les affaires au sentiment. On est tout étonné
de se sentir touché par cette élégie, qui semble avoir
été composée dans un greffe, et par ce langage si
méticuleusement précis, que nous sommes aujourd'hui accoutumés à lire sur du papier timbré et non
sur un tombeau.

Une autre inscription qui présente les mêmes caractères, l'éloge de Turia, est plus précieuse encore
et plus instructive. Est-ce une longue épitaphe ou
bien une oraison funèbre? Il serait hors de propos
de discuter ici ce point, puisque dans les deux cas ce
serait toujours un hommage funèbre rendu à une
matrone. Dans cette inscription, remarquable par
son étendue et par les intéressants détails qu'elle
renferme, un mari, un personnage consulaire, Lucrétius Vespillo, célèbre les vertus de sa femme,
dont le rare dévouement lui a sauvé la vie durant les
proscriptions du triumvirat. Ayant perdu ce modèle
des épouses après quarante et un ans de mariage,
il épanche avec ses regrets les secrets les plus intimes de sa maison. Pour mettre en lumière la déli-

---

[1]. Orelli, 4860. Voir Rudorff, *Mémoires de l'Académie de Berlin*, 1869.

catesse de sa femme en affaires, il parle de testaments, de partages, de dots, en établissant si bien les distinctions du droit, que cette épitaphe est devenue aujourd'hui le texte de savantes discussions juridiques. Il fallait que le public romain fût bien familier avec la langue du droit pour qu'on se crût autorisé à l'entretenir d'affaires domestiques si compliquées. De même que, dans les funérailles des hommes qui avaient joué un rôle politique, on se plaisait à dérouler toute la gloire de la famille, ainsi, dans les éloges plus modestes des femmes, il semble qu'on se fit un devoir de montrer jusqu'à quel point la famille était honnête et d'étaler à tous les yeux les arrangements, les contrats, les comptes entre parents comme des témoignages de cette honnêteté. Évidemment, le public prenait grand intérêt à voir dévoiler ces mystères qu'aujourd'hui on se garderait bien de divulguer. L'éloge funèbre devenait ainsi une suite de confidences, parmi lesquelles il y en avait parfois d'assez surprenantes sur le ménage et les plus secrets entretiens des époux. Ainsi, dans cette inscription, le mari nous révèle un touchant entretien qu'il eut avec sa femme au sujet d'une proposition qu'elle lui fit un jour et qu'il repoussa avec horreur, mais qui fait bien connaître l'abnégation héroïque de cette épouse sans pareille : « Désespérant de ta fécondité, affligée de ne pouvoir me

donner des enfants, ne voulant pas que ce mariage stérile m'ôtât à jamais l'espoir d'une postérité, tu me parlas de divorcer pour ouvrir ma maison vide à la fécondité d'une autre épouse..., me promettant de regarder les enfants qui naîtraient comme tiens, ajoutant que notre patrimoine resterait commun, qu'il n'y aurait pas séparation de biens, que ceux-ci demeureraient comme par le passé sous ma main, que tu leur donnerais encore tes soins, si je le voulais ; qu'ainsi il n'y aurait rien de changé dans notre communauté et que désormais tu aurais pour moi les sentiments d'une sœur... Je dois avouer que cette proposition me transporta de colère et me mit hors de moi... Parler entre nous de divorce! nous séparer avant que la loi fatale de la mort nous sépare! te figurer que tu puisses cesser d'être ma femme! Ai-je donc le désir et le besoin d'avoir des enfants au point de manquer à ma foi conjugale? mais pourquoi en dire davantage? Tu demeuras ma femme, car je n'aurais pu céder à ton vœu sans me déshonorer et sans faire notre commun malheur [1]. »
Cette très longue inscription, dont les fragments rempliraient bien dix pages de nos livres, est tout entière, sous forme d'une apostrophe, adressée non au public, mais à la défunte. Cette forme inusitée,

---

1. *Corpus inscr. lat.*, VI, n° 1527. Voir Th. Mommsen, *Mém. de l'Académie de Berlin*, 1863.

bien que fort remarquable par sa continuité, n'est pas ce qui nous étonne le plus Ce qui frappe surtout, c'est la confiance, l'abandon, la familiarité avec laquelle on expose à tous les regards les sentiments d'une femme, de sa propre femme, jusqu'à rappeler les conversations conjugales sur le sujet le plus délicat. Et pourtant ce n'est pas un homme simple qui parle, c'est un personnage consulaire, ce que nous appellerions un homme du grand monde. Dans ces éloges funèbres, il y a une candeur peu discrète, bien que toujours noble.

Les Romains n'étaient pas retenus dans leurs rapports avec le public par le bon ton, le bel usage et les mille réserves de la sociabilité moderne. Ce sont précisément ces épanchements familiers qui donnaient tout leur prix à ces sortes de discours ou d'inscriptions. Au lieu des jugements généraux en termes vagues que les bienséances modernes imposent à l'éloge funèbre d'un particulier, les Romains entendaient ou lisaient l'histoire de toute une vie et, quand il s'agissait d'une femme, l'histoire d'une vie d'autant plus intéressante qu'elle s'était passée à l'ombre du foyer, et que pour la première fois le voile était levé sur un mystère domestique. Apprendre les secrets d'une famille, des détails sur sa fortune, sur l'arrangement de ses intérêts, sur les sentiments du mari et de la femme et apprendre tout cela par la bouche du mari lui-même, c'était assurément un très grave plaisir, qui en tout pays tiendrait en éveil l'attention populaire. Je ne sais quel honnête Romain disait un jour qu'il voudrait habiter une maison de verre pour que chacun pût voir ce qu'il y faisait; l'éloge funèbre à Rome, grâce à la simplicité antique, avait souvent quelque chose de cette transparence.

Nous venons de recueillir les rares et menus fragments de toute cette éloquence funèbre, qui a paru à des critiques anciens et modernes assez chétive, et qui pourtant n'est pas indigne d'une sérieuse attention. Pour en comprendre la grandeur et le prestige, il ne faut pas se la figurer dans les siècles lettrés, au temps de Cicéron par exemple, en un temps où l'honneur de ces éloges, accordés à tout le monde, était devenu banal, où les discours étaient tenus devant une populace sans patrie et sans naïve simplicité, et où d'ailleurs l'éclat de l'éloquence politique et judiciaire éteignait tout autour d'elle. On doit se représenter l'oraison funèbre à l'époque des guerres puniques, alors que ces solennités oratoires étaient le privilège des illustres familles, et quand il y avait encore un vrai peuple romain, à la fois inculte et capable de nobles émotions. On fait mal l'histoire de la littérature quand on juge les discours destinés à la foule selon leur valeur littéraire, uniquement au point de vue de l'art, sans se rappeler les circonstances, les mœurs, les usages, le degré de culture, les sentiments des auditeurs. Nous autres lettrés, nous sommes toujours tentés de chercher partout le talent, même dans les siècles où il n'y avait pas encore de nom pour désigner la chose. Mais y a-t-il grand talent en général dans les œuvres populaires? En trouve-t-on toujours dans les discours, dans les prières, dans les chants patriotiques, dans tout ce qui a ému la multitude? Pense-t-on qu'à Rome, dans les temps les plus anciens, les orateurs politiques même, pour produire de puissants effets, aient eu besoin de beaucoup d'art ou de talent naturel? Nous connaissons quelques-unes de leurs harangues ou de leurs phrases; elles nous paraissent ternes et froides, mais elles ont été vivantes en leur temps, en leur lieu. Telle phrase épaisse et lourde a pesé dans la balance de la politique, telle autre qui est rude a été toute-puissante par sa rudesse même, telle invective grossière a mis l'Etat en péril, telle maxime banale l'a sauvé. Si l'orateur a été sec, c'est que le public n'était pas exigeant et que la brièveté était plutôt le signe de la force. Le temps, l'opportunité, l'état des esprits et des âmes, l'ignorance même, tout cela a pu prêter à certains discours qui nous paraissent abrupts une vertu que toutes les rhétoriques du monde ne sauraient donner. Il en fut ainsi de l'oraison funèbre, qui devait son imposant caractère non à l'art de l'orateur, mais aux grands sentiments qu'il éveillait dans l'immense et naïve assemblée. L'honneur des nobles familles, la gloire de Rome, la religion de la mort, la cérémonie de l'appareil funéraire, voilà surtout ce qui parlait aux imaginations et aux cœurs. Si l'éloquence n'était pas dans le discours, elle était dans le spectacle. Seulement, pour comprendre ces sentiments populaires, il faut se remettre sous les yeux la scène des funérailles. Nous osons dire qu'une oraison funèbre de Bossuet, fût-ce celle du grand Condé, qui n'avait pour théâtre qu'une église et pour auditoire qu'un public choisi, produisait un moindre effet que le simple discours d'un Romain parlant sur le forum, du haut de la tribune, ayant pour auditoire tout le peuple attiré par la splendeur des funérailles patriciennes et pour témoins les images des ancêtres, on serait tenté de dire les ancêtres mêmes, quand on se rappelle ces curieux et presque incroyables détails que nous fournit l'histoire.

On sait que dans les grandes maisons on rangeait le long de l'atrium, en des armoires semblables à de petites chapelles, les portraits des personnages qui avaient illustré la famille, des bustes en cire, autrefois moulés, après leur mort, sur le visage même des héros, de vrais portraits, auxquels on ajoutait la cou-

leur du teint, et parfois des yeux de verre, pour mieux
représenter les apparences de la vie. Au-dessous de
chaque buste, on lisait une inscription relatant les titres honorifiques, les hauts faits accomplis, une sorte
d'histoire abrégée dont l'orateur, dans son oraison
funèbre, ne manquait pas de faire usage. Le jour des
funérailles d'un membre de la famille, on tirait tous
les bustes de leur retraite vénérée; ils faisaient partie du cortège, mais non pas, comme on croit souvent, portés sur des piques ou des javelines. Non,
la figure de cire pouvait, grâce à un mécanisme
commode, se détacher du buste même et, comme
nos masques, s'appliquer sur un visage vivant. Des
acteurs chargés de représenter chaque personnage
s'affublaient avec noblesse de cette figure empruntée. De plus, chacun de ces acteurs devait imiter la
démarche et les gestes traditionnellement connus
du grand homme dont il jouait le rôle. C'était comme
une sublime mascarade dont personne n'était tenté
de sourire, et qui produisait, au moins sur ceux qui
la voyaient pour la première fois, une extraordinaire
impression. Tous ces acteurs portant chacun le costume qui convenait à la dignité de l'antique héros
dont il était l'image, la robe de pourpre, si celui-ci
avait été censeur, la robe brochée d'or s'il avait été
un triomphateur, montaient chacun sur un char au
milieu du plus magnifique appareil. Les consuls en

effigie étaient précédés de leurs licteurs avec les faisceaux renversés; le triomphateur voyait devant lui pompeusement rangées comme jadis, au jour de son véritable triomphe, les images des villes qu'il avait prises et les dépouilles des nations par lui vaincues. Il y eut, dit-on, six cents chars aux funérailles de Marcellus, à celles de Sylla six mille. Enfin venait, étendu sur un lit de parade, porté sur les épaules de ses fils ou de ses parents, le défunt couvert de ses vêtements d'apparat, et, s'il était dans un cercueil fermé, au dessus se trouvait son image en cire [1]. Ici commence la scène oratoire qui nous occupe. Ce long cortège une fois arrivé au forum, on plaçait le mort contre la tribune aux harangues, quelquefois couché, le plus souvent debout; les ancêtres, ces morts vivants, descendaient de leurs chars et allaient s'asseoir sur des chaises d'ivoire rangées en demi-cercle au pied de la tribune. Alors l'orateur, qui était un fils, un frère ou un parent du défunt, prononçait son discours devant ce sénat d'aïeux en présence desquels il semblait qu'il ne fût point permis de mentir. On comprend dès lors de quel noble intérêt pouvait être un pareil discours, si inculte qu'il fût, déclamé par un orateur ému de son propre deuil, qui, dans la revue des gloires de sa famille, promenait la main

1. Pour plus de détails sur ces immenses cérémonies, voir Marquardt, *Das Privatleben der Römer*, t. I, p. 313.

sur toutes ces têtes héroïques, les désignant du geste l'une après l'autre. La simple énumération des titres prenait une majesté pathétique quand on avait ainsi sous les yeux le héros qui les avait mérités. Combien aussi la vue de ce mort debout pouvait émouvoir, on le vit bien aux funérailles de Jules César, quand tout à coup son effigie, mue par un ressort caché, se mit à tourner lentement, montrant de tous côtés les vingt-trois coups de poignard et les blessures saignantes du grand homme. Le peuple, à cette vue, emporté par une pitié furieuse, courut aussitôt mettre le feu au palais où César avait reçu la mort.

Polybe, à qui nous empruntons la plupart de ces détails, et qui, comme étranger, a été peut-être plus sensible à l'émouvante nouveauté de ces scènes, leur attribue un grand effet moral. C'est une bonne fortune pour nous, en pareil sujet, de pouvoir nous appuyer sur les paroles d'un témoin si véridique, de tous les historiens le moins déclamateur. Il fait part de ses impressions, et, comme s'il voulait répondre d'avance à toutes nos curiosités, il nous dit de point en point quels sentiments les différentes parties du discours funèbre éveillaient dans la foule. Pendant la première partie, consacrée aux vertus et aux actions du défunt : « Voyez ce qui arrive, dit-il, les assistants se rappellent, se remettent sous les yeux tout ce qu'il a fait, et non seulement ceux qui ont pris part à ces actions, mais ceux-là mêmes qui n'y ont point participé sont tellement émus, que le deuil d'une famille devient le deuil du peuple. » Dans la seconde partie, dans l'éloge des ancêtres : « Ainsi la renommée des citoyens vertueux se renouvelle sans cesse et devient immortelle ; ainsi se fait connaître à tous et passe de bouche en bouche, à travers les générations, la gloire de ceux qui ont bien servi la patrie. » Ce qui paraît avoir encore plus touché Polybe, c'est l'apparition des ancêtres. « Non, dit-il, il n'est pas de plus beau spectacle pour un jeune homme épris de la gloire. Voir la réunion de tous ces hommes célèbres par leur vertu, les voir en quelque sorte revivre et respirer dans leurs images, quel puissant aiguillon ! Non, on n'imagine rien de plus beau [1]. » Cet effet produit par les images sur la jeunesse romaine est constaté aussi par Salluste, non pas, il est vrai, sur la jeunesse de son temps, dont le cœur n'était plus ouvert à l'enthousiasme ; Salluste parle non de ce qu'il a vu autour de lui, mais de ce qu'il a appris, et renvoie précisément au temps de Polybe : « J'ai souvent entendu dire que Q. Maximus, P. Scipion et les autres grands hommes de notre république

1. L. VI. 53. 54.

avaient coutume de déclarer que la vue des images de leurs ancêtres allumait dans leur âme un ardent amour de la vertu [1]. » Ces témoignages, surtout celui de Polybe, parlant de ce qu'il a vu, prouvent qu'il ne s'agit pas ici d'une fastueuse et vaine cérémonie, faite uniquement pour les yeux.

La vue des ancêtres debout sur leurs chars avec l'appareil de leurs dignités, en exaltant les âmes d'élite, ne laissait pas indifférente la multitude même, qui, devant ce long cortège et ce défilé des siècles, se familiarisait avec les annales de Rome. On s'accoutumait à reconnaître les hommes illustres, à les distinguer les uns des autres, à mettre les noms sur les visages; on se les montrait du doigt : Celui-ci a vaincu Annibal ! celui-là a détruit Carthage ! On ne peut guère imaginer un meilleur cours populaire d'histoire romaine. Quand par hasard, pour une cause ou une autre, une image manquait, la foule la cherchait des yeux. Ainsi, lorsque César, aux funérailles de sa tante Julie, qui avait été la femme de Marius, eut la hardiesse de faire reparaître l'image proscrite du grand proscrit, qu'on n'avait plus revue depuis la victoire de Sylla, on battit des mains, on applaudit le jeune audacieux « d'avoir en quelque sorte ramené des enfers les

---

1. *Jugurtha*, 4.

honneurs de Marius en la ville de Rome après un si long temps qu'on les avait tenus ensevelis [1]. » Sous le règne de Tibère, aux obsèques de Junie, femme de Cassius et sœur de Brutus, parmi les nombreuses images de vingt familles illustres, le peuple sut bien remarquer l'absence des deux meurtriers de César, ce qui fait dire à Tacite « qu'ils brillaient entre tous par cela même qu'on ne les voyait pas ». Ces grands spectacles n'étaient donc pas perdus même pour le peuple. C'est ici le moment de remarquer avec quel sûr instinct de sa grandeur future Rome a tenu de bonne heure à faire connaître aux citoyens sa propre histoire. En un temps où l'écriture était à peine connue, ou du moins n'était pas vulgaire, les grands pontifes étaient déjà chargés d'inscrire sur un tableau blanc les principaux événements de l'année et d'exposer ces annales dans leur maison ouverte, « pour que le public, dit Cicéron, pût toujours les consulter, *potestas ut esset populo cognoscendi.* » Avec les mêmes sentiments, les nobles familles laissaient voir dans la partie la plus accessible de leur demeure les bustes de leurs membres célèbres avec une instructive légende historique. Ensuite, qu'étaient les oraisons funèbres, sinon des biographies et des fragments d'histoire romaine? Enfin ce

---

1. Plutarque, *César*, 5.

cortège des ancêtres n'était-il pas en chair et en os une parlante évocation du passé ? C'étaient là de belles institutions civiques en un temps où il n'y avait pas de livres. L'idée morale et patriotique y domine ; on pensait que, pour produire des héros le plus sûr moyen est de mettre l'héroïsme des pères sous les yeux des enfants ; on le pensait et on le disait expressément, selon Valère Maxime : « Si l'on place à l'entrée des maisons les images des ancêtres avec leurs inscriptions d'honneur, c'est pour avertir les descendants, non seulement de lire, mais d'imiter leurs vertus [1]. » Que dans ce dessein les Romains aient parfois trop embelli leurs annales, qu'ils y aient glissé de glorieux mensonges, cela ne peut étonner chez un peuple qui mettait le patriotisme bien au-dessus de la vérité. Peut-être aujourd'hui sommes-nous tombés dans un excès contraire.

Sous prétexte de vérité stricte, nous avons trouvé un savant plaisir à diminuer nos gloires, allant, nous aussi, jusqu'à l'hyperbole, mais en sens inverse, à l'hyperbole du mépris ; en vers, en prose, dans les livres, sur le théâtre, nous avons déchiré nos grands hommes et usé de notre culture littéraire pour ravager consciencieusement le plus beau patrimoine de la patrie. D'autre part, pendant des

---

1. L. V, 8, 3.

siècles en France, on n'a pas même tenté d'apprendre au peuple sa propre histoire, et même on semble avoir voulu la lui cacher. Les grossiers Romains au temps des guerres puniques étaient mieux tenus au courant de leurs annales que nos multitudes dans les siècles les plus lettrés. Le plus pauvre quirite, sans ouvrir un livre, pouvait voir à de certains jours l'histoire romaine passer dans la rue. Tandis que nous ne pouvons donner à nos enfants d'élite que des livres illustrés de portraits, les jeunes Romains nobles avaient sous les yeux les images en relief des hommes illustres, empreintes fidèles de leur visage, avec leurs titres de gloire. Leur maison renfermait donc à la fois des annales et un musée historique, que de temps en temps un orateur expliquait dans une oraison funèbre, un musée vivant qui sortait quelquefois de son immobilité séculaire et marchait sur le forum.

Il nous a semblé qu'un genre d'éloquence si antique, si national, si naturellement sorti des institutions d'un grand peuple, ne mérite pas le silence où les historiens de la littérature l'ont laissé, et qu'en prenant la peine d'ôter au sujet ses épines, en montrant quelles furent les infirmités et les grandeurs de cette éloquence, on pourrait en faire une assez lucide histoire qui ne manquerait pas d'un certain intérêt, sinon littéraire, du moins politique et moral ; mais, pour faire cette histoire, il faut accorder quelque chose à l'imagination et par elle décrire ce que des documents, certains sans doute, mais rares et incomplets, nous laissent seulement entrevoir. Il ne suffit pas en effet de recueillir comme des ossements desséchés dans la poussière des âges les témoignages épars, les fragments, les inscriptions, et de les ranger froidement en ordre, à leur date, en de méthodiques compartiments ; ils ne prennent toute leur valeur que si à leur aide on recompose l'être moral dont ils sont comme les débris. Il faut donc par la pensée ranimer ces restes inertes, les replacer dans leur monde disparu, se représenter avec vraisemblance la vie dont nous n'avons plus sous les yeux que les vestiges éteints, deviner enfin les sentiments et les émotions d'un peuple depuis si longtemps enseveli, en recourant à une science assez incertaine, il est vrai, et qui n'a pas de nom, mais qu'on pourrait appeler l'archéologie des âmes.

LE
PHILOSOPHE CARNÉADE A ROME

Le génie romain, si ferme et en bien des choses si pénétrant, a laissé voir en tout temps une irrémédiable infirmité : il était incapable d'invention en philosophie. Non seulement les Romains n'ont pas créé de systèmes, mais ils n'ont pas modifié la teneur de ceux qu'ils empruntaient. Sans goût comme sans aptitude pour la pure spéculation, ils n'entrevoyaient pas même l'utilité des théories. Aussi pendant longtemps les philosophes à Rome sont des Grecs; en grec ils parlent et écrivent, et quand plus tard, par le progrès des lettres, les Romains peuvent enfin traiter de la philosophie dans leur propre langue, chose qui fut longtemps impossible et toujours difficile, ils ne font guère que traduire avec plus ou moins de liberté; aux plus grands esprits de Rome il ne coûte pas d'avouer sur ce point leur impuissance. Lucrèce suit Épicure pas à pas; non seulement il s'y résigne, mais il s'en fait honneur; Cicéron, si vif pourtant et si curieux, se borne à exposer, à commenter les doctrines étrangères; il les marie par des unions plus ou moins bien assorties, il les pare à la romaine en y jetant les longs plis de sa phrase oratoire. Sénèque lui-même, si neuf dans la forme, si fécond en idées personnelles, se fait un devoir de reproduire les dogmes de la Grèce; quand il s'en éloigne, loin de se vanter, il s'excuse. Tandis que chez nous chacun aime à passer pour novateur et se pique volontiers d'avoir une doctrine à lui, les Romains modestement, par une modestie nécessaire, mettaient leur gloire à se montrer bons écoliers.

Il ne faudrait pas se hâter de conclure que la philosophie romaine est sans originalité. Elle a, au contraire, un caractère propre qui frappe tout d'abord. C'est elle qui a donné à la philosophie grecque ce qui manquait à celle-ci, le sens pratique. On peut appliquer à tous les moralistes de Rome ce qu'on a dit de l'un d'eux, qu'il parlait avec des formules grecques, mais avec un accent romain, *græcis verbis romanis moribus* [1]. Sans doute, les Grecs n'ont point leurs pareils dans les spéculations savantes; sans eux, je ne sais s'il y aurait dans le monde une

---

1. Sénèque, *Lettre* 59.

philosophie vraiment scientifique. Avec la curiosité
la plus perçante, ils ont en peu de siècles exploré
tout le champ ouvert à la pensée et en ont atteint
les limites. Ils ont presque en même temps créé
tous les grands systèmes où l'esprit humain est
encore enfermé et dont il ne peut guère sortir. Les
doctrines modernes relèvent de Platon, d'Aristote,
de Zénon, d'Épicure, ou bien, si nous tentons de
nous en éloigner, nous parcourons des routes déjà
traversées par les Héraclite, les Parménide. Mais,
si les Grecs n'ont rien laissé à inventer en fait de
méthodes logiques et de doctrines morales, leur
science profonde, par sa profondeur même, ne pouvait devenir populaire. Elle était en même temps
trop subtile, car les Grecs, qui avaient découvert
les plus fins procédés de la dialectique, en abusaient
avec délices, comme on fait dans la nouveauté des
découvertes. Leurs doctrines n'étaient donc bien
comprises que par des disciples lentement préparés,
par une élite d'initiés, et ne pouvaient se répandre
dans la foule. Ç'a été l'œuvre des Romains de tout
réduire à la simplicité et de faire de ces principes
abstrus des préceptes de pratique commune. Leur
esprit austère, impérieux, était fort capable de tout
condenser en sentences. Ils ont eu au suprême
degré le talent de frapper, comme des médailles
impérissables, de fortes maximes auxquelles ils sa-

vaient donner l'autorité censoriale, la précision du légiste, la brièveté du commandement militaire. A Rome, on ne s'embarrasse pas de longs raisonnemens, on va droit à la conclusion, on cherche le profit moral comme tous les autres profits, on se hâte de jeter la coquille pour avoir le fruit. Ce sens pratique a fait des Romains, sinon de rigoureux philosophes, du moins d'excellents moralistes. Ils ont des lumières nouvelles sur les âmes, et, s'ils raisonnent peu, ils observent beaucoup. Très capables d'admirer les grandeurs morales, ils aperçoivent aussi les infirmités humaines et démêlent les bassesses, les ridicules, les mensonges, tout ce qui se cache dans les recoins du cœur. Il suffit ici de rappeler, en poésie, les œuvres d'Horace, ce juge si fin de l'honnêteté mondaine; en politique, les livres de Tacite; en morale, ceux de Sénèque, dont la pénétration est merveilleuse. C'est encore ce même génie pratique qui a fait trouver aux Romains les formules du droit les plus concises et leur a fait élever à la justice un monument d'une indestructible solidité. Si donc la philosophie romaine n'est pas inventive comme celle des Grecs, elle est plus accessible, plus praticable, et elle a pu, par conséquent, devenir universelle. Grâce à l'étendue et à la force de leur empire, les Romains ont porté cette utile sagesse dans tout le monde civilisé; ils l'ont imposée par

leurs armes, par leurs lois, par leur administration,
par leur langue, ils en ont fait comme la raison du
genre humain. Aujourd'hui encore, nous en vivons.
Leurs maximes, plus que les théories grecques,
remplissent nos livres, entrent dans notre éducation,
retentissent dans nos écoles et même dans nos temples, circulent dans nos entretiens et font partie de
nous-mêmes. N'est-ce point assez pour nous intéresser à cette sagesse romaine et à son histoire?
Nous voudrions ici en détacher un épisode, un des
plus importants, le premier par la date. C'est à une
sorte de hasard que cette philosophie dut la naissance; son énergie native aurait pu sommeiller
longtemps encore, si elle n'avait été tout à coup
éveillée, dans une circonstance mémorable, par un
étranger, par un Grec, par Carnéade : grand événement philosophique qui a été souvent raconté, mais
trop brièvement, souvent jugé, mais à la légère, et qui
nous paraît mériter plus de détails et plus d'équité.

I

Carnéade était le chef de la nouvelle académie,
école dégénérée de Platon, laquelle, exagérant le
doute socratique, avait abouti au scepticisme. Nous
n'avons pas, dans le sujet particulier qui nous oc-

cupe, à retracer la méthode de cette école, ni les procédés de sa dialectique entre toutes subtile. Puisqu'il ne s'agit ici que de l'effet produit par Carnéade sur les ignorants Romains, nous devons toucher seulement à ce que les Romains pouvaient comprendre de sa philosophie et tout ramener à une certaine simplicité populaire. Aussi bien tout système, si savant qu'il soit, peut toujours se réduire à un petit nombre de propositions tout d'abord compréhensibles qui en montrent le but et la portée. Si l'on veut, par exemple, donner une idée du stoïcisme, il suffira de dire que sa morale repose sur la vertu, sans démonter pièce à pièce tout l'édifice logique de Zénon; de même, quand on a dit que l'épicurisme a pour principe le plaisir, on peut se dispenser de donner les fines raisons dont Épicure étayait sa doctrine. Il en est ainsi de la nouvelle académie, dont quelques mots feront connaître, en général, le caractère, les intentions et la raison d'être. Le scepticisme de Carnéade n'était pas absolu et n'allait pas jusqu'à prétendre, comme celui de Pyrrhon, qu'il n'y a pas de vérité; mais la vérité, disait le nouvel académicien, est si mêlée d'erreurs, si obscurcie, si incertaine, qu'on n'est jamais sûr de l'avoir saisie, de la posséder, que par conséquent il faut examiner les choses, suspendre son jugement et, à défaut de la vérité qui se dérobe, s'attacher au vraisemblable. Les choses, selon Carnéade, sont relativement à nous, non pas vraies, mais plus ou moins probables. Il est l'auteur de la doctrine qu'on appelle le *probabilisme*, doctrine qu'il a établie et défendue avec une dialectique souvent captieuse, mais qui, au fond, n'est pas déraisonnable, bien qu'on l'ait jugée telle. Nous sommes tous probabilistes, vous et moi, savants et ignorants ; nous le sommes en tout, excepté en mathématiques et en matière de foi. Dans les autres sciences et dans la vie, nous nous conduisons en disciples inconscients de Carnéade. En physique, nous accumulons des observations, et, quand elles nous paraissent concordantes, nous les érigeons en loi vraisemblable, loi qui dure, qui reste admise jusqu'à ce que d'autres observations ou des faits autrement expliqués nous obligent à proclamer une autre loi plus vraisemblable encore. Toutes les vérités fournies par l'induction ne sont que des probabilités, puisque les progrès de la science les menacent sans cesse ou les renversent. Dans les assemblées politiques où se plaident le pour et le contre sur une question, on pèse les avantages et les inconvénients d'une proposition législative, et, si la passion ne vient pas troubler la délibération, le vote est le résultat définitif des vraisemblances que les orateurs ont fait valoir. Le vote n'est qu'une manière convenue de chiffrer le probable. De même chacun de nous, quand il faut prendre un parti, examine les raisons qu'il a d'agir ou de s'abstenir, les met comme sur une balance et incline sa décision du côté où le plateau est le plus chargé de vraisemblances. La méthode de Carnéade, comme du reste toutes les méthodes, ne fait donc qu'ériger en règles plus ou moins judicieuses ce qui se fait tous les jours dans la pratique de la vie. S'il y a eu des déductions avant Aristote, des inductions avant Bacon, on fit aussi du probabilisme avant la nouvelle académie. L'école de Carnéade, peu inventive et peu propre à rechercher et à fixer la vérité, à laquelle elle ne croyait pas ou qu'elle jugeait hors de prise, était fort capable, par sa méthode, par ses délicates pesées, de reconnaître les erreurs d'autrui. Si cette école sceptique n'avait pas abusé du sophisme, si elle ne s'était pas plu à le manier comme on joue d'un instrument, elle mériterait d'être appelée une école critique, ou encore une école de libre examen; car le mot latin *examen*, devenu français, désigne précisément la tige mobile de la balance, qui sert à marquer l'écart entre la hauteur des deux plateaux; on pourrait même, à certains égards, lui faire l'honneur de l'appeler une école de bon sens, si l'on considère que le plus souvent elle n'a fait qu'appliquer avec une rigueur scientifique la méthode la plus usuelle; mais elle doit pourtant garder son nom d'école sceptique, puisqu'elle s'est toujours abstenue de conclure, qu'elle était fondée surtout pour combattre toutes les affirmations systématiques, et qu'elle s'est montrée l'ennemie de toute espèce de dogmatisme.

Il y avait alors en Grèce des écoles philosophiques qui prétendaient offrir une science certaine et qui naturellement, par cette assurance infaillible, provoquaient la contradiction. Le temps n'était plus où un Socrate, un Platon se contentaient de répandre avec une modeste grâce leurs grandes idées sur le monde et sur l'âme, tantôt affirmant, tantôt doutant, révérant trop la vérité pour oser assurer qu'ils la tenaient tout entière dans la main et se faisant comme scrupule d'ériger leurs vues en système. C'est nous aujourd'hui qui, avec beaucoup d'efforts, rapprochant, ajustant leurs idées éparses et souvent assez diverses, en composons un corps de doctrine qu'ils avaient eu garde de composer eux-mêmes. Mais après eux s'établirent des écoles, ou plutôt des sectes comme de petites églises qui, pour employer leur propre langage, firent de leurs opinions des *dogmes*, des *décrets*, des *oracles* et enseignèrent selon un formulaire où étaient résolus intrépidement tous les problèmes sur la nature et sur l'homme. Tels étaient l'épicurisme et le stoïcisme, qui, bien qu'ennemis et fondés sur les principes les plus contraires, étaient également sûrs chacun de posséder toute la vérité. Les épicuriens ne doutaient de rien et, pour avoir appris par cœur les manuels de leur maître, savaient dans le dernier détail comment le monde s'était formé, quelle est la nature de l'âme. Quand ils parlaient de l'univers, ils avaient l'air, dit avec esprit Cicéron, de revenir à l'heure même de l'assemblée des dieux [1]. D'autre part, les stoïciens quoique professant une doctrine plus haute, pouvaient irriter davantage, parce qu'ils enfermaient leurs nobles idées en des formules paradoxales, qui semblaient avoir été inventées tout exprès pour impatienter ou renverser les esprits. Leur assurance hautaine, leur principe que le sage n'ignore rien, le titre qu'ils prenaient d'avocats de l'évidence, tout cela était comme un défi ; leur fanatisme triste choquait d'autant plus qu'il recourait, pour attaquer ou se défendre, à des arguments pointilleux et mesquins suivis de conclusions forcées, qu'ainsi leur gravité paraissait frivole et faisait dire plus tard même à un des leurs, à Sénèque : « C'est bien la peine de lever le sourcil, d'étaler aux yeux la pâleur de la vertu pour proclamer de pareilles inepties [2]. » Carnéade laissa les épicuriens tranquilles, parce

---

1. *De nat. Deorum*, l. I, 8.
2. Hæc disputamus attractis superciliis (*Lett.* 113). Hoc est quod tristes docemus et pallidi (*Lett.* 48).

qu'ils étaient tranquilles eux-mêmes, mais attaqua les stoïciens. A la tête de l'école stoïcienne se trouvait alors Chrysippe, le maître des maîtres, dialecticien jusque-là sans pareil, qui avait subtilement, fil par fil, formé toute la trame de la doctrine, si bien qu'on disait de lui avec emphase : « S'il n'y avait pas de Chrysippe, il n'y aurait point de stoïcisme. » Carnéade, d'abord son disciple, se sépara de lui, devint son adversaire, et travailla toute sa vie, qui fut longue, avec une incroyable ténacité, à défaire cette doctrine si sûre d'elle-même. Ce fut l'unique emploi de sa force, ce fut sa vocation, puisqu'il se plaisait à dire en parodiant le mot cité plus haut : « S'il n'y avait pas de Chrysippe, il n'y aurait point de Carnéade [1]. » Il s'initia avec ardeur à toutes les finesses de la logique pour mieux combattre le grand logicien. Il lui fit la guerre sur tous les points à tort ou à raison, en toute rencontre et parfois non sans ruse. Rien n'enivre comme la dialectique, elle ne peut s'arrêter dans ses poursuites, il lui faut sans cesse une proie ; dans son ardeur avide, elle va quelquefois jusqu'à se dévorer elle-même en défaisant ce qu'elle a fait, comme le reconnais-

---

[1]. Ce mot malin est mal interprété par plusieurs historiens de la philosophie grecque ; ils y voient l'hommage reconnaissant d'un disciple ; non, le mot est une parodie et déclare l'acharnement d'un adversaire. Voir Diogène de Laerte, liv. VII, 7, et IV, 9.

sait Carnéade disant : « Elle ressemble au poulpe des mers, qui pendant l'hiver se mange les pattes à mesure qu'elles poussent [1]. » Aux subtilités de Chrysippe, il opposa ses propres subtilités, exposant parfois ses propres idées à l'encontre du stoïcisme pour montrer que lui aussi savait tisser de ces toiles où se prennent les mouches. Qu'on ne s'étonne pas que dans cette lutte tout n'ait pas été sérieux ; deux dialecticiens aux prises en viennent à combattre moins pour la vérité que pour la victoire. Il s'agit de terrasser l'adversaire par force ou par adresse et de le réduire au silence. C'est à peu près ainsi qu'au moyen âge Abélard, disciple de Guillaume de Champeaux, ne s'arrêta qu'après avoir fait déposer les armes à son maître. Assurément le stoïcisme valait mieux que la nouvelle académie ; il a montré par la suite, dans toute l'histoire, ce qu'il renfermait de généreuse énergie ; mais il était bon qu'il fût combattu, rabaissé dans son orgueil, troublé dans sa quiétude autoritaire, parfois humilié, pour être contraint de se corriger. Que deviendrait le monde, s'il n'y avait que des Chrysippes et s'il n'était point de Carnéades ?

Ce serait faire beaucoup trop d'honneur aux Romains de croire que leur inexpérience en philoso-

1. Stobée, *Floril.*, 82, 13.

phique ait pu pénétrer dans cette savante logique.
Ce n'était point leur affaire ni leur souci de démêler les artifices par lesquels le philosophe grec
montrait que rien ne porte la marque propre du vrai
et du certain, qu'entre une perception vraie et une
perception fausse il n'y a pas de différence tranchée
et reconnaissable ; et comment les Romains au-
raient-ils pu suivre avec intérêt ces longs sorites
qui faisaient voir que l'esprit est amené comme sur
une pente insensible d'une vérité à une erreur, sans
trouver le moyen de s'arrêter en chemin et de dire :
Ici finit la vérité, là l'erreur commence. Toutes ces
discussions si fines n'étaient à la portée que des
Grecs, depuis longtemps familiers avec les procédés
de la dialectique, et qui non seulement avaient l'esprit assez délié pour suivre une savante dispute,
mais encore assez de loisir pour s'en laisser charmer. Tout ce que les Romains pouvaient comprendre à première vue à travers le réseau de cette
sophistique, c'est que la doctrine apprenait à se
mettre en garde contre les affirmations absolues et
téméraires, à se défier de prétendues vérités, qu'elle
éveillait l'esprit sur les difficultés de la science et de
la vie, en un mot qu'elle enseignait la prudence.
Ainsi l'entendit plus tard Cicéron, l'interprète le
plus autorisé de l'esprit public à Rome. Pourquoi
est-il entré dans la nouvelle académie? Il le dit avec

enthousiasme : « C'est que Carnéade nous a rendu un service d'Hercule en arrachant de nos âmes une sorte de monstre, l'assentiment trop prompt, c'est-à-dire la crédulité et la témérité [1]. » Aussi, quand Cicéron discute, il dit à ses amis : « Ne croyez pas entendre Apollon sur son trépied, mes discours ne sont pas des oracles; je ne suis qu'un homme comme un autre, je cherche la vraisemblance, mes lumières ne sauraient aller plus loin [2]. » La nouvelle académie plaît encore à Cicéron, parce qu'on peut y garder sa liberté, qu'on n'y est pas obligé de défendre une opinion de commande, tandis qu'ailleurs on se trouve lié sans avoir pu choisir. Dans un âge encore trop faible, on se laisse entraîner sur les pas d'un ami, séduire par l'éloquence du premier maître qu'on entend; on juge de ce qu'on ne connaît point, « et vous voilà cramponné pour la vie à la première secte venue comme à un rocher où la tempête vous aurait jeté [3]. Enfin, ajoute Cicéron, comme dans notre école nous combattons ceux qui croient à tort avoir pour eux l'évidence, nous trouvons tout naturel qu'on essaye de nous réfuter et ne croyons pas nécessaire de nous montrer entêtés de nos opinions. » Ainsi cette doctrine qui, tout en cher-

---

1. *Acad.*, II, 31.
2. *Tuscul.*, I, 9.
3. *Acad.*, II, 3.

chant le vrai, ne se piquait jamais de l'avoir trouvé, qui laissait à l'esprit sa liberté et le rendait juge des vraisemblances, qui lui donnait le plaisir de s'instruire sans l'engager dans une foi, cette doctrine en quelque sorte complaisante pour soi et pour autrui, pouvait avoir de l'attrait pour les Romains, peu sectaires de leur nature et qui d'ailleurs se sentaient en tout sous une discipline non discutée, esclaves de formules traditionnelles, incomprises, dont le sens était le plus souvent perdu. Et comment n'être pas tenté d'entrer dans une école où l'on avait le plaisir et le mérite de discuter sans obstination et sans colère, où l'on gardait pour soi les avantages de la modération, du bon goût, de la modestie? N'y avait-il point là des séductions pour des esprits qui sans doute n'étaient pas encore délicats, mais qui aspiraient à le devenir?

Carnéade n'est pas, comme on le répète, un sophiste, mais un véritable philosophe, qui, dans sa constante dispute avec les stoïciens, a presque toujours eu la raison de son côté. Était-il sophiste lorsqu'au dogmatisme trop absolu de ses adversaires, qui regardaient la sensation comme infaillible, il opposait les hallucinations des aliénés, les erreurs des songes, les illusions de la passion, et qu'il disait à sa façon ce que dira Pascal en ces termes : « Les sens abusent la raison par de fausses apparences, et cette même piperie qu'ils apportent à la raison, ils la reçoivent d'elle à leur tour. » Les objections de Carnéade contre la théologie stoïcienne, si elles ne sont pas irréfutables, ont du moins soulevé de grands problèmes, livrés depuis à la méditation des philosophes et des théologiens. A-t-il eu tort d'attaquer le panthéisme matérialiste des stoïciens et de leur prouver que, si Dieu se confond avec le monde et si le monde n'est qu'un immense animal, Dieu n'est pas éternel? Quand les stoïciens, pour démontrer l'existence de Dieu, s'appuyaient sur le consentement universel, n'était-il pas de bonne guerre de leur montrer que ce consentement ne devait pas avoir de valeur pour eux, puisque, selon leur doctrine, tous les hommes sont des insensés? Quand les stoïciens, dans leur optimisme sans mesure et sans nuance, prétendaient que tout est bien dans le monde, que la sagesse divine a tout formé pour l'utilité du genre humain, n'avait-il pas le droit de leur demander en quoi servent au bonheur de l'humanité les poisons, les bêtes féroces, les maladies, pourquoi Dieu a donné à l'homme une intelligence dont il peut abuser et qu'il peut tourner au crime? C'était poser le grand problème du mal physique et du mal moral. N'a-t-il pas eu raison de défendre la liberté humaine contre le fatalisme stoïcien, et ne faisait-il pas œuvre de philosophe en montrant qu'il y a là une grande difficulté, celle de concilier le libre arbitre avec l'ordre éternel et invariable des choses, avec ce qu'on appelle aujourd'hui la prescience divine? Sans doute Carnéade n'a pas résolu ces problèmes, mais il en a fixé les termes, si bien que depuis, jusqu'à nos jours, ils ne peuvent plus être esquivés par aucune école philosophique ou religieuse. En portant le ravage dans la théologie stoïcienne, il se proposait, non de détruire l'idée divine, *non ut deos tolleret*[1], mais de faire voir seulement que les arguments de ses adversaires n'étaient pas solides. Bien plus, non sans courage, il heurta la religion populaire en raillant les stoïciens qui prenaient trop complaisamment parti pour le polythéisme, et qui sur ce point, par un esprit de conciliation chez eux peu ordinaire, admettaient, en l'expliquant, la multiplicité des dieux. « Si Jupiter est dieu, disait-il, son frère Neptune sera dieu, le soleil sera dieu; vous diviniserez l'année, le mois, le jour, le matin, le soir, et peu à peu vous en viendrez à l'adoration des chiens et des chats, comme chez les barbares[2]. » La marche de ce sorite peut paraître bizarre et forcée, mais c'est la marche même de la superstition que son raisonnement suivait de degrés en degrés jusqu'à la honte. Enfin on

---

1. *De nat. Deor.*, III, 17.
2. *Ibid.*, III, 18 et 19.

lui doit de la reconnaissance pour avoir ruiné la divination et les oracles, que les stoïciens non seulement croyaient possibles, mais encore dont ils donnaient de savantes explications. Carnéade n'est donc pas un simple sophiste, ni, comme disait un de ses ennemis, un charlatan qui jongle avec la dialectique, « un joueur de tours, un filou [1], » c'est un critique avisé, pressant et redoutable. Ses discussions sur Dieu, sur la liberté, sur le mal, ressemblent à celles de Bayle contre Leibniz. On pourrait l'appeler le Bayle de l'antiquité, mais un Bayle irrésistible. Ainsi il a été jugé par les anciens, et ceux mêmes qui l'injuriaient en avaient peur. « Ses doctrines, dit l'un d'eux, l'emportaient toujours, et aucune autre ne pouvait tenir contre elles, tant il était grand et avait fasciné ses contemporains [2]. » Devant un tel adversaire, Chrysippe fut obligé de modifier son système ; son successeur, le nouveau chef du Portique, Antipater, n'osa plus affronter la discussion et, se cachant dans la retraite, se contenta de lancer contre le terrible ennemi du stoïcisme quelques écrits, comme un combattant découragé qui se venge sans péril [3]. Carnéade avait fait le silence au-

---

1. Numénius, voir Eusèbe, *Præp. evang.*, XIV, 8.
2. *Ibid.*
3. On finit par donner à Antipater le surnom de *Calamoboas*, le criard par écrit. (Plutarque, *Du trop parler*, ch. 23.)

tour de sa supériorité accablante. « Quand il mourut, dit Diogène de Laerte, il y eut une éclipse de lune, comme si le plus bel astre après le soleil prenait part à sa mort. » La philosophie, d'après cette légende, venait de perdre sa lumière.

Ce victorieux dialecticien, qui avait fini par n'avoir plus d'adversaire, personne n'osant plus se mesurer avec lui, était en outre un grand orateur, dont la puissance est attestée par les éloges de ses admirateurs, et mieux encore par les injures et l'effroi de ses ennemis. Que Cicéron nous vante « l'incroyable énergie et l'inépuisable variété de son éloquence »[1], qu'il nous apprenne que dans les discussions il a toujours fait triompher le parti qu'il défendait, que jamais il n'a combattu une opinion qu'il ne l'ait renversée, ce sont là des éloges qui peuvent paraître suspects venant d'un admirateur et d'un disciple. Il vaut mieux s'en rapporter au témoignage d'un ennemi, du pythagoricien Numénius, qui parle de Carnéade avec horreur et qui, pour n'avoir pas à reconnaître la force de ses arguments, attribue tous ses succès au prestige de sa parole. Le bon pythagoricien, qui appartient à l'école du silence et se trouve être un bavard, s'évertue en métaphores incohérentes pour peindre la puissance et les res-

---

1. *De orat.*, II, 38.

sources variées de son éloquence. « Il asservissait, dit-il, son auditoire...; au milieu d'une dispute subtile, tout à coup, s'il fallait produire de l'effet, il se réveillait impétueux comme un fleuve rapide coulant à pleins bords, il tombait avec force sur ses auditeurs, il les entraînait avec fracas. — Il battait en retraite comme les animaux qu'on attaque, qui ensuite reviennent avec plus de furie se précipiter sur les épieux ; il n'avait fait une concession que pour reprendre son élan. — C'était un voleur qui s'introduisait à la dérobée et puis se montrait comme franc voleur, dépouillant par ruse ou par violence ceux mêmes qui étaient mieux préparés à lui tenir tête [1]. » Les louanges les plus flatteuses seraient moins à l'honneur de Carnéade que ces outrages. Diogène de Laerte, à son tour, nous apprend que les professeurs d'éloquence fermaient leurs écoles et renvoyaient leurs disciples pour avoir le loisir de l'entendre. Tout le monde est donc d'accord sur ce point, et ceux-là mêmes qui le regardaient comme « un monstre » convenaient avec colère que le monstre était charmant.

Cet invincible logicien, grand orateur, était de plus un homme d'esprit, qui dans les entraînements de parole savait se ressaisir et rester maître de lui-

---

1. Eusèbe, *Præp. evang.*, IV, 8, *passim*.

même. Il égayait la dialectique et avait coutume, quand on lui opposait un raisonnement captieux, de riposter aussitôt par un autre de même force qui en était la parodie. C'est ainsi que, pour se moquer d'un adversaire, il repartit un jour par cet argument : « Si j'ai bien raisonné, j'ai gagné ma cause ; si j'ai mal raisonné, Diogène n'a qu'à me rendre ma mine [1]. » Carnéade avait en effet appris la logique du stoïcien Diogène, et la mine était l'honoraire qu'on donnait à un dialecticien. C'était dire aux stoïciens : J'ai appris la logique chez vous, et, si je raisonne mal, c'est votre faute. D'autres fois, il lui échappait des pensées aussi graves que spirituelles ; nous n'en citerons qu'une sur l'éducation. « Sait-on, disait-il, pourquoi les enfants des rois et des riches n'apprennent rien comme il faut, si ce n'est monter à cheval ? C'est que les maîtres les flattent et leur font croire qu'ils savent quelque chose, que même leurs jeunes compagnons dans les luttes se laissent complaisamment tomber sous eux, tandis que le cheval, sans façon, qu'on soit prince ou non, riche ou pauvre, jette par terre qui ne sait pas bien se tenir [2]. » Pensée non moins juste que piquante, qu'on inscrit aujourd'hui dans les manèges pour l'instruction des futurs cavaliers, mais qu'on pourrait graver aussi

1. Cicéron, *Acad.*, II, 30.
2. Plutarque, *Du flatteur et de l'ami*, ch. 14.

sur les murs des palais. Voilà en quelques traits l'homme extraordinaire qui, muni de toutes les armes, « de la force et de la grâce, » dit Plutarque, de plus, doué de la voix la plus sonore, d'une voix célébrée par les anciens et capable de faire retentir les idées aux oreilles les moins ouvertes, vint à Rome amené par le hasard, et déploya le premier avec éclat les doctrines de la Grèce devant les Romains, en un temps où la république guerrière connaissait à peine le nom de la philosophie et ne le connaissait que pour s'en étonner ou le haïr.

II

Sans doute la philosophie avait déjà effleuré la société romaine comme un souffle léger et errant. Il était impossible que de la Grande Grèce, où avait enseigné Pythagore, ne fussent point parties certaines idées pythagoriciennes pour se répandre vers le nord et s'insinuer dans la ville. Le théâtre latin, imité des Grecs, d'Euripide et de Ménandre, tous deux amis des philosophes, avait proclamé devant la foule bien des sentences plus ou moins comprises et qui peut-être n'étaient pas toutes oubliées du jour au lendemain. Des livres comme les traductions d'Épicharme et d'Évhémère par Ennius pouvaient être en quelques mains. Les armées romaines, qui venaient de conquérir la Grèce, n'avaient pas pu ne point en rapporter des sentiments nouveaux. Les mille otages achéens, personnages de marque et d'élite, qui furent disséminés dans les villes de l'Italie, ont aussi dû répandre autour d'eux les idées de leur patrie. Mais tout cela, au milieu d'une ville uniquement occupée de guerre, de politique et d'affaires, était bien inconsistant et fugitif. Il arrive un moment où la philosophie excite à la fois la curiosité et la crainte. On voudrait s'en approcher et on n'ose. Ennius, pourtant fort libre esprit, faisait dire à un de ses personnages : « Il faut la toucher du bout des lèvres, mais non s'en abreuver. » Des plaisants, comme Plaute, s'en moquaient, croyant avec un air de bonne foi que c'était l'art de duper. « Voyez, disait-il en parlant d'un esclave qui médite une friponnerie, il est en train de philosopher. » Vingt-cinq ans avant le temps dont nous nous occupons, le sénat avait fait brûler les prétendus livres de Numa trouvés dans un tombeau pour le motif qu'ils renfermaient de la philosophie. Cinq ans avant l'arrivée de Carnéade, les maîtres grecs essayant d'enseigner à Rome avaient été expulsés de la ville par un sénatus-consulte qui, sans donner de motifs, disait avec un laconisme impérieux : « Nous ne voulons pas qu'ils soient à

Rome, *uti Romæ ne essent.* » La philosophie attirait donc déjà l'attention, ses déconvenues mêmes le prouvent, mais une attention le plus souvent hostile. Applaudie çà et là au théâtre dans quelques-unes de ses maximes les plus humaines, réprouvée dans l'enseignement public comme une importation étrangère et dangereuse, elle flottait entre l'estime craintive de quelques-uns et le mépris du plus grand nombre, comme un vague objet d'agrément suspect, lorsque tout à coup elle prit corps en la personne de trois députés athéniens, tous trois philosophes, qui au milieu du IIe siècle avant notre ère, en 156, donnèrent aux Romains durant leur séjour à Rome quelques leçons, cette fois écoutées sans scrupule ; ambassade célèbre où Carnéade eut le premier rôle, à laquelle les anciens ont eu raison de donner une grande importance historique, parce qu'elle exerça une influence décisive sur l'esprit public de Rome, sur ses destinées et, par conséquent, sur la civilisation générale. Il faut remarquer ici, en passant, combien les Romains, même dans les plus beaux temps, avaient de peine à se renseigner sur les progrès de leur culture littéraire. Cicéron, si particulièrement intéressé à connaître l'histoire de Carnéade, puisqu'il est son ardent disciple, ignore les détails de ce grand événement philosophique et demande dans une lettre à son ami Atticus, savant amateur d'antiquités, « quel était le sujet de leur ambassade et quelles furent leurs discussions ¹. » Grâce à des écrivains postérieurs, grecs surtout, nous sommes mieux informés que Cicéron lui-même, et, en rassemblant une foule de détails épars, nous pouvons reconstruire cette histoire mieux peut-être que n'aurait pu le faire Atticus. On verra en même temps dans ce récit quelles étaient la décadence et la misère du monde grec au moment où le monde romain montait à la lumière.

Athènes, ruinée, comme toutes les villes de la Grèce, par les guerres macédoniques, plus ruinée que toutes les autres, ne sachant plus comment payer ses dettes, en était venue à ce point de détresse qu'elle se jeta sur la ville d'Orope en Béotie, une ville alliée, et la pilla de fond en comble. Pausanias dit avec une naïveté féroce que ce ne fut pas méchamment, mais par nécessité. Dans cette malheureuse Grèce, le pillage entre amis paraissait alors l'unique moyen de rétablir les finances d'un Etat. Les Athéniens, condamnés à cinq cents talents d'amende par les Sicyoniens pris pour arbitres, et ne pouvant payer cette somme énorme, résolurent, pour obtenir une remise ou une réduction, d'en-

---

1. *Ad Atticum*, XII, 23.

voyer une ambassade au sénat romain, qui alors déjà se faisait volontiers juge de toutes les querelles, pour pouvoir, selon l'intérêt de sa politique, les éteindre ou les attiser. On choisit pour députés les trois hommes d'Athènes qui avaient le plus de renommée, les chefs des trois écoles philosophiques les plus célèbres, le péripatéticien Critolaüs, le stoïcien Diogène et l'académicien Carnéade, tous trois éloquents. Dans l'antiquité, la diplomatie n'était pas comme chez nous un jeu secret où l'avantage reste souvent à celui qui parle le moins ; on comptait avant tout sur l'ascendant de la parole dans ces républiques où tout se réglait par elle. Voilà pourquoi l'on confiait toujours ces difficiles et délicates fonctions à des orateurs et le plus souvent, quand on le pouvait, à des philosophes, parce que ceux-ci, habiles à parler, exercés dans les écoles, connaissant toutes les finesses de la dialectique, étaient encore protégés par leur réputation de sagesse et pouvaient, à l'occasion, se permettre des libertés de langage qu'on n'aurait pas tolérées chez d'autres.

Le sénat ne parut pas s'être empressé de recevoir les ambassadeurs, ayant de plus graves affaires à traiter et sans doute aussi par orgueil, laissant avec plaisir les peuples se morfondre dans l'anxiété et attendre quelque peu leur salut à sa porte. Nous assistons ici à un épisode, petite scène agréable, qui a dû bien réjouir Carnéade, l'adversaire du stoïcisme, de cette doctrine qui, entre autres exagérations, « ne reconnaissait d'autres villes, d'autres sociétés que celles habitées par les sages. » Or un jour que Carnéade et le stoïcien Diogène, attendant une audience, se trouvaient au Capitole, où le sénat avait coutume de recevoir les députés des nations, un Romain lettré, le préteur A. Albinus, choqué sans doute d'un manque d'égard de la part de ces étrangers, dit en riant à Carnéade, qu'il prenait pour un stoïcien : « Apparemment tu ne me regardes pas comme un préteur, parce que je ne suis pas un sage, Rome ne te paraît pas une ville, ni les Romains des citoyens ! — Ce n'est pas à moi qu'il faut dire cela, répondit Carnéade, mais au stoïcien que voici [1]. » — Carnéade a dû être heureux ce jour-là et triompher amicalement de son collègue en voyant que les hyperboles stoïciennes paraissaient du premier coup à un Romain aussi ridicules qu'à lui-même.

Enfin vint le jour où les philosophes ambassadeurs furent introduits dans le sénat, précédés de leur immense réputation. C'était, pour ainsi dire, la gloire de la Grèce qui allait comparaître. Ils durent

---

1. *Acad.*, II, 45.

être reçus non sans curiosité flatteuse, car nous savons qu'un grand personnage romain, C. Aquilius, alla jusqu'à briguer avec instance l'honneur de leur servir d'interprète. Beaucoup de sénateurs sans doute savaient le grec, mais d'autres ne le comprenant pas, une traduction n'était pas superflue. Ce que dirent les ambassadeurs, nous l'ignorons ; mais nous connaissons l'effet produit par leurs discours. Ces Romains, qui jusqu'alors, soit au forum, soit dans la curie, n'avaient jamais entendu que leurs rudes orateurs allant droit au fait, armés de leur logique sans prudence et de leur passion sans égard, ont dû être circonvenus et captivés par une rhétorique pour eux nouvelle, par d'insinuantes précautions oratoires, par des expositions lumineuses, par la musique des périodes et par un pathétique que ce jour-là des Grecs n'ont pas dû épargner. Les sénateurs éprouvaient des sentiments dont ils ne se rendaient pas compte. Charmés et humiliés de l'être, entraînés bien qu'ils eussent voulu résister, ils disaient naïvement en sortant : « Les Athéniens nous ont envoyé des députés non pour se justifier, mais pour nous obliger à faire ce qui leur plaît » [1]. C'était la mauvaise humeur de l'admiration impuissante. Si ces Romains dans leurs assemblées avaient déjà tressailli

---

1. Elien, *Var. hist.*, III, 17.

sous quelques éclats d'éloquence, pour la première fois ils venaient d'être exposés aux douces violences de la persuasion.

La renommée de ces discours prononcés au sénat ou dans des réunions privées remplit aussitôt la ville, dit Plutarque, traduit par Amyot, « comme si c'eust esté un vent qui eust fait sonner ce bruit aux aureilles d'un chacun. » On vantait surtout Carnéade et on disait « qu'il estoit arrivé un homme grec sçavant à merveilles, qui par son éloquence tiroit et menoit tout le monde là où il vouloit, et ne parloit-on d'autre chose. » On entoura les philosophes, on désira les entendre ; les jeunes gens surtout furent tout à coup saisis « d'un si grand et si véhément désir de sçavoir, que tous autres plaisirs et exercices mis en arrière, ilz ne vouloyent plus faire autre chose que vacquer à la philosophie, comme si ce fust quelque inspiration divine qui à ce les eust incités [1]. » Plutarque ajoute un fait assez surprenant, qui montre que l'ignorance romaine commençait à être mûre pour la philosophie : c'est que les pères de famille romains, qui jusqu'alors l'avaient repoussée, furent heureux de voir leurs fils se plaire aux discours de ces hommes admirables et prendre goût aux lettres de la Grèce.

1. Plut., *Caton*.

Du reste, quand on a lu les comédies de Plaute et de Térence, qu'on sait à quoi les jeunes gens à Rome passaient leur temps, quand on les a vus dans leur monde de parasites et de courtisanes, on comprend que les pères, sans pourtant partager l'enthousiasme de la jeunesse pour les étrangers, aient encouragé ce goût nouveau pour la philosophie, qui de tous les goûts était le plus innocent et, ce qui ne déplaisait pas à des Romains, le moins dispendieux.

Durant un assez long séjour à Rome, en attendant l'arrêt du sénat, les ambassadeurs, de plus en plus sollicités à parler en public, ouvrirent des cours ou plutôt, comme nous dirions, des conférences, et discoururent séparément dans les lieux les plus fréquentés, devant un nombreux auditoire. S'ils exposèrent chacun, ce qu'on peut supposer, quelques points de leurs doctrines respectives, les leçons du péripatéticien Critolaüs, le disciple d'Aristote, durent bien souvent passer l'esprit des Romains. Aussi est-il des trois philosophes celui qui paraît avoir eu le moins de succès et qui est le plus resté dans l'ombre. Dans le cas où Diogène le stoïcien aurait enseigné que le bien est dans la vertu, le mal dans le vice, que la douleur ne doit pas troubler la sérénité du sage, il eût été compris, parce que de pareils principes sont assez conformes au caractère romain ; il y a comme un stoïcisme naturel à Rome, bien avant les philo-

sophes; les Fabricius, les Régulus, sont d'avance
les beaux exemplaires de l'idéal stoïque, si bien que
Hegel a pu dire : « Dans le monde romain, le stoïcisme s'est trouvé dans sa maison. » Quant à Carnéade, il éblouit par sa prestigieuse dialectique
qu'on ne put oublier; car Lucilius, longtemps après,
dans une de ses satires, mettant en scène Neptune
qui discute avec les dieux sur une question difficile,
lui fait dire plaisamment « qu'on ne pourrait en
venir à bout quand même Carnéade sortirait des enfers pour la résoudre [1]. » Peut-être les doctrines
frappèrent moins les Romains que l'éloquence diverse de ces orateurs qui parlaient chacun le langage
de sa secte. Polybe, qui a pu les entendre, rapporte
qu'ils se firent admirer chacun dans un genre diffé-
rent, et Aulu-Gelle, plus précis, nous apprend que
la manière de Diogène était simple et sévère, celle
de Critolaüs élégante et fine, celle de Carnéade fou-
gueuse et entraînante. Il ajoute, en grammairien
préoccupé de rhétorique, que les trois orateurs
représentaient le genre simple, le genre tempéré et
le genre sublime, c'est-à-dire les trois aspects de
l'éloquence [2]. Ainsi, par la plus heureuse conjoncture, il était donné aux Romains d'admirer toutes
les savantes merveilles de l'art oratoire et de goûter

1. Lactance, *Inst. div.*, V, 14.
2. *Nuits att.*, VII, 14. Macrobe, *Saturn.*, 5.

en un jour, comme en un somptueux festin littéraire, tout ce que la Grèce pouvait offrir de plus délicat.

III

Durant ces fêtes de l'intelligence, alors si nouvelles à Rome, deux discours de Carnéade, l'un pour, l'autre contre la justice, ont laissé un impérissable souvenir, tant par le talent de l'orateur que par la singularité inquiétante de la discussion. Assurément Carnéade, ayant à parler de philosophie devant les Romains, ne pouvait choisir un meilleur sujet, mieux accommodé à l'esprit de ses auditeurs et à leur degré de culture. En philosophie, ce qui est le plus accessible à la foule, c'est la morale, et, dans la morale, le plus important des principes est celui de la justice, sur lequel tout le reste repose. Le peuple romain ayant d'ailleurs la prétention plus ou moins fondée d'être le peuple le plus juste de la terre [1], le choix du sujet semblait encore un hommage flatteur, mais, comme nous le verrons, n'en fut pas un. Le premier jour, Carnéade exposa le droit naturel, et le lendemain démontra que le droit naturel n'existe pas. Là-dessus, on s'est fort récrié, sinon à Rome, du moins

---

1. Nos justissimi homines. (Cicéron, *De Repub.*, III, 7.)

dans les temps modernes. Ce n'était, dit-on, qu'un misérable rhéteur qui voulait éblouir les Romains par une sorte de prestidigitation oratoire où, après avoir montré son objet, il le faisait disparaître aux yeux ébahis. C'est là bien mal comprendre les intentions et la méthode du philosophe académicien. Comment peut-on croire qu'un homme si fin, qui avait besoin de crédit comme ambassadeur, ait recherché la puérile gloire de passer pour un charlatan? N'était-ce pas s'exposer à s'entendre dire : Les paroles que vous avez prononcées devant les sénateurs avec tant d'autorité et de succès n'étaient donc qu'un jeu trompeur et une moquerie. C'eût été perdre tout le fruit de son éloquence au sénat. Non, en parlant tour à tour pour et contre la justice, il ne faisait que suivre sa méthode ordinaire, celle de la science académique; il mettait encore une fois en balance les vraisemblances et les probabilités de deux doctrines adverses et rendait les auditeurs juges du problème. « Plaider le pour et le contre, dit Cicéron, répétant Carnéade, c'est le moyen le plus facile de trouver la vérité [1]. » Il y avait même dans ce procédé une certaine bonne foi scientifique, car rien ne forçait Carnéade à étaler d'abord en beau langage les raisons de ses adversaires. En un mot,

1. *De Repub.*, III, 4.

il a fait ce que font encore aujourd'hui les professeurs de philosophie, ce qu'a fait au Collège de France sur le même sujet Jouffroy dans son célèbre cours sur le droit naturel, où il a d'abord exposé la doctrine qu'il devait réfuter dans la leçon suivante. Sans doute Carnéade et Jouffroy ne sont pas dans le même camp, et leurs rôles semblent inverses; qu'importe? Il s'agit ici non de la conclusion, mais de la méthode. Que d'ignorants Romains, pour qui une pareille discussion était une nouveauté étrange, se soient mis en tête que dérouler avec éloquence un système et le mettre en pièces avec plus d'éloquence encore fût un jeu d'adresse, on conçoit chez eux cette simplicité; mais nous serions un peu simples nous-mêmes si, dans un procédé fort légitime de discussion, nous ne voyions qu'un artifice divertissant de la rhétorique.

Nous ne connaissons pas le premier discours en faveur de la justice dans lequel Carnéade exposait les hautes théories de Platon, d'Aristote et des stoïciens, où était établie l'existence d'un droit naturel, c'est-à-dire d'une loi universelle, invariable, qui dans tous les temps et dans tous les lieux s'impose à la conscience du genre humain. Mais, grâce à des passages épars de Cicéron, complétés par Lactance, nous pouvons plus ou moins recomposer le second discours contre la justice. Là, selon sa coutume, opposant à la première thèse une antithèse, il niait cette loi immuable et commune à tous les hommes. S'il existait un droit naturel, disait-il, les hommes, qui s'accordent sur le chaud et le froid, le doux et l'amer, s'accorderaient aussi sur le juste et l'injuste; mais parcourez le monde, et vous verrez quelle est la diversité entre les mœurs des peuples, leurs opinions, leurs religions. Ici, le meurtre est en honneur, là le vol. Les Carthaginois, dans leur piété barbare, immolent des hommes, les Crétois mettent leur gloire dans le brigandage. Les lois sont différentes selon les pays, et dans le même pays, dans la même ville changent avec le temps. Ce que nous appelons justice n'est donc qu'une invention arbitraire et variable pour la protection des faibles et le soutien des Etats. L'argument n'est pas d'un rhéteur qui se joue, car il est formidable, il a eu l'honneur d'être repris par Montaigne et par Pascal, dont on connaît l'amère et hautaine saillie : « Trois degrés d'élévation du pôle renversent toute la jurisprudence... Plaisante justice qu'une rivière borne! Vérité en deçà des Pyrénées, erreur au delà. » C'est Carnéade qui le premier a introduit avec éloquence dans la discussion philosophique cette difficulté, qui n'est point méprisable. Pourquoi attribuer à la futilité et à la mauvaise foi d'un sophiste un argument qui n'a point été dédaigné par un Pascal, que de grands philosophes ont repris en leur propre nom, que l'école anglaise n'a point abandonné et qui est encore si spécieux aujourd'hui que l'Académie des sciences morales et politiques s'est crue obligée naguère d'en provoquer la réfutation? Sans doute, si dans la science c'était un crime d'embarrasser les défenseurs de la bonne cause, Carnéade mériterait les injures dont on l'accable, mais alors il n'y aurait plus de philosophie; s'il importe au contraire que même la bonne cause soit attaquée pour qu'elle ait occasion de fournir ses preuves, on ne peut savoir mauvais gré à Carnéade d'avoir contraint la philosophie à faire un effort pour défendre l'existence d'un droit naturel. Grâce à cet effort séculaire, elle est parvenue à dissiper les nuages qui obscurcissaient les principes de la morale, à saisir, sous l'infinie variété des institutions et des coutumes, la loi universelle non écrite, supérieure à toutes les lois qui en émanent, à faire enfin briller d'un éclat nouveau « cette loi immuable et sainte, qui, selon le beau mot de Cicéron, n'est autre à Athènes, autre à Rome, autre aujourd'hui, autre demain [1]. »

Bientôt Carnéade, changeant le point de vue et maniant avec art son procédé critique qui consistait à établir des antinomies inconciliables, fait voir que

---

1. *De Republ.*, III, 17.

la sagesse ne peut s'accorder avec la justice. Ici, il faut définir les mots. Par sagesse, il entend cet instinct légitime, naturel ou réfléchi, qui nous fait défendre nos intérêts, et il appelle justice la vertu qui se sacrifie aux autres. Si donc on est sage, on n'est pas juste; si on est juste on n'est pas sage. Au premier abord, il semble que ce ne soit qu'une logomachie qui ne répond à rien dans la vie réelle; mais, en y regardant de plus près, on s'aperçoit que cette contradiction existe dans les esprits, ainsi qu'en témoigne le langage populaire. Encore aujourd'hui, ne dit-on pas d'un homme généreux : Il fait une folie; ou bien : Je ne suis pas si sot; ou bien : Charité bien ordonnée commence par soi-même, ce qui veut dire : J'aime mieux être sage que juste. Bien des proverbes et les banales formules de l'égoïsme mettent en lumière la réalité du conflit. Le chrétien Lactance lui-même ne peut s'empêcher de le reconnaître et dit qu'en effet la justice a un air de sottise, *justitia speciem quamdam stultitiæ habet* [1]. Pour faire comprendre l'opposition de la justice et de la sagesse, le philosophe orateur prenait des exemples dans la vie journalière et commune : Vous avez à vendre un esclave vicieux ou une maison insalubre. Révélerez-vous à l'acheteur les vices et les défauts

1. *Inst. div.*, V, 14.

que vous seul connaissez? Si vous le faites, vous serez un honnête homme, mais vous passerez pour un sot; si vous ne le faites pas, on vous trouvera sage, mais vous serez un trompeur [1]. De pareils problèmes moraux étaient faits pour intéresser les Romains, hommes d'affaires, acheteurs et vendeurs, fort regardants. On dit ici que Carnéade corrompait les Romains, ce n'est point notre opinion; il nous semble, au contraire, qu'il éveillait et inquiétait les consciences au lieu de les mettre à l'aise. Croit-on que, jusqu'alors, un propriétaire romain, en train de vendre ou son esclave ou sa maison, se soit mis en peine de déclarer d'avance à l'acheteur des défauts qui auraient déprécié sa chose? il lui paraissait aussi légitime que naturel de les tenir cachés. Quand donc Carnéade lui montrait, pour la première fois, qu'il n'était que sage sans être juste, il lui ouvrait les yeux sur une délicatesse morale que l'autre n'avait jamais aperçue. Ce n'est peut-être pas calomnier notre temps de dire qu'aujourd'hui encore la plupart des propriétaires vendant leur maison, peu soucieux d'en révéler les défauts, trouveraient Carnéade un peu ridicule, non parce qu'il n'est pas assez scrupuleux, mais pour l'être trop. Laissons donc là ce reproche de corruption.

1. *De Republ.*, III, 14. Lactance, *Inst. div.*, V, 16.

Loin de faire descendre les Romains des hauteurs de la morale, le philosophe les y faisait monter. Il les plaçait dans une sorte d'alternative plus ou moins poignante qui pouvait leur faire préférer la justice à une sagesse vulgaire. En tout temps, les esprits inexpérimentés trouvent un grand intérêt à des questions controversées où l'honnêteté est aux prises avec la prudence. Au fond, Carnéade, qu'on accuse de frivolité, faisait tout simplement de la casuistique, science encore cultivée, bien qu'elle ne soit pas sans danger, car, en prétendant fixer avec précision les règles du devoir, elle donne la tentation de chicaner sur les limites, de rester en deçà de peur d'aller au delà, de fournir des échappatoires en ouvrant d'étroits défilés, qui sont sans doute commodes pour entrer dans la morale, mais non moins commodes pour en sortir. Toutefois, à Rome, devant un peuple neuf encore, cette science à l'état élémentaire n'offrait pas ces périls et pouvait avoir ce bon effet de montrer à plus d'un Romain que la satisfaction de l'intérêt personnel, ce qu'on appelait la sagesse, n'est pas tout l'homme, que le titre de sage ne donne pas droit à celui de juste. En un mot, Carnéade faisait voir à des hommes simples que dans les circonstances les plus ordinaires de la vie se rencontrent des problèmes de morale.

L'orateur laisse là ces exemples vulgaires où la

justice n'exige qu'un sacrifice d'argent et, pour frapper plus vivement les esprits, imagine des situations tragiques et romanesques où il s'agit, non d'un simple dommage, mais de la vie même. Tu as fait naufrage, et sur la mer, sans témoins, tu vois un plus faible que toi cramponné à une planche qui ne peut soutenir qu'un seul homme. Si tu lui laisses la planche, tu es juste; si tu la lui arraches, tu es sage. — Après une bataille, dans une déroute, poursuivi par l'ennemi, tu rencontres un blessé à cheval. La sagesse veut que tu prennes le cheval à ce blessé sans défense, la justice que tu le lui laisses [1]. Ces cas de conscience et d'autres pareils étaient fort agités dans les écoles en Grèce, surtout par les stoïciens, qui furent les inventeurs de la casuistique. Quelques-uns de ces exemples, celui du naufragé entre autres, paraissent même avoir été classiques, car nous les voyons reparaître dans les ouvrages de morale comme des difficultés non encore résolues. Hécaton, dans son traité des *Devoirs*, décide que la planche doit appartenir à celui des deux naufragés qui a le plus de mérite. Quelquefois on compliquait le problème d'une façon ridicule : « Qu'arrivera-t-il, disait-on, si tous deux sont des sages? — La planche doit être cédée à celui dont la vie importe le plus à

---

1. *De Republ.*, III, 15.

la république. — Oui, mais si toutes choses sont égales de part et d'autre? — Eh bien, c'est au sort à décider [1]. » Voyez-vous d'ici, au milieu de la mer orageuse, ces deux malheureux à demi noyés discutant devant le bois sauveur sur leurs mérites comparés, sur leur importance respective, comme pourraient le faire deux dignitaires se disputant la préséance dans une solennité? La morale antique, bien qu'elle fût subtile, peut-être parce qu'elle l'était trop, hésitait sur des points où la morale moderne, plus éclairée, n'hésiterait pas un instant. Ce qui prouve que ces questions étaient embarrassantes pour les anciens, c'est que Lactance, qui cite ces exemples du naufragé et celui du soldat poursuivi, ne trouve guère à répondre que ceci : « Ce sont là des difficultés pour les païens, mais non pour nous chrétiens, car un chrétien, par cela qu'il méprise les richesses, ne courra pas les mers et ne fera pas naufrage, et comme, d'autre part, il ne fera point la guerre, il ne se trouvera jamais dans le cas proposé par Carnéade. » Une pareille réponse, si visiblement évasive, montre qu'on ne savait trop que répondre. N'insistons pas davantage sur cette vieille casuistique, aujourd'hui sans intérêt. Ce qu'il importe de remarquer ici, c'est que Carnéade, en opposant la

---

[1]. *De officiis*, III, 23.

justice et la sagesse, ne prenait point parti, comme on croit, contre la justice. Il ne résolvait pas les problèmes et trouvait sans doute plus piquant de les livrer aux réflexions de ses auditeurs; mais sa morale ne manquait pas de délicatesse, car elle est de lui cette pensée admirée par Cicéron : « Si tu savais qu'il y eût en quelque endroit un serpent caché et qu'un homme qui n'en saurait rien et à la mort duquel tu gagnerais fût sur le point de s'asseoir dessus, tu ferais mal de ne pas l'en empêcher; cependant tu aurais pu impunément ne pas l'en avertir. Qui t'accuserait [1]? » C'est donc inutilement dépenser sa sensibilité de dire que Carnéade, par son discours, dépravait les Romains, quand, au contraire, à des esprits uniquement occupés d'intérêts, soit privés soit publics, il offrait un texte ingénieux de réflexions morales et de salutaires perplexités.

On va donc trop loin quand on assure qu'en soulevant ces difficultés, en imaginant ces exemples et d'autres pareils qui mettaient en lumière la même contradiction, le philosophe s'était proposé de détruire dans les âmes l'idée et le sentiment de la justice. « Carnéade, dit Quintilien[2], en plaidant pour

---

1. *De finibus*, II, 18.
2. *Inst. or.*, XI, 1, 35.

et contre, n'était pas pour cela un homme injuste. » Numénius, qui pourtant est son détracteur, ne laisse pas de reconnaître que l'ardent dialecticien « qui, par rivalité contre les stoïciens, se plaisait en public à tout confondre, rendait hommage à la vérité dans ses entretiens avec ses amis et parlait comme tout le monde. » Nous voudrions ici pouvoir dire quelque chose de sa morale dogmatique; mais en avait-il une? Le principe même de son scepticisme l'empêchait d'établir un système; d'autre part, son rôle de critique militant lui faisait une loi prudente de ne pas en établir. Un combattant est bien plus à l'aise quand il n'a rien à défendre, qu'il peut porter des coups sans en recevoir. Aussi, son plus fidèle disciple, Clitomaque, affirme que sur n'importe quel point il n'a jamais su quelle était l'opinion véritable de son maître. Cependant, comme le scepticisme n'est pas de mise dans la pratique de la vie, que sans conclure il faut se conduire selon des règles plus ou moins précises et constantes, on peut supposer, d'après certains indices, que la morale de Carnéade avait quelque analogie avec celle d'Épicure, dont il était l'ami, que c'était la morale de l'intérêt bien entendu, où la vertu est honorée comme un plaisir et une sécurité. Il semble avoir gardé le milieu entre Aristippe, « qui n'a soin que du corps, comme si nous n'avions pas d'âme, et Zénon, qui s'attache à l'âme, comme si nous n'avions pas de corps [1]. » L'union de l'honnête et du plaisir, *voluptas cum honestate* [2], telle paraît avoir été sa vague, mais honorable devise.

Quoi qu'il en soit, qu'il eût une morale ou non, pour ne parler que de la discussion présente, l'académicien déclarait seulement que les principes absolus sur la justice proclamés par Platon et les stoïciens n'étaient pas conformes à l'opinion populaire. Le peuple appelle sage celui qui ménage son propre intérêt, les philosophes appellent juste celui qui se sacrifie aux autres. Carnéade se bornait à constater le conflit, car, dit formellement Lactance, « il ne pensait pas que le juste fût en effet un insensé [3] »; il se demandait seulement pourquoi il semblait tel au peuple, et, s'étonnant de cette contradiction, il concluait que l'idée de justice n'est pas si absolue, si universelle qu'on le prétendait, et il arrivait à cette conclusion dernière que la vérité sur ce point, comme sur les autres, est difficile à découvrir, et que par conséquent son scepticisme était raisonnable et légitime. Le sceptique avait le droit de se prévaloir de cette opposition, qui est réelle. Non seulement elle se fait jour, comme on l'a vu, dans les pru-

---

1. *Académ.*, II, 12 et 45; *Tuscul.*, V, 31.
2. Cette formule est, dans la pratique de la vie, une sorte de conciliation de la *sagesse* et de la *justice*.
3. Non enim vere existimavit cum stultum esse, qui justus est. (*Inst. div.*, V, 17.)

dentes sentences de la conversation commune, mais encore dans l'histoire, ainsi qu'en témoigne le plus illustre exemple qu'on puisse choisir. Quand la charité chrétienne parut dans le monde, que l'on vit des hommes sacrifier leurs biens et leur vie, on les traita d'insensés. Les chrétiens disaient : « Nous sommes des justes; » les païens répondaient : « Vous êtes des fous. » C'est ce que Bossuet appelle hardiment « l'extravagance du christianisme ». En effet, en donnant ici aux mots le sens qu'ils ont dans notre discussion, les chrétiens étaient justes, mais n'étaient pas sages. Aussi, chose peut-être inattendue, les chrétiens approuvaient Carnéade et se rangeaient de son côté. Lactance estime que Platon et Aristote, les défenseurs de la justice absolue, en dépit de leurs honnêtes intentions, ont établi une doctrine chimérique, *opus inane et inutile* [1], que c'est une chimère de vouloir une justice absolument désintéressée qui se sacrifie à l'intérêt d'autrui sans espoir de récompense, qu'une pareille justice serait une duperie. « Il est heureux, dit-il, qu'il se soit rencontré un pénétrant génie, Carnéade, pour réfuter cette doctrine et renverser cette justice, qui n'a point de fondement solide [2]. » Lactance insiste avec force,

---

1. *Inst. div.*, V, 17.
2. Nec immerito exstitit Carneades, homo summo ingenio et acumine qui refelleret istorum orationem et justitiam, quæ

et à plusieurs reprises prétend que Carnéade avait raison contre les anciens philosophes, mais que son argument n'avait pas de valeur contre la doctrine chrétienne, car les chrétiens, disait-il, en sacrifiant leurs biens terrestres, sont récompensés par des biens éternels; ils sont donc sages, aussi bien que justes; ils ont pour la première fois concilié deux vertus jusque-là incompatibles, et par ce sacrifice rémunéré ils ont fait de la sagesse et de la justice une seule et même chose [1]. Nous laissons à Lactance la responsabilité de son opinion, mais elle prouve du moins qu'aux yeux de l'antiquité, même de l'antiquité chrétienne, l'antinomie de Carnéade n'était pas vaine et ne peut passer pour une subtilité de rhéteur.

Nous n'avons pas à réfuter la doctrine de Carnéade, ce qui serait une entreprise inutile, le problème aujourd'hui n'étant plus posé en ces termes. Nous voulons seulement en historien peindre une scène oratoire, et, en rajustant plus ou moins bien des morceaux épars, montrer que le discours de Carnéade ne fut pas un jeu de paroles, mais une

---

fundamentum stabile non habebat, everteret : non quia vituperandam esse justitiam sentiebat, sed ut illos defensores ejus ostenderet nihil certi, nihil firmi de justitia disputare. (*Epitome*, 55.)

1. Voir toute cette discussion dans Lactance (*Inst. div.*, V, 17, et *Epitome*, ch. 55).

discussion sérieuse, pénétrante et forte. Ainsi, ce n'est pas sans de graves raisons que le philosophe sceptique a essayé dans la suite de renverser une des idées les plus sublimes de Platon sur la justice absolue. Platon, dans sa *République*, pour faire resplendir la beauté de la justice, avait imaginé une comparaison entre l'homme juste et l'homme injuste. D'une part, il nous présente un scélérat qui, trompant ses citoyens par la ruse et l'éloquence, est parvenu au comble du bonheur ; il est honoré, puissant, et, par ses richesses et de magnifiques offrandes, il a même acheté la bienveillance des dieux, si bien qu'il est à la fois le favori de la terre et du ciel ; d'autre part, il nous peint l'homme juste méconnu, bafoué, mis en croix, tourmenté par les hommes, abandonné des dieux, et, par ce frappant contraste de la prospérité inique et de la misère imméritée, il donne à entendre que la justice est en soi un si grand bien que, dans l'excès du malheur et du mépris, elle sera encore préférable à l'injustice adulée et triomphante. Carnéade refait le tableau de Platon et se demande s'il ne faut pas en tirer une conclusion contraire. « Supposons enfin, dit-il, que l'homme de bien soit le plus malheureux des hommes et qu'il paraisse le plus digne de l'être ; que le méchant soit entouré de respect, que les honneurs, les commandements aillent à lui, qu'il soit proclamé par l'estime publique l'homme le plus vertueux et celui qui mérite le plus d'être heureux, est-il quelqu'un assez insensé pour hésiter sur le choix de ces deux destinées [1] ? » Faut-il voir dans cette préférence pour l'injustice heureuse une déclaration impudente ou une platitude? Nous ne le pensons pas. Carnéade, en renversant la théorie absolue du sacrifice entièrement gratuit, n'était encore que l'interprète de l'opinion populaire. Jamais le peuple, qui ne se soucie pas des théories subtiles, si nobles qu'elles soient, n'admettra que le juste puisse être ainsi immolé sans recevoir le salaire de sa vertu, soit dans cette vie, soit dans une vie future. C'est l'instinct même de la justice qui lui dit que la vertu, selon le proverbe, doit avoir sa récompense; non sans raison le peuple trouverait étrange que la justice, à laquelle chacun a droit, fût précisément refusée à celui qui en est le plus parfait modèle, et que, par la plus odieuse exception, il n'y eût que l'homme juste à qui la justice ne fût pas accordée. De là vient que toutes les religions, pour répondre à ce sentiment populaire, enseignent que le malheur du juste sera consolé; de là vient que la plupart des doctrines philosophiques, tout en reconnaissant ce qu'il y a d'admirable dans la théorie de Platon, laquelle pré-

---

1. *De Republ.*, III, 12; *Inst. div.*, V, 12.

sente avec tant d'éclat la beauté de la vertu qui se
suffit, ne manquent pas de conclure qu'il est dû à
l'homme héroïquement juste d'autres satisfactions
terrestres ou divines que celles qu'il trouve en lui-
même. C'est là ce que Carnéade a vu avec son
profond sens critique, c'est ce qui lui a fait dire
dans le langage propre à sa doctrine que la justice telle que l'entendaient ses adversaires est contraire à la sagesse; c'est là aussi ce qui nous fait
comprendre comment un Père de l'Église, Lactance, a pu, avec une sorte d'enthousiasme, donner
raison au philosophe sceptique contre le divin
Platon.

Tout à coup, Carnéade, élevant le débat, le transporta dans la politique pour mettre sur ces hauteurs
le conflit en pleine lumière et le faire éclater à tous
les yeux. « Les exemples que fournit la conduite des
gouvernements sont plus illustres, et, puisque le
droit est nécessairement le même pour les nations
que pour les individus, il vaut mieux considérer ce
que la sagesse exige des Etats, » car, tant qu'il ne
s'agit que d'intérêts particuliers, la question reste
confuse; qu'un homme se sacrifie et consente à
l'exil, à la servitude, à la mort, cela peut rester ina-
perçu ou ne pas toucher le monde; mais un Etat
peut-il consentir à mourir? « Quel est, dit Carnéade,
l'Etat assez aveugle pour ne pas préférer l'injustice

qui le fait régner à la justice qui le rendrait esclave[1]? » C'est donc en politique surtout qu'on voit paraître l'inconciliable contradiction entre la sagesse et la justice. Sans parler ici de ces grandes catastrophes mortelles dont un peuple cherchera toujours à se défendre par n'importe quel moyen, n'est-il pas vrai que la politique, cette sagesse des nations, non seulement ne craint pas de se mettre en conflit avec la justice, mais qu'elle fait souvent profession de la violer? Il est même pour cela des termes consacrés et solennels. Quand un prince invoque la *raison d'État*, quand une république proclame que *le salut du peuple est la loi suprême*, ils déclarent l'un et l'autre, en termes convenus et plus ou moins bienséants, que leur sagesse repousse la justice. Qu'est-ce que l'histoire, sinon le témoin et le juge de cette lutte perpétuelle? Que sont les grandes discussions devant les parlements, si ce n'est le débat des deux principes contraires? Les nations, comme les individus, selon leur caractère, sont plus ou moins portées à sacrifier un principe à l'autre. De tel peuple trop généreux qui se met gratuitement au service d'une noble idée on peut dire qu'il est follement juste, de tel autre peuple plus pratique on dirait volontiers qu'il est injustement sage. Il y a donc entre les deux grands

---

1. *De Republ.* III, 9 et 13.

mobiles de la conduite humaine une réelle contradiction qui, on peut l'espérer, ne sera pas éternelle, puisque le progrès de la raison publique tend à les rapprocher. Ce progrès est constant et visible dans l'histoire. Au temps de Machiavel, on se piquait effrontément d'être sage sans être juste ; mais depuis un siècle, ne fût-ce que par un certain besoin de décence, on n'ose plus afficher cette sagesse infâme, et il n'est presque plus de politique ni de conquérant qui ne prétende donner à ses usurpations une apparence de justice. Peut-être un temps viendra où l'on ne se contentera plus de ces apparences, où l'on comprendra que, pour les peuples comme pour les particuliers, le parti le plus juste est aussi le plus sage, que la plus sûre politique et la plus durable est celle qui s'accorde avec la morale. Alors l'antinomie de Carnéade pourra être reléguée parmi les erreurs surannées ; mais elle subsiste encore aujourd'hui, et, durant tant de siècles, elle a bien assez consterné la conscience humaine pour qu'il nous soit permis de dire hautement que notre philosophe ne posait pas un problème futile.

Maintenant il faut suivre non plus le philosophe, mais l'orateur, qui se montre tout à coup aussi spirituel que hardi. Encouragé sans doute par le succès de son discours, il ose toucher à la politique de Rome et user d'un argument non pas *ad hominem*, mais *ad populum romanum.* Tout en ayant l'air de ne plaider qu'un thème d'école, il fait entendre de courageuses vérités. Ici, il nous faut un peu deviner la suite du discours d'après des passages de Cicéron et de Lactance, qui ne sont pas exactement empruntés à Carnéade, mais visiblement inspirés par lui. Si nous ne pouvons pas suivre sa parole dans tout son cours, nous en entrevoyons de loin les détours et les sinuosités. Ce n'est point sans précaution qu'il dut aborder un si dangereux sujet. Il se sert d'abord d'un illustre exemple emprunté à la Grèce, lequel rendra moins insolente l'allusion à la politique romaine. « Voyez Alexandre, disait-il, ce grand capitaine ; aurait-il pu étendre son empire sur toute l'Asie s'il avait respecté le bien d'autrui? Et vous-mêmes, Romains, si vous êtes devenus les maîtres du monde, est-ce par votre justice ou par votre politique, vous qui étiez d'abord le moindre de tous les peuples? Sans doute ce que vous avez fait est dans le noble intérêt de la patrie ; mais qu'est ce donc que l'intérêt de la patrie, sinon le dommage d'un autre peuple, c'est-à-dire l'extension du territoire par la violence? L'homme qui procure à sa patrie de tels avantages, qui, renversant des villes, exterminant les nations, a rempli d'argent le trésor public et enrichi ses concitoyens, cet homme est porté jusqu'aux cieux [1]. » Nous refaisons cette partie du discours d'après des résumés plus ou moins fidèles et sur de simples vraisemblances, mais qui ne manquent pas de valeur, puisqu'elles sont confirmées par un texte certain où se trouve cette conclusion : « Tous les peuples qui ont possédé l'empire, et les Romains eux-mêmes, maîtres du monde, s'ils voulaient être justes, c'est-à-dire restituer le bien d'autrui, en reviendraient aux cabanes et n'auraient plus qu'à se résigner aux misères de la pauvreté [2]. » Il faut que Carnéade se soit bien emparé des esprits pour oser proclamer avec un air d'innocence doctrinale de si déplaisantes vérités devant un auditoire de conquérants. Le Grec, confiant dans son éloquence, se donne la joie de faire payer à l'orgueil romain les frais de sa démonstration philosophique.

A qui connaît la finesse grecque il paraîtra évident que Carnéade, en remplissant le rôle de philosophe, n'avait pas oublié pourquoi il était venu à Rome, qu'il était ambassadeur, qu'il était un avocat chargé de plaider la cause d'Athènes accusée et punie pour avoir dévasté la ville d'Orope ; car, en y regardant de près, la conclusion de tout ce discours, conclusion implicite, mais que les Romains pou-

---

1. *De Republ.*, III, 9; *nst. div.*, VI, 6.
2. *Ibid.*, V, 16.

vaient tirer eux-mêmes, est celle-ci : Si vous, Romains, vous avez patriotiquement pillé le monde, pourquoi seriez-vous sévères pour nous, Athéniens chétifs, qui n'avons pillé qu'une bicoque? Ce qui nous fait croire que telle a été l'intention secrète de l'orateur, c'est que nous trouvons dans un fragment de Cicéron cette anecdote citée par Carnéade : « Un jour Alexandre demandait à un corsaire quel mauvais génie le poussait à infester les mers avec un seul brigantin. — Le même mauvais génie, répondit-il, qui te fait dévaster l'univers; parce que je n'ai qu'un frêle navire, on m'appelle pirate, et parce que tu as une grande flotte, on te nomme conquérant [1]. » Alexandre ici, c'est Rome, le pirate c'est Athènes. Nous sommes même tenté de croire que tout le discours sur la justice n'a été entrepris que dans ce dessein et pour incliner les esprits à l'indulgence. Sans doute le scepticisme de Carnéade sur ce point, comme sur tous les autres, était sincère, puisqu'il l'a défendu toute sa vie; mais, d'autre part, il faut bien reconnaître que jamais ce scepticisme n'a été plus opportun et d'un plus utile emploi. M. Mommsen juge tout le discours avec une extrême sévérité et le blâme surtout pour avoir été impertinent envers les Romains; il nous semble

---

[1]. *De Republ.*, III, 9; saint Augustin, *Cité de Dieu*, IV, 4.

pourtant que l'illustre savant montre ici un excès de délicatesse et que l'impertinence est plus excusable envers un vainqueur qu'envers un vaincu.

IV

Cette grande scène oratoire, si imposante par le sujet traité, si piquante par l'éloquence inconnue de l'orateur et par son audace, devait encore une partie de son éclat à la majesté de l'auditoire. A ce discours assistait tout ce que Rome renfermait alors de plus distingué par le nom, le talent, la vertu, l'autorité. C'étaient Scipion Émilien, le futur destructeur de Carthage et de Numance, son ami Lélius surnommé le Sage, le lettré élégant Furius Philus, le futur jurisconsulte Scévola, le savant Sulpicius Gallus, qui avait prédit une éclipse de lune avant la bataille de Pydna, Galba, le plus grand orateur du temps, enfin le vieux et terrible Caton. Jamais leçon de philosophie ne fut faite devant une assemblée plus redoutable et, à ce qu'il semble, plus incommode. Mais il ne faut pas croire que cette leçon ait, comme on a dit, causé du scandale. Tous ces politiques tenaient fort peu à la justice absolue, ignoraient peut-être ce qu'elle est, et n'étaient pas tentés d'en prendre la défense. Leur justice à eux, c'était la justice de Rome, la vraie morale, la morale romaine.

Quand Carnéade, par exemple, essayait de leur prouver que la diversité des mœurs et des institutions chez les différents peuples est contraire à l'existence d'un droit naturel, les Romains étaient tout prêts à reconnaître cette diversité qu'ils avaient d'ailleurs observée eux-mêmes dans leurs courses à travers le monde, et, bien loin d'être choqués de cette affirmation qui leur paraissait irréfutable, ils en étaient plutôt flattés et en tiraient seulement cette fière conséquence que les mœurs et les institutions de leur propre cité étaient de toutes les meilleures.

Il est d'ailleurs à remarquer que dans tous les temps, aux yeux des hommes politiques, la justice absolue est plutôt un embarras qu'un secours, car c'est en son nom, au nom de ses principes, qu'on demande dans l'Etat des changements, que se font les revendications téméraires et que se préparent les révolutions. Si l'on eût proposé à ces glorieux auditeurs, à ces âmes civiques, de choisir entre la sagesse et la justice, elles n'eussent pas hésité à se ranger du côté de la sagesse, c'est-à-dire de la politique, comme le prouvent d'ailleurs leurs hauts faits. Est-ce pour la justice que Scipion Émilien anéantira les villes rivales de Rome, que Lélius, président futur des commissions répressives, poursuivra avec une sévérité atroce les amis et partisans des Gracques, que Furius Philus, consul, rompra sans pudeur le traité conclu avec les Numantins, que Galba massacrera trente mille Lusitaniens désarmés, que Caton demandera avec tant de constance l'entière destruction de Carthage? C'était non la justice, mais la sagesse romaine, l'intérêt de l'Etat, qui leur dictait ces terribles et iniques exécutions. On répète partout que Caton, en entendant le discours du philosophe, fut indigné contre sa doctrine. Non, Plutarque dit formellement « qu'il n'en voulait pas à Carnéade ». La doctrine n'était pas ce qui l'irritait, car de tous les philosophes grecs celui que le vieux censeur paraît avoir le plus détesté c'est Socrate, qui est précisément l'auteur de la théorie sur la justice absolue. Caton l'appelait « un bavard et un séditieux qui pervertissait les mœurs de son pays en tirant ses concitoyens en opinions contraires à leurs lois et coutumes anciennes ». Caton, on le voit, exécrait les novateurs par cela qu'ils étaient novateurs, sans même examiner si les innovations étaient justes ou non. Dans la circonstance présente, le vigilant gardien des institutions romaines voyait avec impatience le goût nouveau de la jeunesse pour une éloquence oisive, pour de séduisantes discussions qui pouvaient la détourner des travaux militaires. « Il craignait, dit Plutarque, que les jeunes gens ne tournassent entièrement là leur affection et leur étude et ne quittassent la gloire des armes et de bien faire pour l'honneur de savoir et de bien dire. » Il méprisait les orateurs qui n'étaient point hommes d'action, qui vieillissaient dans les écoles et n'étaient bons, disait-il, « qu'à plaider des causes en l'autre monde devant Minos. » Ce qui l'animait encore, c'était la haine de l'étranger, lui qui disait à son fils en grossissant sa voix plus que la vieillesse ne le lui permettait : « Toutes et quantes fois que les Romains s'adonneront aux lettres grecques, ils perdront et gâteront tout. » En un mot, Caton — l'homme pratique par excellence — était l'ennemi des théories et de ceux que, depuis, d'autres politiques ont appelés les idéologues, et, de plus, en vrai Romain, repoussait les importations étrangères. C'est pourquoi, après le discours et l'inquiétant succès de Carnéade, il courut au sénat et proposa de son ton acerbe et chagrin, non pas d'expulser, comme on a dit, mais d'éconduire sous quelque honnête prétexte les dangereux étrangers : « Pourquoi retenir si longtemps ces ambassadeurs ? Ce sont des gens capables de nous persuader tout ce qu'ils veulent. Dépêchez donc leur affaire, renvoyez-les en leurs écoles disputer avec les enfants des Grecs, et qu'ils laissent ceux des Romains apprendre à obéir à nos lois, à nos magistrats, comme auparavant [1]. » Le sénat hâta l'affaire d'Orope ; l'amende fut modérée, et les Athéniens condamnés à cent talents au lieu de cinq cents. Tout fut pour le mieux : Athènes gagna quatre cents talents et Rome apprit à penser.

Si Caton eut tort de mépriser les lettres et la philosophie, il avait bien raison de railler dans son discours au sénat les « enfants des Grecs, » dont les occupations étaient en effet assez ridicules, depuis qu'ils avaient été condamnés aux loisirs forcés de la servitude. Sous la domination macédonienne ou romaine, ne pouvant plus agir, ils se dédommageaient en parlant. Le scepticisme de la nouvelle académie, par cela qu'il n'affirmait rien, permettait de disputer sur tout. Un contemporain, un Grec, Polybe, nous a laissé un spirituel tableau où il nous fait assister à cette folie savante et bavarde qui s'était emparée des maîtres et des élèves. « Quelques-uns de ces philosophes, pour embarrasser leurs adversaires, dans les questions les plus claires aussi bien que dans les plus obscures, usent de telles subtilités, savent vous troubler l'esprit par de si trompeuses vraisemblances qu'on en est à se demander s'il ne serait pas possible de sentir à Athènes l'odeur des

---

[1]. Plutarque, *Caton.*

œufs cuits à Éphèse, et si, dans le moment même où l'on se livre dans l'académie à ces disputes, on n'est pas tranquillement chez soi discourant sur autre chose... En proie à cette manie, les jeunes gens laissent là les questions de morale et de politique, qui seules ont de l'utilité en philosophie, pour chercher leur gloire dans un vide et paradoxal parlage [1]. » Il eût été fâcheux en effet que cette espèce de maladie mentale pénétrât dans Rome, mais il n'était pas à craindre que la jeunesse romaine s'éprit de ces inutiles exercices. Son esprit était d'ailleurs trop peu souple et trop lourd pour se plaire à ces agilités et à ces tours de la sophistique. A l'opposé des jeunes Grecs dépeints par Polybe, les jeunes Romains devaient ne chercher dans la philosophie que l'utilité pratique, c'est-à-dire précisément la politique et la morale. Sans doute le scepticisme de Carnéade ne leur apportait point la vérité ; mais, par l'incertitude piquante où il les laissait, il les incitait à la chercher. Au premier abord, on est tenté de dire qu'une doctrine sceptique, le dernier fruit d'une civilisation fatiguée, désabusée et sénile, n'était pas faite pour un peuple jeune encore et à ses débuts ; mais bientôt on reconnaît qu'il fallait d'abord à Rome mettre les esprits en branle, les

---

[1]. Polybe, XII, 26, c.

agiter, les troubler même, montrer qu'il y a des problèmes et par l'éloquence produire un certain entraînement vers la philosophie. Pour des esprits pesants et inertes, il n'y a de coups qui portent que ceux qui renversent. L'étonnement est la première des forces persuasives, et de tout temps une certaine inquiétude a été l'origine de la philosophie. Qu'on estime peu en lui-même le scepticisme de Carnéade, nous le comprenons, mais qu'on reconnaisse du moins qu'il avait plus que toute autre doctrine le pouvoir d'éveiller les intelligences. Carnéade faisait à Rome ce qu'il avait déjà fait en Grèce, au témoignage de Cicéron : « Il donnait aux hommes le désir de chercher le vrai, *excitabat... ad veri investigandi cupiditatem* [1]. Maintenant à Rome on a soif de lumière; on avait vu briller le soleil. Des écoles vont s'ouvrir non seulement de philosophes grecs, mais de rhéteurs latins. La vieille discipline catonienne cherchera quelque temps à se défendre et provoquera encore des mesures de rigueur. Il y aura un sénatus-consulte contre les maîtres latins, comme il y en eut cinq ans auparavant contre les maîtres grecs; mais les lois seront impuissantes contre les idées nouvelles. Le sénat, en train de dompter le monde, s'étonnera de ne rien pouvoir

---

1. *De nat. deor.*, I, 2.

sur les esprits. On venait de vaincre Annibal, on ne vaincra pas Carnéade [1].

V

Ce grand événement, si important par ses résultats, puisqu'il initia les Romains à la philosophie, mérite d'autant plus d'être raconté en détail que les écrivains modernes en ont toujours parlé avec une dédaigneuse brièveté ou une sévérité injurieuse. Presque partout en des livres d'histoire ou de philosophie on lit des jugements tels que ceux-ci : Carnéade est un écolâtre grec, un rhéteur, un sophiste ; on flétrit le scandale de sa doctrine, son excès d'impudence, son scepticisme puéril ; on parle de son expulsion méritée. De pareils jugements nous paraissent fort légers et peu conformes aux sentiments éprouvés par les Romains du temps. On méconnait entièrement la noblesse de la scène : noble a été la controverse profonde de Carnéade,

[1]. Il importe ici de remarquer que Carnéade par un heureux hasard est venu à Rome en un temps où la république n'avait pas de grande guerre à soutenir. Entre la bataille de Pydna en 167 et la troisième guerre punique en 149, il y eut près de vingt années de paix. Les leçons de Carnéade en 156 surprirent donc les Romains au milieu de leur loisir, si favorable aux plaisirs de l'esprit ; elles durent être d'autant plus goûtées et d'autant moins oubliées.

noble le ravissement des auditeurs, noble aussi l'impatience civique de Caton. Il n'y eut ni scandale ni expulsion, mais des hommages rendus, des hommages si éclatants qu'ils finirent par inquiéter le vieux censeur et lui firent chercher un prétexte, honorable encore, pour ramener chez eux ces trop séduisants étrangers. Pourquoi serions-nous plus sévères que les Romains, qui parlent toujours de Carnéade avec admiration et respect ? Aux yeux de Lactance, c'est « un homme du plus grand génie » ; Valère Maxime le regarde comme « le laborieux et infatigable soldat de la philosophie » ; Pline l'Ancien appelle la députation athénienne « cette imposante ambassade des trois princes de la sagesse ». Parmi les modernes, le seul peut-être qui se soit montré équitable, c'est Rollin, qui estime que l'éloquence de Carnéade était « solide et ornée » ; il va jusqu'à dire que « la prévention de Caton était mal fondée, comme si l'étude de la philosophie et de l'éloquence était opposée à l'obéissance qu'on doit aux lois et aux magistrats. » C'est assurément une des curiosités de notre sujet de voir que, à propos des prétendus périls que la philosophie fait courir à la vertu, l'écrivain qui a montré le plus libre esprit est le pieux Rollin [1].

1. *Hist. anc.*, l. XXXV, ch. 3.

On a été plus loin, et en certains livres savants on a déploré la venue de Carnéade à Rome comme le commencement et la cause de la corruption romaine : Maintenant tout est perdu, s'est-on écrié ; vienne un Sylla, un César, ils trouveront les Romains façonnés à la servitude ! En un mot, on attribue à la philosophie la chute des mœurs et de la république. Déjà Montesquieu en avait rendu responsable Épicure ; d'autres, après lui, ont imputé cette corruption à diverses doctrines et à l'exercice même de la libre pensée. Sans doute, une fois la digue rompue par Carnéade, l'invasion subite des idées grecques ne fut pas en tout heureuse. Ces sortes d'inondations morales ne vont pas sans dommage. Si dans la suite elles fécondent les esprits, elles commencent par les bouleverser. Rome a dû être particulièrement déconcertée, puisque, par une singulière rencontre, sa simplicité ignorante fut tout d'abord en proie aux raffinements de la Grèce dégénérée. Il se trouva que la jeune Rome, au moment où elle désira s'instruire, reçut une sagesse usée et doutant d'elle-même. Ce n'était pas en tout pour un peuple neuf encore la meilleure des écoles. Aussi n'est-il pas étonnant que les vieux Romains, à leur tête Caton le censeur, aient repoussé comme un péril public ces idées étrangères, et que par leurs ures bons mots méprisants ou des mesde rigueur ils aient résisté à cette science suspecte. Leur erreur seulement a été de croire que l'ignorance était une vertu patriotique, que cette ignorance pourrait durer toujours, qu'un peuple maître du monde, chargé de ses dépouilles, voudrait rester pauvre et simple et ne céderait pas à l'attrait des loisirs, des arts et de la science. Ces vieux Romains opiniâtres, mais à courte vue, travaillaient, sans le savoir, à établir ce qu'ils redoutaient le plus. C'étaient eux qui conseillaient sans cesse de nouvelles conquêtes, qui demandaient la ruine de Carthage ; c'étaient eux, Caton surtout, qui dépouillaient le plus consciencieusement les provinces au profit de Rome ; c'étaient eux enfin qui, dans leur civique avidité, contribuaient le plus à détruire cette pauvreté qu'ils déclaraient, par une visible contradiction, la gardienne des mœurs.

Les écrivains politiques de Rome, qui pouvaient juger sur place les effets et les causes, n'accusent pas la philosophie et attribuent tout le mal à la soif des richesses que la conquête excita chez les plus humbles comme chez les grands. Tel est le sentiment de Salluste dans ses mélancoliques réflexions sur la conjuration de Catilina. Ces causes étaient si manifestes qu'elles furent sans cesse remises en lumière et finirent par être célébrées par les poètes, interprètes de l'opinion publique. On connaît les beaux vers de Lucain « sur la pauvreté, mère des héros, » ceux de Junéval « sur l'opulence qui venge l'univers vaincu ». Poètes et moralistes sont d'accord pour reconnaître que l'Etat déclina quand il n'eut plus à se défendre, pour déclarer que les citoyens furent corrompus d'abord par la victoire et la richesse, puis corrompus par les profusions insensées ou criminelles que la richesse permettait, enfin plus corrompus encore par la ruine qu'amenaient ces profusions, et que tout fut perdu quand il s'éleva une génération de gens qui, selon l'énergique et concise expression de Salluste, « ne pouvaient avoir de patrimoine, ni souffrir que les autres en eussent [1]. » Le peuple était en proie aux mêmes convoitises que les nobles, car c'est une erreur de croire que la foule fut peu à peu dépravée par les classes élevées, les seules alors accessibles à un enseignement philosophique. La contagion fut subite, générale, et courut dans tous les rangs, avec cette seule différence que les uns pouvaient satisfaire de monstrueuses fantaisies, et que les autres se contentaient de les rêver.

Il en est de ces reproches adressés aujourd'hui à la philosophie comme de ceux qu'à Rome on faisait aux beaux-arts. Bien des Romains amoureux d'igno-

---

1. Qui neque ipsi habere possent res familiares, neque alios pati. (*Fragm.*)

rance, ennemis de tout ce qui était étranger, condamnant tous les luxes, surtout celui de l'esprit, invectivaient contre les nouveaux amateurs de tableaux et de statues, et les regardaient comme des gens pervertis. Ils trouvaient tout naturel qu'on eût enlevé aux peuples vaincus leurs chefs-d'œuvre pour en orner les places et les temples de Rome ; mais ils ne voulaient pas qu'on y attachât les yeux et le cœur. Bizarre et naïf reproche ! Puisque Rome, par droit de conquête, avait rassemblé dans ses murs les merveilles de l'art, que pouvaient faire de mieux les citoyens que d'apprendre à les admirer ? C'est une honteuse folie, disait-on, que de donner quelques millions de sesterces pour une toile ou un marbre. Mais, puisque les gigantesques fortunes romaines permettaient de si coûteux caprices, et que rien n'était plus ordinaire que les profusions insensées, n'était-il pas plus honorable d'enlever à l'enchère un Zeuxis ou un Praxitèle que d'acheter au même prix, comme il arriva quelquefois, un surmulet pour la table ou quelque oiseau rare ? Ces invectives contre l'influence pernicieuse des arts nous paraissent aujourd'hui outrées, mais elles avaient cours et se rencontrent chez de grands écrivains. En tout temps et en tout pays, les sociétés qui se sentent malades cherchent en aveugles la cause de leur mal ; elles le voient où il n'est pas et ne le voient point où il est. Dans les temps antiques, à Rome du moins, c'étaient les arts qui semblaient être les coupables ; dans les temps modernes, c'est le plus ordinairement la philosophie.

On accuse encore la philosophie et, en général, la culture littéraire d'avoir donné aux Romains le goût d'une instruction autre que celle des camps et d'avoir affaibli leur esprit militaire. Qu'un tel regret soit sorti de la bouche de quelque vieux quirite uniquement jaloux de conserver à sa patrie ses fortes et égoïstes vertus, on le comprend, mais sous la plume des modernes ces doléances sont faites pour surprendre. La domination romaine n'a-t-elle pas été assez universelle et accablante ? Peut-on souhaiter que le monde eût été conquis par un peuple resté farouche et ignorant ? Peut-on se figurer seulement que la Grèce et l'Asie soient gouvernées par les héros des anciens jours, par les Curius et les Fabricius ? Le joug n'eût-il pas été encore plus pesant sous des mains intègres sans doute, mais rustiques ? Qui sait si Fabricius n'eût pas fait en Grèce ce qu'il propose de faire dans la célèbre prosopopée de Rousseau : « Romains, brisez ces marbres, brûlez ces tableaux... le seul talent digne de Rome est celui de conquérir le monde. » Il est plus heureux que les armées romaines dans les pays des lettres et des arts aient été commandées par les Scipions et leurs pareils qui goûtaient le génie délicat des vaincus. C'est peut-être grâce à cette culture de Rome que les monuments des arts et des lettres n'ont pas péri. Que seraient-ils devenus si le grossier conquérant ne s'était pas laissé conquérir par les charmes savants de la nation conquise? A nos yeux, Rome n'a eu des droits sur le monde que pour s'être laissé instruire et pour avoir pu dès lors porter à d'autres peuples une civilisation supérieure. C'est pourquoi, en lisant l'histoire, nous faisons des vœux pour le succès de ses armées, vœux qui seraient déraisonnables et impies si ces armées n'avaient pas amené à leur suite une administration intelligente, une justice éclairée et des lois épurées par la raison des sages et rendues sans cesse plus justes par l'influence croissante de la philosophie.

Enfin la suprême accusation contre la philosophie romaine, c'est qu'elle a ébranlé la religion. C'est le grief qu'on fait surtout valoir dans les livres qui se piquent le plus d'être chrétiens. Pourquoi donc prendre tant à cœur les intérêts de l'Olympe? Ne devrait-on pas savoir gré aux philosophes d'avoir signalé les hontes et les inepties du culte païen? Sans doute la religion romaine n'était pas en tout corruptrice; elle prétendait être la gardienne des mœurs et souvent le fut en effet. Le Grec Polybe en a fait la remarque, et il est le plus autorisé des témoins. Par une sorte d'arrangement difficile à démêler entre la terre qui voulait être morale et le ciel qui ne l'était pas, arrangement qui était le résultat du temps et de successifs ajustements qui se firent d'eux-mêmes, on concilia plus ou moins une religion sans raison et sans vertu avec la vertu et la raison. Jupiter, ce don Juan céleste, ne laissa pas d'être le protecteur de la foi conjugale ; les hommages rendus à des divinités impudiques n'empêchaient pas de consacrer et même d'immoler des vestales à la pudeur. Ce n'était pas la religion qui était morale, c'étaient les hommes qui la contraignaient à l'être. Ainsi que l'a dit un chrétien du IVe siècle, Théodoret, « les païens avaient une morale, le paganisme n'en avait pas. » On ne doit donc pas condamner les philosophes pour avoir repoussé de ridicules légendes indignes de la divinité et de l'homme et préparé la voie à des doctrines religieuses plus pures. En cela, les sages païens ont rendu un immense service aux premiers chrétiens, qui du reste s'en sont montrés fort reconnaissants et qui ont souvent déclaré que Dieu avait suscité les philosophes pour ouvrir le chemin à la foi chrétienne. Que serait en effet devenue la doctrine nouvelle, si elle n'avait rencontré que des esprits aveuglément retranchés dans leur foi antique comme dans une forteresse non encore attaquée ? Pour tout dire en un mot, peut-on se figurer saint Paul venant prêcher à Rome au temps de Caton le Censeur? Au reste, il règne un trouble assez étrange dans les jugements que certains modernes portent sur la philosophie aux prises avec le paganisme. Par une singulière contradiction, on y maltraite à la fois les personnages qui ont de la piété païenne et ceux qui n'en ont point. Si, par exemple, un général romain observe consciencieusement les rites, s'il immole des victimes, s'il croit aux présages et en tient compte, on blâme sa crédulité ; si des historiens tels que Tite-Live ou Tacite racontent des prodiges et se montrent bons païens, on accuse sur ce point leur petit esprit ou leur lâche complaisance; quand, au contraire, d'autres personnages négligent les cérémonies, se mettent au-dessus des préjugés religieux, on prononce des paroles déplaisantes et sévères sur leur incrédulité ; quand un Cicéron ou un Lucrèce déclarent leur mépris pour les dieux du paganisme, on condamne leur audace. Il nous semble pourtant, en bonne logique, que si les premiers ont tort, les seconds ont raison, et qu'il n'est pas permis de condamner les uns et les autres.

L'inévitable corruption romaine eût été bien plus hideuse si les arts et la philosophie n'avaient adouci les caractères et si les vieilles vertus n'avaient été remplacées du moins par des goûts délicats et des bienséances nouvelles. Sans une haute culture, qu'auraient donc été les riches Lucullus, sinon des Apicius? Même l'esprit guerrier ne paraît pas avoir souffert, puisque jamais la puissance de Rome ne fut plus irrésistible. Il est à remarquer qu'au temps dont nous parlons, un peu avant la venue des philosophes, la discipline militaire était affaiblie, que tous les généraux étaient sans cesse battus et que le sénat, pour rappeler la victoire, se vit obligé de donner le commandement, avant l'âge, à un jeune homme qui était précisément l'auditeur de Carnéade, l'intime ami du stoïcien Panétius, à Scipion Émilien. Quant à la religion, elle était déjà fort en péril, et il était opportun qu'à sa mourante influence se substituât celle des doctrines qui peut-être n'ont rien corrigé, mais du moins ont tout ennobli. Aux écrivains qui prétendent que la philosophie a précipité la chute des institutions, il est facile de répondre par les faits qu'elles ont été défendues par ceux qui étaient philosophes et attaquées par ceux qui ne l'étaient pas. Ici, notre sujet nous invite à recourir un moment à la célèbre balance où Carnéade avait coutume de peser les vraisemblances et qui peut servir aussi à peser les mérites de ceux qui ont détruit la république et de ceux qui ont tenté de la sauver. D'un côté, on trouve Marius, Sylla, Catilina, Pompée, César, Antoine, Octave, auxquels on ne reprochera pas de s'être beaucoup occupés de philosophie ; de l'autre, l'académicien Brutus, l'épicurien Cassius, le nouvel académicien Cicéron, le stoïcien Caton d'Utique. Ceux qu'on a justement appelés les derniers des Romains sont des hommes de doctrine ; au moment suprême, dans les champs de Philippes, c'est la philosophie qui tient le drapeau de la liberté. C'est elle encore qui, sous le despotisme des premiers Césars, résiste seule, proteste, défend la dignité humaine et s'honore par de beaux trépas, ou bien console les victimes impériales, et, quand elle désespère d'apprendre aux hommes à bien vivre, leur enseigne encore à bien mourir. Plus tard, lorsqu'il est donné au monde de respirer, c'est sous l'autorité clémente du philosophe Marc-Aurèle ; enfin, au IVe siècle, après les fils de Constantin, quand le pouvoir de plus en plus avili n'a pu reprendre quelque grandeur, même entre des mains chrétiennes, l'empereur philosophe Julien fera reparaître sur la scène des vertus antiques dont l'étrangeté un peu théâtrale ne doit pas faire méconnaître la beauté. Il ne faut donc pas maudire la philosophie romaine, ni se plaindre de sa naissance. Puisqu'elle a été l'honneur de Rome, qu'elle a soutenu les esprits, les mœurs et surtout les courages, que les ouvrages qu'elle a produits sont encore parmi les plus admirés de nos jours et servent encore à l'éducation morale de nos enfants, il ne doit déplaire à personne que les barrières qui s'opposaient à sa venue aient été renversées, et que Carnéade ait donné par son éloquence un puissant coup de bélier au plus épais de l'ignorance romaine.

LES CONSOLATIONS DANS L'ANTIQUITÉ

On a fait quelquefois l'histoire de la médecine depuis les temps les plus reculés; pourquoi ne ferait-on pas brièvement l'histoire de la science qui prétend offrir des secours à la douleur morale? L'entreprise semble avoir tenté Lucien, qui écrit en tête d'un de ses livres : « Il est curieux d'examiner ce qu'on dit aux hommes pour les consoler [1]. » Seulement le satirique se borne à railler avec une légèreté peu décente tout ce qui se dit et se fait dans les cérémonies funèbres. A nous, il semble que ce sujet doit être traité non sans gravité et même avec une particulière réserve. Pourquoi montrer à l'infortune par des raisonnements cruels que les soulagements dont elle se contente n'ont pas de valeur logique? Ne doit-on pas se faire scrupule d'ôter au mal-

1. *Le deuil*, ch. 1.

heureux ses illusions, si elles sont innocentes? à le bien prendre, la consolation, quelle qu'elle soit, n'est-elle pas bonne, si elle console? Que l'on rie de la médecine qui applique sur un membre malade un remède inepte, rien de plus permis; mais, dans les maladies morales, les remèdes sont ce que le malade veut bien qu'ils soient, et il n'est jamais sot le remède qui soulage une âme endolorie. On doit donc, sans renoncer aux justes libertés de la critique, examiner avec quelque respect les moyens plus ou moins raisonnables et bienfaisants que les anciens ont imaginés pour calmer les chagrins et le désespoir.

Sans doute on peut sourire des naïvetés de l'ignorance primitive. Les anciens Grecs, comme il arrive chez les peuples enfants et encore aujourd'hui chez certaines peuplades sauvages, essayaient sur les douleurs morales des remèdes purement physiques. Ainsi Homère vante le Népenthès, plante ou substance salutaire qui avait la vertu de calmer toutes les passions, les ressentiments aussi bien que les chagrins. La célèbre Hélène, qui avait beaucoup voyagé, trop voyagé, avait rapporté de la mystérieuse Egypte un suc merveilleux qui faisait tout oublier et dont on peut croire qu'elle versa quelques gouttes à son époux, puisque celui-ci semble n'avoir plus souvenance de ce qui s'est passé et que nous retrouvons la belle fugitive, après dix ans d'absence, assise de nouveau dans le palais de Sparte, radieuse et honorée, aux côtés de l'heureux Ménélas. Or un soir, à la table du festin, quand des hôtes héroïques se rappellent les parents et les amis qu'ils ont perdus à la guerre, et que les larmes coulent de tous les yeux, l'idée vient à Hélène, pour ranimer la joie, de jeter dans les coupes le Népenthès, dont le poète vante la vertu en ces termes hyperboliques : « Celui qui en boit ne versera pas une larme dans tout le jour ; même si son père, si sa mère avaient expiré devant lui, même si un frère, un fils bien-aimés avaient été égorgés par un fer ennemi, sous ses yeux [1]. » Les savants ont beaucoup discuté sur la nature de cette substance ; les uns ont cru y voir l'opium, d'autres le thé, qui serait venu de l'extrême Orient en Egypte. Le café même a eu ses partisans, car, au XVIIe siècle, on attribuait à cette plante des vertus moralement calmantes, comme en témoigne l'exclamation de cette dame qui, apprenant la mort de son mari tué à la guerre, s'écria dans son désespoir, dans un désespoir prudent : « Quel malheur ! vite qu'on m'apporte du café ! » Et elle fut consolée, ajoute le narrateur. Peut-être ne s'agit-il, dans l'*Odyssée*, que de l'ivresse du vin, d'un vin aiguisé sans doute par quelque substance accessoire. Quoi qu'il en soit,

1. *Odyssée*, IV, 220.

cette foi naïve à un remède physique contre les chagrins n'est pas abandonnée. A la campagne, dans quelques-unes de nos provinces, on donne un repas après la cérémonie funèbre, pour noyer, dit-on, les soucis, et, dans nos grandes villes, ne voit-on pas aux abords des cimetières une longue rangée de refuges indécemment consolateurs, où les affligés, revenus d'une tombe récente, recourent au remède homérique, sans avoir lu Homère.

On crut aussi, durant toute l'antiquité, à la vertu de certaines paroles magiques. Les incantations étaient usitées dans les maladies de l'âme comme dans celles du corps. Si Ulysse, dans l'*Iliade*, a pu arrêter le sang qui coulait de sa large blessure en se récitant un seul vers selon la formule consacrée, si Caton se faisait fort de remettre une jambe cassée avec quelques mots barbares que nous connaissons[1], on pouvait bien espérer d'arrêter par des moyens analogues la violence du désespoir. Il y avait de ces formules pour toutes les passions aussi bien que pour toutes les douleurs. Horace l'a dit : « Il est des charmes souverains, il est des paroles puissantes qui guériront votre mal ou du moins l'affaibliront :

Sunt verba et voces quibus hunc lenire dolorem
Possis, et magnam morbi deponere partem[2]. »

1. *De re rustica*, 160.
2. *Epîtres*, I, 1, 34.

Tel était le crédit qu'on accordait à de simples mots que, dans toute l'antiquité, de grands hommes, et même, depuis le christianisme, de saintes âmes avaient recours pour calmer leurs chagrins aux moyens les plus bizarres, en se laissant tromper par de fausses étymologies. Ainsi, pour ne citer qu'un exemple, comme le mot grec βαλανεῖον, qui signifie bain, a quelque rapport apparent avec βάλλω, qui veut dire chasser, on s'était mis dans l'esprit que le bain chasse les douleurs de l'âme. C'est comme si aujourd'hui, sous le fallacieux prétexte que le mot *bain* vient de *bannir*, les malheureux se conduisaient en conséquence. Pourquoi ne dirions-nous pas que le plus illustre des Pères de l'Eglise n'a pas craint de raconter dans ses *Confessions* qu'après la mort de sa mère, ne sachant comment adoucir l'amertume de son insupportable chagrin, il eut la pensée de se baigner sur la foi de cette étymologie [1]. Il nous confie, avec sa noble ingénuité, que le remède fut inutile et qu'il sortit du bain tel qu'il y était entré. On n'a point de peine à le croire.

1. Saint Augustin, *Confessions*, IX, 12.

I

Mais de bonne heure en Grèce la philosophie essaya d'apporter à la douleur de meilleurs soulagements d'une efficacité toute morale. Dans l'antiquité, c'est la philosophie qui exerça les délicates fonctions qui, depuis, appartiennent à la religion. Les prêtres païens demeuraient étrangers à la science de l'âme et même n'y prétendaient pas. Ils n'étaient que les officiers du culte, chargés d'offrir selon les rites les hommages tout extérieurs que les hommes adressaient aux dieux, des magistrats de police réglant les rapports entre la faiblesse humaine et la puissance divine, des collecteurs préposés surtout à la rentrée des redevances que la terre devait au ciel. A la philosophie seule revenait le soin d'instruire, d'exhorter et même de consoler. Cette dernière entreprise était assurément de toutes la plus difficile. Dans les autres enseignements, le philosophe est mieux muni et peut espérer un succès. Faire, par exemple, une théorie morale, donner des préceptes sur la vie, ce n'est point une affaire pour un grand esprit ; s'il ne trouve pas toujours la vérité, il rencontre, du moins, des vraisemblances persuasives ; il peut éclairer, toucher et même corriger les passions, parce qu'elles ne sont pas toutes également rebelles et que la plupart se laissent manier. Mais à la douleur physique ou morale, si elle ne veut rien entendre, qu'avez-vous à dire? Comment trouver accès auprès d'une raison abîmée dans le malheur? Comment persuader le désespoir? Peut-être faudrait-il se demander tout d'abord : Y a-t-il des consolations ?

Les anciens ont pensé qu'il en existe. Les Grecs, si ingénieux, n'ont point tardé à recueillir, accumuler, classer les raisons plus ou moins spécieuses qu'on peut offrir à toutes les espèces d'infortune [1]. Ils en ont fait des genres et des sous-genres; ils les ont, pour ainsi dire, étiquetées et rangées comme en des tiroirs philosophiques où l'on pouvait puiser selon l'occasion et le moment, selon le mal qu'il s'agissait de combattre. Ils avaient composé sur les diverses afflictions des traités particuliers, comme pourraient le faire des médecins spécialistes. De plus, pleins de confiance dans leurs moyens de guérison, ils en parlaient presque toujours avec une ferme assurance. « La philosophie, disait Cicéron, a pour chaque affliction des remèdes propres que je vous apprendrai quand il vous plaira. » Il est vrai que, après les avoir célébrées avec éloquence, le

---

1. Cicéron, *Tusculanes*, III, 34.

grand orateur, le jour où il perdit sa fille, trouva ces consolations bien insuffisantes. Faudrait-il penser qu'elles n'étaient bonnes qu'à consoler les maux d'autrui?

La foi dans le pouvoir et la vertu de la philosophie donna naissance à toute une science morale fort riche où se rencontrèrent tous les plus grands noms, Démocrite, Platon, Aristote, Théophraste, Epicure et toute la suite des illustres stoïciens. Tous ces sages qui s'occupaient de l'homme et de ses passions ne pouvaient pas négliger la douleur et, même dans leurs ouvrages de pure théorie, étaient amenés à chercher les arguments plus ou moins capables de réprimer les désordres de l'âme. Vint bientôt le moment où un célèbre philosophe de l'Académie, Crantor, eut l'idée d'essayer dans la pratique la vertu de ces prescriptions spéculatives, et, en un livre adressé à un père sur la mort de ses enfants, il offrit à la douleur paternelle tout ce que la philosophie avait depuis des siècles accumulé sur la vie et sur la mort de considérations calmantes. C'était un petit livre charmant, disent les anciens, « un livre d'or, » qu'il fallait apprendre mot pour mot [1], plein de substance exquise, où la sagesse était encore parée de grâce attique et platonicienne.

---

1. *Aureolus... ad verbum ediscendus libellus.* (Cicéron, *Académ.*, II, 44.)

On le lisait dans ses propres peines, on le copiait pour ses amis affligés, on y puisait chaque fois qu'on avait soi-même le devoir de consoler, et c'est même pour cela que ce livre aujourd'hui perdu nous est assez bien connu, parce que tous les consolateurs de l'antiquité, Cicéron, Plutarque, Sénèque et d'autres encore, s'en sont servis et l'ont fait connaître, argument par argument et comme par feuillets détachés, à la postérité. Comme l'ouvrage de Crantor résumait tout ce que la sagesse grecque avait produit de plus salutaire, qu'il avait pour ainsi dire capté en un réservoir commun et accessible les sources diverses descendues de toutes les hauteurs philosophiques, il devint une sorte de fontaine publique où l'antiquité allait sans cesse soulager ses douleurs. On peut penser que cette sagesse ne laissait pas d'être bienfaisante, puisque les principales raisons données par le Grec se sont depuis transmises de main en main, même dans les temps modernes, et que nos prédicateurs, tout en ignorant quelquefois leur provenance, ne dédaignent pas de faire descendre du haut de la chaire ces vérités que le temps n'a pas encore décréditées. Sans vouloir énumérer tous ces arguments, on disait que l'homme est destiné à mourir, que la nature a besoin de défaire les êtres pour en produire de nouveaux, que la matière dont nous sommes composés est comme l'argile sous la main du statuaire qui la reprend et la transforme en créations nouvelles, que le défunt est délivré de la prison du corps, que la mort est préférable à la vie, et autres vérités dont l'extrême simplicité ne doit pas faire méconnaître la valeur. Tout cela, neuf encore et bien dit, pouvait agir sur les hommes; car les pensées morales ont dans leur nouveauté un net relief qui les imprime plus profondément dans les âmes. D'ailleurs chacune de ces vérités produisait plus ou moins d'effet selon le temps, la conjoncture, l'opportunité, et aussi selon l'état général des esprits. Car, il faut bien le reconnaître, même les vérités morales sont plus ou moins sujettes à la mode et peuvent avoir, selon les temps, des séductions et des efficacités inexpliquées, aussi bien qu'une impuissance qui étonne. En morale, bien plus qu'en médecine, on peut dire : « Dépêchez-vous de prendre mon remède pendant qu'il guérit encore. »

Une fois que les principaux arguments furent trouvés, qu'on sut où les chercher et qu'on n'eut plus que la peine d'en faire usage, les consolateurs se multiplièrent. Ce fut même une profession. Des hommes doués de quelque faconde, des orateurs sans emploi, se firent marchands d'émollientes paroles, annoncèrent au public, par un écriteau, que leur maison était ouverte à l'infortune, qu'on y donnaît à qui voulait des consultations non gratuites. Parmi ces orateurs, dont quelques-uns étaient même antérieurs à Crantor, il faut nommer un célèbre avocat d'Athènes, Antiphon, qui le premier, dit-on, écrivit des discours du genre judiciaire. Chassé de sa patrie, relégué à Corinthe et ne sachant à quoi employer son éloquence, il se fit médecin des âmes, et, selon le naïf langage de Plutarque traduit par Amyot, « aiant basty une petite maison sur la place, il meit un billet sur la porte, qu'il faisoit profession et avoit le moien de guarir de paroles ceux qui estoient attristez et leur demandant les causes de leurs ennuis, il les reconfortoit et consoloit leurs douleurs [1]. » Plutarque ajoute que depuis, ayant estimé la profession trop basse pour lui, il se mit à enseigner la rhétorique. Si Antiphon, de consolateur mercenaire, se fit rhéteur, il ne changea guère de métier. L'exemple était donné et tenta depuis bien des imitateurs en Grèce et plus tard à Rome. Ainsi, quand la fille de Cicéron mourut, de toute part accoururent des philosophes pour calmer le père en proie à une trop impatiente douleur, et sans doute aussi pour avoir la gloire de tenir entre leurs mains une si grande âme et un si beau génie. A la fin de la république, et surtout sous l'empire, il y eut plus que jamais

---

1. *Vies des dix orateurs*, I.

des consolateurs, dont le zèle, noble cette fois et intrépide, était exalté par la tristesse des temps, et qu'on trouve à l'heure de la mort, aux côtés de presque toutes les grandes victimes impériales. Ce n'était pas seulement les illustres personnages qu'ils assistaient à l'heure d'un beau trépas. Dans les malheurs privés et domestiques, on les appelle, on leur demande leurs fortifiantes leçons [1]. Ils finirent par se croire si nécessaires qu'ils accoururent même auprès de ceux qui ne les demandaient pas.

Ce n'était point une affaire pour ces philosophes, si médiocres qu'ils fussent, de trouver des discours, puisqu'il y avait des thèmes tout faits répondant aux diverses infirmités ou infortunes humaines. On savait d'avance ce qu'il faut dire à un perclus, à un aveugle, à un vieillard malheureux de l'être, à un exilé, à un homme tombé dans l'esclavage, à celui qui avait perdu un parent, un ami, un enfant. Le talent du philosophe faisait le reste. Encore le talent n'était-il pas nécessaire, ni même le bon sens, car nous voyons qu'un grand nombre de ces sages s'en sont passés et qu'ils recouraient à des raisons qui nous paraissent aujourd'hui d'une faiblesse surpre-

---

[1] « Un homme heureux ne se souciera pas d'entendre un philosophe... mais que sa femme, ou son fils, ou son frère vienne à mourir, oh! alors, il appellera le philosophe pour en obtenir des consolations. » (Dion Chrysostome, *Discours*, XXVII).

nante [1]. Nous n'avons plus ces traités spéciaux adressés aux perclus et aux aveugles, mais on peut supposer que c'était un argument traditionnel emprunté à la sophistique grecque, celui qu'employa un moine lettré du IV° siècle pour consoler un de ses frères frappé de cécité. « Il n'y a pas de quoi, disait-il, il n'y a pas de quoi t'affliger, si tu n'as plus les yeux, ces vils organes, que possèdent aussi les souris, les lézards et les moins nobles animaux. » Pour donner de pareilles raisons, faut-il avoir le désir de consoler, ou plutôt faut-il en avoir peu le souci! A ce compte, par un raisonnement analogue quoique inverse, on aurait pu dire à un perclus qu'il pouvait se passer de bras et de jambes, puisque les reptiles s'en passent bien. A lire les consolations antiques, on est souvent tenté de croire que c'était le seul genre de littérature où l'on ne craignit pas le ridicule.

Les arguments n'étaient pas toujours aussi faibles et aussi cruellement puérils. Les anciens ont trouvé pour consoler la vieillesse, comme on en peut juger par le délicieux traité de Cicéron, des raisons excellentes, exposées avec une grâce morale qui nous touche encore. Mais sait-on pourquoi ils

---

[1]. Voir quelques-unes de ces raisons dans Cicéron, *Tuscul.*, V, 38-41, et dans Sénèque, fragments, *De remediis fortuitorum*, XII, édit. Haase, Teubner.

ont été si persuasifs, pourquoi leur éloquence est en ce sujet si triomphante? C'est que la vieillesse n'est pas un mal, ou, si c'en est un, il faut convenir que c'est un mal qui a bien des séductions et auquel généralement on aspire. Y a-t-il beaucoup de vieillards qui regrettent de l'être devenus? ne trouve-t-on pas un certain bonheur à vivre longtemps, et même ne met-on pas une certaine coquetterie permise à vivre plus longtemps que les autres? Les vieillards sont donc tout consolés d'avance, et c'est pourquoi les philosophes n'ont pas eu de peine à leur persuader qu'ils ne sont pas malheureux. C'est une chose à remarquer, que les consolateurs ne sont jamais plus consolants que s'ils consolent des maux qui n'ont pas besoin de consolations. Qui donc songe à plaindre le vieillard, sa carrière eût-elle été modeste, quand elle a été honorable? ne sommes-nous pas tentés de le regarder comme un victorieux qui a survécu au combat de la vie par sa force et par sa vaillance? Et, quand on a parcouru une noble carrière, n'est-ce point une joie de pouvoir la parcourir encore du regard, de se rappeler ce qu'on a fait pour les autres, ce que les autres ont fait pour vous, et même contre vous, de songer aux honneurs qu'on vous a rendus, aux disgrâces souvent non moins douces au souvenir que les honneurs, de se sentir plus de raison et d'expérience, enfin de pouvoir du haut de ses années accumulées embrasser un plus vaste horizon moral? A de pareils hommes il faut adresser non des discours consolatoires, mais des félicitations. Les anciens l'ont compris, et, par un naturel entraînement, Cicéron semble offrir à la vieillesse bien plutôt des hommages que des allégements. Mais, comme il arrive souvent en pareille matière, les anciens, à force de chercher les avantages de la vieillesse, lui en accordent dont celle-ci se passerait volontiers, et quand ils disent, par exemple, que cet âge est entre tous heureux parce qu'il ne connaît plus les passions, est-il bien certain que ce soit là du bonheur? et, quand ils insistaient particulièrement sur ce fait que l'âge guérit de l'amour, ne devait-il pas arriver, étant donné les mœurs de l'antiquité, que plus d'un répondît : J'aimerais autant la maladie que le remède.

Il était un mal plus cruel, plus impatiemment supporté, le mal de l'exil, contre lequel, de tout temps, les philosophes anciens se sont escrimés de leur mieux et non sans raison. En effet, dans l'antiquité, l'exil était un accident aussi fréquent que terrible et douloureux. Sans parler des malheureux qui, sous l'empire, étaient relégués aux extrémités du monde, dans des contrées barbares, chez les Sarmates, comme Ovide, et qui se sentaient, même au fond de ces sauvages solitudes, sous les yeux et sous la main de leur impérial ennemi tout-puissant et présent partout, que pouvait faire un Athénien loin d'Athènes, un citoyen privé de ses occupations civiques, qui étaient toute sa vie, perdu dans une foule étrangère, loin de toutes les délicatesses attiques? Aussi, pour combattre et soulager les douleurs de l'exil, les philosophes ont épuisé leurs plus ingénieux raisonnements. De beaucoup d'ouvrages et de discours composés sur ce sujet, il nous reste encore un traité de Plutarque qui résume les opinions de ses devanciers, et une belle et longue lettre que Sénèque, exilé en Corse, adressa à sa mère Helvia. La lettre de Sénèque surtout est intéressante, non seulement par son éloquence, mais par la situation originale, unique, où se trouve l'auteur : ici, ce n'est pas un philosophe qui console un exilé, c'est l'exilé lui-même qui console autrui de son propre malheur, qui prouve que l'exil n'est point un mal et qui, par conséquent, mériterait une particulière créance, si l'on était certain que ses raisons fussent aussi sincères qu'elles sont ornées. Les anciens qui ont traité ce sujet réduisent toutes les misères de l'exil à ces trois points : la pauvreté, l'ignominie, le changement de lieu, et c'est contre ces trois malheurs successivement envisagés qu'ils dirigent leur ardeur et leur subtile dialectique. Sur le point de la pauvreté, on n'était pas en peine de trouver des arguments; on vantait la simplicité compagne de la vertu ; on déclamait contre le luxe inutile, ou bien plus finement, comme fait Sénèque, on montrait que le pauvre est aussi gai que le riche, que celui-ci souvent en voyage, à l'armée, est obligé de se priver de bien des douceurs et de vivre en pauvre. On n'oubliait qu'une chose, la seule qui fût vraiment en question, à savoir comment on peut être insensible au brusque changement qui, de riche que l'on était, fait de vous un misérable. Du reste, Sénèque en parle bien à son aise; durant son exil en Corse, il jouissait déjà d'une immense fortune; il avait emmené des amis, des clients, presque une cour; il ne connut jamais d'autres privations que celles qu'il s'imposait volontairement à lui-même par esprit stoïque, et, quand il nous assure qu'il ne souffre pas de la pauvreté, on ne le croit que trop pour être touché de ses raisons.

Contre l'ignominie, Sénèque donne encore des raisons de grand seigneur. On vous méprise; eh bien, opposez le mépris au mépris; imitez Socrate, Caton, Aristide; la honte dont on prétend couvrir un grand homme, dit-il encore, est comme la couronne dont on pare la victime et qui dès lors la rend sacrée. Du reste, Sénèque ne traite le point de l'ignominie que pour suivre tout le programme traditionnel de la philosophie consolatrice; car peut-on penser qu'un si grand personnage se crût méprisé parce qu'il était en exil? Non, il savait bien que lui qui avait été déjà dans les honneurs, lui, le premier écrivain de son siècle, le stoïcien renommé pour sa vertu, n'était ni méprisé ni oublié; qu'il était présent à l'esprit des Romains, précisément parce qu'il n'était pas à Rome; que son image s'agrandissait vue à travers le brouillard de la distance et du malheur, que souvent l'admiration croît avec l'éloignement, et qu'un rocher dans la mer est en tout temps un magnifique piédestal. Sénèque peut donc se donner le plaisir de braver insolemment les humiliations de l'exil qui ne l'atteignaient pas, mais qui pouvaient bien accabler d'autres infortunés de moins haut parage, ceux qui erraient sans nom dans le monde, couverts de haillons, ceux qui étaient obligés de se condamner pour vivre à des travaux serviles, à tirer l'eau des puits, ou, pour citer un plus éclatant exemple, un roi de Syracuse, contraint dans son exil de se faire maître d'école à Corinthe, sous les yeux d'une maligne république. Je ne sais si de pareils malheureux auraient été touchés des arguments de Sénèque; toujours est-il que lui-même n'en fut pas touché longtemps et qu'il ne paraît pas leur avoir accordé toute la valeur qu'il s'efforçait de leur donner dans ses beaux discours. En effet, il ne tarda point à plier sous son malheur. Il s'était écrié avec jactance :

« C'est moi qui vous dis que je ne suis pas malheureux ; j'ajouterai pour vous tranquilliser que je ne puis le devenir. » Promesse vaine! L'exil lui pesa; pour en sortir, il écrivit à l'affranchi Polybe une lettre adulatrice peu digne d'un si fier contempteur des humiliations qu'il déclarait impossibles; il n'obtint pas son rappel qu'il avait humblement demandé et, s'il ne rencontra pas l'ignominie dans l'exil, il ne put échapper à cette autre ignominie que par sa honteuse faiblesse il s'était infligée à lui-même. Ainsi donc, sur ce point, la philosophie ne trouve rien à dire à la plupart des exilés; elle ne donne que le conseil de se draper dans son orgueil, sans se soucier des humbles, pour qui n'est pas fait un si fastueux manteau.

Reste le troisième point, « le changement de lieu, » qui est de tous le plus important, puisqu'il contient à lui seul toutes les douleurs de l'exil. On pouvait à la rigueur prendre son parti de la pauvreté et de l'ignominie; mais comment ne pas regretter amèrement la patrie ? Aussi c'est sur ce point que les philosophes portaient leur principal effort, parce que là ils rencontraient chez les malheureux le plus de résistance. Il faut penser qu'en pareil sujet les bonnes raisons sont difficiles à trouver, puisque les sages les plus éloquents n'en ont trouvé que de mauvaises. On ne sait ce qu'il faut le plus admirer, ou la patience des malheureux qui avaient le courage d'écouter de si étranges consolations ou l'imperturbable audace de ceux qui osaient les offrir. Quoi! à un infortuné pleurant sa patrie, en proie à un mal généreux qui va parfois jusqu'à troubler la raison, jusqu'à dévorer à la longue tout l'être moral, jusqu'à dégénérer en mal physique et mortel, on ose dire : « Tu te crois chassé de ton pays, c'est une pure erreur, une fausse apparence; n'es-tu pas citoyen du monde? Par nature, il n'y a pas de pays distinct; les mathématiciens nous démontrent que la terre n'est qu'un point qui n'a nulle dimension au regard du firmament; il n'y a pas de distance sur un point indivisible, tu es donc toujours dans le même pays; tu ne peux pas t'estimer banni ou étranger là où il y a un même feu, une même eau, un même air, les mêmes lois, le solstice d'été, le solstice d'hiver, l'équinoxe, un même roi qui est Dieu. La nature a voulu que nous fussions à l'aise, c'est nous qui nous mettons à l'étroit par je ne sais quel attachement insensé qui fixe notre cœur aux bords du Céphise et de l'Eurotas et qui rend pour nous le reste de la terre inhabitable. » On avait le courage d'ajouter : « Ne vois-tu pas d'ailleurs que dans la même ville les habitants ne demeurent pas tous dans le même quartier et n'en sont pas plus malheureux pour cela. » Voilà les raisons que donne Plutarque [1], qui mérite vraiment cette fois d'être appelé le bon Plutarque, tant sa bonne volonté brave ingénument le ridicule. Chose à peine croyable, on se passait ces arguments de main en main, car nous les retrouvons dans plus d'un livre avec d'autres qui ne sont pas plus raisonnables. Tel philosophe dira à un exilé : « S'éloigner de sa patrie n'est rien, si l'on ne s'éloigne pas de la justice. » Diogène à son tour : « Qu'importe de mourir sur la terre étrangère, tu trouveras toujours un chemin vers le tombeau, » comme si la peine de l'exilé était de ne pouvoir mourir. Tous ces sages, on le voit, n'ont qu'une ressource ; c'est de sortir odieusement de la question, ressource ordinaire des consolations impuissantes. Epictète s'écrie : « Partout où j'irai, ne trouverai-je pas un ciel, un soleil, une lune et des étoiles ? » Ces sortes de vérités qui affichent la prétention d'être évidentes n'ont même pas le mérite d'être des vérités ; elles sont fausses moralement. Non, le soleil et les étoiles ne seront pas les mêmes pour celui qui les verra à travers le voile de sa douleur, et, pour nous, nous préférons à tous ces vains raisonnements de la philosophie le juste sentiment qui faisait dire à un Athénien exilé : « En vérité, je soutiens que la lune

1. *De l'exil.*

d'Athènes est plus belle que celle de Corinthe [1]. »

Sénèque, plus judicieux que Plutarque, présente des considérations moins choquantes et qui vont un peu plus au fait : « Si vous voulez bien regarder autour de vous, vous verrez que presque tout le monde est expatrié. Cette multitude qui remplit Rome, de quoi est-elle composée ? De gens qui par ambition, pour le plaisir, pour les études, sont accourus dans une ville où les grandes récompenses sont décernées aux vertus et aux vices. Ils sont pour la plupart dans un pays qui n'est pas le leur. Il en est ainsi de beaucoup d'autres villes. Même dans les lieux incultes, à Sériphe, à Gyare, on rencontre des étrangers qui y demeurent pour leur agrément. Considérez encore les migrations de peuples entiers, voyez les Grecs établis sur le Pont-Euxin et dans les lointaines contrées de l'Inde [2]. » Voilà des arguments auxquels un écrivain éloquent peut donner du crédit, bien qu'ils ne soient point d'une parfaite justesse. En effet, pour tous ces hommes qui ont quitté le sol natal par intérêt ou par plaisir, l'exil n'est pas l'exil, puisqu'il est volontaire. La douleur de l'exil véritable est dans la violence qu'on vous a faite, dans le déchirement subit qui vous arrache au sol, aux affections, à la société, et qui, en

---

1. *De l'exil*, ch. 6.
2. *Consol. à Helvia*, ch. 6.

un mot, vous déracine. Présenter à l'exilé l'exemple de ceux qui volontairement changent de pays, c'est comme si l'on disait à un malheureux précipité du haut d'un pont par des malfaiteurs : De quoi vous plaignez-vous, n'y a-t-il pas des gens qui se jettent dans l'eau la tête la première pour se rafraîchir?

Nous ne parlerons pas des consolations offertes à la douleur physique. La science en aucun temps n'a rien trouvé qui soit préférable aux paroles que le bon sens, la circonstance, l'amitié inspirent à une âme compatissante. J'aime à croire, pour l'honneur des philosophes, qu'ils ne faisaient guère usage dans la vie des beaux raisonnements qu'ils célébraient dans les écoles. Peut-on penser qu'un stoïcien fût assez infatué de sa doctrine, assez insensible, pour aller dire à un malade cloué sur son lit de misère : « Tu dois savoir que ta douleur n'est pas un mal, » ou qu'un épicurien eût le courage de lui tenir ce discours doctrinal : « Si ta douleur est forte, elle sera courte; si elle est longue, elle est supportable. » Si jamais philosophe a usé de ces raisonnements et d'autres pareils qui avaient cours dans les écoles, ce dut être pour le malade une aggravation de supplice d'être ainsi en proie à une impitoyable logique, de subir des dilemmes, de se sentir sous la pointe de cette chirurgie sophistique; car, parmi les maux que l'on supporte avec le moins de patience, il faut assurément compter les consolations ineptes, surtout si elles sont savantes et subtiles [1]. Nous ne parlerons pas non plus des arguments par lesquels on prétendait calmer la crainte de la mort; ce serait vouloir faire tenir en quelques lignes toute la philosophie morale de l'antiquité; car tout aboutit à cette question, et, selon le mot d'un ancien, toute la philosophie n'est que la méditation de la mort. On peut d'ailleurs deviner plus ou moins les raisons qui découlent de chaque système. Le matérialiste épicurien n'avait d'autre ressource que de vanter la douceur de l'éternel sommeil, le stoïcien panthéiste prêchait l'obéissance aux lois de la nature, le platonicien laissait entrevoir l'aurore d'une vague immortalité. Seulement, comme la crainte de la mort était de toutes les craintes la plus universelle et la plus enracinée, s'il faut en croire les anciens eux-mêmes, comme elle prenait selon les hommes des formes diverses, les philosophes, pour ne rien oublier de ce qui pouvait avoir accès dans les cœurs, employaient quelquefois tous ces arguments à la fois, au risque de se contredire, pensant que, si l'un n'agissait pas, l'autre ne serait point perdu, et ils étaient ainsi amenés à composer avec ces principes, souvent incompatibles, un mélange confus qui pa-

---

[1]. Sénèque semble le reconnaître lui-même : « Partem mali audire solatia. » (*Consol. à Marcia*, 5.)

raîtrait peu acceptable à l'exactitude moderne, mais dont la simplicité antique s'accommodait sans peine. Plutarque et Sénèque sont les deux médecins qui ont su le mieux composer ces sortes de breuvages moraux, où les ingrédients les plus divers étaient fondus ensemble et comme édulcorés par une agréable rhétorique.

Où la philosophie risquait le plus de rester court, à ce qu'il semble, c'est quand elle devait calmer la douleur causée par la perte d'un parent aimé, d'un enfant. Comment saisir une douleur si vive, si profonde, si délicate, si fuyante, si ennemie de tout raisonnement et qui est si digne de respect qu'on craint même de l'approcher, qui repousse tout d'abord la main secourable et dont la blessure saigne au plus simple contact. Hors de la présence des affligés, au fond des écoles, dans leurs considérations purement spéculatives sur la vie humaine, les anciens ont trouvé des raisons qui pouvaient avoir quelque valeur théorique, mais qui ne devaient pas être d'un grand usage dans la vie. Avec la précision déliée et subtile qui est le caractère de la philosophie grecque, et le désir de toujours ramener tout à un principe unique, chaque doctrine avait adopté une pensée maîtresse, une pensée génératrice de tous les discours consolateurs. Le stoïcien Cléanthe se bornait à enseigner froidement, sous des formes diverses, que ce qu'on croit un mal n'en est pas un. Les Péripatéticiens, moins rigoureux ou plus humains, prétendaient seulement que ce n'est pas un grand mal. Epicure voulait qu'on détournât les affligés de l'idée de leur perte, en dirigeant leurs pensées du côté des plaisirs; l'école de Cyrène se proposait de leur faire comprendre qu'il ne leur était arrivé rien d'inopiné. Chrysippe ne combattait que le préjugé commun qui, selon lui, fait croire que l'affliction est un des plus raisonnables devoirs de la vie. D'autres employaient tous ces principes à la fois, et Cicéron nous apprend qu'après la perte de sa fille, dans la consolation qu'il écrivit pour lui-même, il rassembla tous ces arguments [1], essayant sans doute de suppléer à leur force par leur nombre. Il se montra éclectique jusque dans son désespoir. Tout cela en effet pouvait n'être pas inutile à un philosophe dissertant sur sa propre douleur pour s'occuper et se distraire; il s'empressait d'offrir un travail à son esprit tournant à vide dans le désespoir, comme on se hâte de verser du blé sous la meule, de peur qu'elle ne se brise.

Encore une fois, nous ne nions pas absolument la vérité et la sagesse de ces principes que les philosophes ont dégagés à l'envi, établissant entre eux

---

[1]. Omnia in consolationem unam conjecimus. (*Tuscul.* III, 31.)

comme un concours et une gageure à qui trouverait la raison la plus forte, mais nous pensons que ces principes ne pouvaient guère servir dans la réalité.

Qu'on se figure un moment une de ces mères qu'Euripide fait parler d'une manière touchante dans ses tragédies, celle par exemple qui paraît dans les *Suppliantes* et qui s'écrie : « Hélas! qu'est devenu le fruit de mes entrailles, où est le prix de mes veilles et les peines de l'éducation maternelle et les embrassements d'un fils, doux rapprochement de ses joues contre les miennes? » — Faites maintenant approcher Anaxagore, qu'il lui dise pour la consoler : « Tu savais bien que tu n'avais enfanté qu'un mortel; » voici venir un épicurien qui lui proposera de se distraire en se rappelant les plaisirs maternels que l'enfant lui a donnés, ou bien un stoïcien qui lui prouvera doctement que sa douleur tient à une fausse idée et qu'elle ne souffre que d'un mal d'opinion [1], ou bien encore faites venir Plutarque avec l'argument qu'il trouvait bon entre tous, puisqu'il l'a donné à sa propre femme après la mort de leur fille :

---

1. Un lecteur attentif n'aurait pas de peine à retrouver ces arguments divers dans la *Consolation à Marcia* : « Non convertisti te ad occursus jucundos. » (Ch. 5.) Voilà l'idée d'Épicure. « Plus adjicit opinio. » (Ch. 7.) C'est le principe de Chrysippe. Les principes des autres écoles sont plus ouvertement développés. (Voir *passim*.)

« Pourquoi pleurer, tu n'étais pas affligée quand tu n'avais pas encore d'enfant ; maintenant que tu n'en as plus, tu en es au même point. » On trouve ainsi dans les livres des consolateurs une foule de raisons plus ou moins philosophiques, mais qui ne sont de nul emploi et qui, présentées à des malheureux, paraîtraient odieuses. Les anciens, du reste, le sentaient eux-mêmes. Chaque école se moquait des arguments de l'autre, et il faut convenir qu'en cela, en cela seulement, elles avaient toutes raison.

Nous venons de mettre la philosophie consolatrice aux prises avec la douleur maternelle, pour éprouver la vertu des principes par cet exemple fictif ; mais nous devons ajouter bien vite que cette fiction, si permise qu'elle soit, n'est pas en tout conforme à la vérité historique. La philosophie, en Grèce surtout, durant des siècles, ne s'occupait pas des femmes ; elle les dédaignait, et elle aurait craint de perdre sa peine en offrant le secours de la science à un sexe ignorant et dont les vives passions paraissaient devoir échapper toujours à une persuasion savante. Les femmes étaient nulles devant la philosophie comme devant l'État. Voyez dans la grande solennité où Périclès fait l'oraison funèbre des guerriers morts dans la guerre du Péloponèse, comment l'illustre orateur console les pères, les fils, les frères des héros tombés pour la patrie, et avec quel dédain, se tournant tout à coup du côté des mères, des épouses, des filles, il se contente de leur dire : « Quant à vous, vous contenir dans les devoirs de votre sexe, telle est votre plus grande gloire. » Sans doute Périclès, s'il avait parlé de moins haut, avec une majesté moins impérieuse, s'il avait prononcé quelques paroles émues, aurait risqué de provoquer parmi toutes ces femmes une explosion de désespoir malséante, mais cette dure apostrophe jetée en passant n'en prouve pas moins qu'aux yeux des Grecs ces femmes présentes, pourtant si dignes de compassion dans cette cérémonie funèbre, ne méritaient pas les honneurs d'une consolation. Plus tard seulement, quand des mœurs nouvelles auront permis aux femmes de s'élever à la culture, elles seront moins méprisées par les sages, qui auront la condescendance de les consoler. Encore ces femmes auxquelles on adresse des épîtres sont-elles presque toujours des parentes de philosophes, familiarisées par des conversations journalières avec les enseignements de l'école. Ainsi Métrodore console sa sœur et Plutarque sa propre femme. Alors on adoucit les aspérités de la science, on remplace les principes par des exemples [1], les leçons austères par des exhortations

---

1. Ainsi fait Sénèque s'adressant à Marcia. Il n'oserait, dit-il, lui offrir une consolation philosophique, si elle n'était pas plus qu'une femme : « Nisi te scirem longe ab infirmitate mulie-

affectueuses et des grâces poétiques. Le dédain pour les femmes explique un fait qui au premier abord peut paraître singulier : c'est que la philosophie, si attentive à consoler les veufs, n'a jamais rien tenté sur les veuves, d'où il ne faudrait pas conclure avec une légèreté moderne que les maris grecs n'étaient pas regrettables ou que les femmes étaient d'avance toutes consolées.

Le faste doctrinal des consolations et les raisonnements surhumains paraîtront dès lors moins inopportuns à qui se rappelle que ces principes ne s'adressent qu'à des hommes, de plus, à des esprits façonnés par l'étude, à des courages chaque jour éprouvés par la guerre ou par les luttes de la politique, dans un temps d'ailleurs où les affections domestiques avaient peu de prix, où tout était indifférent de ce qui ne touchait pas à la patrie, où enfin une certaine insensibilité plus que virile était l'idéal de la vertu civique. Mais, même après avoir fait la part des circonstances historiques, les prétentions consolatrices de certains philosophes anciens paraissent encore excéder la nature et la vérité. Sans énumérer tous les excès de cette ambition morale, une chose entre toutes nous choque et nous paraît dé-

bris animi... » (Ch. 1.) Mais, bien qu'elle ait un cœur viril, dit-il encore, comme elle est femme, il commencera par des exemples. (Ch. 2.)

plaisante : c'est la fausse idée que la douleur est une faiblesse.

Les stoïciens avaient donné le ton à tous les philosophes, qui se firent un devoir de discréditer la douleur. Pour eux, l'homme le plus parfait était le plus insensible, et lorsque, par condescendance pour l'infirmité humaine, ils permettaient le chagrin, ils ne manquaient pas d'ajouter que le plus court est le meilleur. Sous prétexte de montrer quelles sont les véritables exigences de la nature, ils proposaient à l'homme l'exemple des animaux : « Voyez, disait Sénèque, les bêtes sauvages qui, après avoir suivi la trace de leurs petits perdus, ne tardent pas à déposer leur fureur; les oiseaux, après avoir voltigé quelque temps autour de leur nid dévasté, s'apaisent bientôt et reprennent leur vol accoutumé; si l'homme conserve plus longtemps le regret de ses enfants, c'est qu'il s'afflige non pas à proportion de ce qu'il sent, mais de ce qu'il veut sentir. » Singulier exemple à proposer aux hommes que celui des brutes! Mais c'est précisément la grandeur de l'homme de pouvoir souffrir plus longtemps et de tenir à sa souffrance. L'homme le plus grand n'est pas le plus insensible, mais bien plutôt celui qui unit à un haut esprit la sensibilité la plus délicate; l'âme la plus ferme n'est point celle qui repousse la douleur, mais bien celle qui est assez consistante

pour la conserver. Les anciens prétendent toujours
nous interdire la douleur comme indigne de nous,
quand elle est au contraire une partie de notre dignité. Quel est l'homme que nous estimons, celui
qui reste indifférent à la perte d'une personne qui
lui a été chère, ou celui qui lui consacre de longs et
douloureux regrets? Bien plus, nous enlever nos
regrets, ce serait non seulement nous dégrader,
mais nous faire changer de malheur. Notre regret
est tout ce qui nous reste de la personne aimée, et
c'est pourquoi nous aimons notre blessure. Si un
dieu nous proposait d'effacer en nous notre peine,
nous repousserions avec horreur ce prétendu bienfait. Vous voulez enlever à l'exilé ses poignants souvenirs, mais il y tient comme à la seule chose qu'il
ait emporté de sa patrie. Une mère ne se croirait-elle pas déshonorée, ne serait-elle pas épouvantée
si elle s'éveillait subitement un jour avec le sentiment qu'elle ne regrette plus l'enfant qu'elle a perdu?
La plus humiliante affliction ne serait-elle pas de
n'être plus affligé? Si donc on peut louer la philosophie antique d'avoir contenu les emportements
de l'âme, il est permis de mépriser les conseils injurieux pour la nature et la dignité humaines, par
lesquels elle nous invite à l'oubli et à une insensibilité qui ne serait qu'un égoïsme infidèle. Ce n'est
pas à la raisonnable philosophie qu'il appartient

d'opprimer en nous les plus respectables mouvements du cœur; il faut laisser faire cela à l'inintelligente et fatale puissance du temps, qui se charge jour par jour, et comme flot par flot, de submerger les humaines douleurs.

Quand on a longtemps vécu au milieu de cette philosophie prétendue consolatrice et qu'on a parcouru tous les préceptes outrés, pointilleux, inhumains, on se sent l'esprit tout rafraîchi chaque fois qu'on rencontre sur son chemin de simples et naturelles paroles, comme il en échappe souvent aux malheureux qui ne veulent pas se laisser consoler. Combien la nature est non seulement plus charmante, mais encore plus vraie, mieux avisée, plus logique que les plus forts logiciens! De même que l'enfance souvent, par une réponse ingénue, déconcerte les plus savants discoureurs, ainsi la douleur trouve quelquefois à l'encontre de la philosophie le mot le plus juste et qui ne souffre pas de réplique. Sans le vouloir, sans le savoir, l'affliction naïve saisit le défaut des plus beaux raisonnements, et la malice souvent est moins redoutable. Je voudrais bien savoir ce que répliqua à Sapho le sage qui lui démontrait que la mort vaut mieux que la vie et auquel la poétesse répondit : « Mais pourquoi donc alors les dieux se sont-ils réservé l'immortalité? » L'impatience aussi peut trouver le mot vrai ; à un stoïcien qui montrait à l'orateur Hérode Atticus affligé par la mort de sa femme tous les mérites de l'impassibilité, qu'on appelait en termes d'école l'*apathie*, celui-ci répondit : « Avec votre apathie, vous voulez donc faire de moi une souche insensible. » Qu'y avait-il à répondre à un pauvre Laconien se défendant contre une gronderie philosophique et disant : « Ce n'est pas moi qui volontairement verse des larmes, c'est la nature qui me les arrache. » Voici un mot plus profond de Solon, qui était, lui, un philosophe, mais un philosophe non encore desséché par la prétendue sagesse des écoles. Après la mort de ses enfants, un sage lui reprochait de pleurer, ajoutant que cela ne servait à rien ; il répondit : « C'est précisément parce que cela ne sert à rien que je pleure. » Mais le plus beau mot, qui réduit le mieux à néant les froides objurgations de la philosophie antique, est celui d'Euphratès s'écriant : « O philosophie, que tu es tyrannique ; tu m'ordonnes d'aimer, et, quand je perds ce que j'aime, tu me défends de pleurer ! » La nature, on le voit, se charge toute seule de réfuter les systèmes qui lui font violence ; elle n'oppose pas toujours des raisons à des raisons ; elle réfute en résistant. Les plus savantes contraintes ne peuvent rien sur elle ; heureuse indocilité sans laquelle depuis longtemps elle eût été déformée ou étouffée par les indiscrètes entreprises de tous les dogmatismes.

Mais on a beau faire peser sur elle d'étroites et impérieuses formules, elle les rompt et passe au travers, comme le brin d'herbe disjoint le rocher qui l'accable. C'est ainsi qu'elle a défendu ses droits à la douleur, se montrant en cela non seulement plus forte, mais plus sage que les philosophes; car, pour supprimer la douleur, il faudrait d'abord supprimer la sympathie, l'amitié et tous les sentiments qui sont le lien de la société humaine.

II

Quand on a relevé les erreurs et les excès de cette littérature consolatrice, le faste doctrinal, les raisonnements outrés, les subtilités inopportunes et toute cette chimérique espérance qui se flatte de prendre la douleur dans les filets de la dialectique, il faut se hâter de mettre en lumière ce qu'il y eut de grand, de délicat, d'efficace dans cette entreprise des philosophes, de toutes la plus difficile et qui mérite plus qu'une autre l'indulgence, parce qu'il n'en est pas où la nature des choses oppose à la persuasion de plus invincibles obstacles. Le désespoir ne serait pas le désespoir s'il cédait aisément à des discours, et le malheur ne serait plus le malheur, si l'on pouvait le dédommager par de l'éloquence.

Aussi n'est-ce pas sans injustice qu'on reproche à la sagesse antique de n'avoir apporté à la douleur que des consolations impuissantes. Elle pourrait répondre que ce n'est point sa faute s'il est sur la terre des douleurs inconsolables et qu'on ne peut lui savoir mauvais gré d'avoir tenté l'impossible. Si la destinée humaine est souvent rude, s'il est des malheurs qui n'admettent pas de soulagements, si enfin, après comme avant les plus beaux discours, les choses restent ce qu'elles sont en effet, la philosophie n'en est pas responsable, ne pouvant changer en douceurs les amertumes de la vie, quand Dieu et la nature ont voulu que ces amertumes ne pussent être corrigées. Reprocher à la philosophie de n'offrir au malheur que des paroles vaines est aussi peu juste que la traiter de haut, comme on fait souvent, parce qu'elle n'a pas encore résolu le problème de l'univers. Si l'univers est difficile à pénétrer, la science n'est pas ridicule de le mal comprendre ; si les douleurs sont inconsolables, elle est excusable de les avoir mal consolées. Elle a fait ce qu'elle a pu faire et n'a péché que par un excès de zèle qui l'aveuglait sur la valeur des arguments dont s'armait son impuissance. Serait-ce se montrer trop indulgent pour la philosophie de reconnaître même que, dans ses travaux séculaires, elle a fait effort pour tirer complaisamment le meilleur parti de ce qui est, dans le monde physique et dans le monde moral. Bien loin de se faire l'accusatrice des apparents désordres de l'univers et de l'humaine destinée, elle a cherché le plus souvent, avec une respectueuse débonnaireté, tout ce qui pouvait témoigner en faveur d'un ordre raisonnable et bienfaisant; elle n'a guère fait ressortir que les raisons d'admirer, d'obéir, d'adorer; elle a mis sa gloire à pallier les duretés de la nature, allant dans ses complaisantes explications jusqu'à nier quelquefois le malheur des hommes, pour qu'ils ne fussent pas tentés de s'en irriter. Sachons donc respecter même les inutiles entreprises de la philosophie sur la douleur, comme on respecte le zèle du médecin qui essaye encore son art sur un mal incurable.

Il est équitable aussi de remarquer en passant que la subtilité dans les consolations n'est pas un défaut propre aux anciens, et que bien souvent les philosophes modernes n'ont pas trouvé des raisons meilleures. Nous ne citerons qu'un exemple, le plus illustre que nous puissions choisir. Descartes voulant consoler un ami, un militaire jadis mutilé à la guerre, qui venait de perdre un frère tendrement aimé, lui démontre dans une lettre consolatoire, en bonne forme logique, qu'ayant autrefois supporté sans se plaindre la perte d'une main, il peut, à plus forte raison, supporter celle d'un frère, et il ose lui faire le beau raisonnement que voici : « Il y a, ce me semble, beaucoup de rapport entre la perte d'une main et d'un frère : vous avez ci-devant souffert la première sans que j'aie jamais remarqué que vous en fussiez affligé ; pourquoi le seriez-vous davantage de la seconde ?... Il est certain que vous la pouvez mieux réparer que l'autre, en ce que l'acquisition d'un fidèle ami peut autant valoir que l'amitié d'un bon frère. » Bizarre raisonnement qui fait bien voir combien est vraie la grande maxime de Descartes : « Ce n'est pas assez d'avoir l'esprit bon, mais le principal est de l'appliquer bien. » Est-il donc plus difficile de consoler que de faire le Discours de la méthode [1] ?

Il ne faudrait pas croire non plus que les anciens fussent toujours aussi froids et tranchants qu'ils le paraissent dans leurs raides théories sur la douleur et dans leurs fastueux principes. En morale, les principes toujours semblent durs, parce qu'ils sont absolus, qu'il est dans leur nature de ne tenir compte ni des personnes ni des circonstances. A force de vouloir tout y condenser, on leur donne une rigidité blessante. Mais dans la pratique de la vie, l'esprit trop concentré de ces formules, quand il était délayé dans le langage ordinaire, n'avait plus

---

1. Voir aussi la lettre de Pascal à sa sœur sur la mort de leur père, édition de M. Havet, t. II, p. 235.

la même âpreté. La bienveillance, la compassion, l'amitié, et, à défaut de ces sentiments, le simple bon sens, savaient mesurer la dose de philosophie que pouvait supporter le malheureux. Les anciens, les Grecs surtout, étaient hommes; rien de ce qui est bienséant ne leur était inconnu, et, s'ils n'ont pas eu leurs pareils pour les subtilités de l'esprit, on n'a rien à leur apprendre non plus sur les délicatesses du cœur. Cicéron, leur interprète, disait : « Comme dans les plaidoiries nous n'assujettissons nos discours ni aux mêmes règles ni à la même disposition, mais que nous les accommodons aux temps, aux personnes et à la nature des affaires, ainsi dans les consolations des affligés il faut voir quel remède chacun d'eux peut supporter [1]. » Certains principes n'avaient cours que de philosophe à philosophe; il en était d'autres plus acceptables, qu'on pouvait, en les noyant dans de douces paroles, faire admettre aux moins savants. La méthode, disait Sénèque [2], doit être subordonnée au caractère des personnes. Il y avait donc bien des nuances à observer que les Grecs n'ont pas méconnues. D'autre part, ils ne se méprenaient pas sur la valeur de leurs discours et modestement offraient à la douleur, non un remède, mais une diver-

---

1. Cicéron, *Tusculanes*, III, 33.
2. Sénèque, *Cons. à Marcia*, 2 : aliter cum alio agendum est.

sion[1]. Enfin ils épiaient l'occasion favorable, et, malgré toute la foi qu'ils avaient en leur sagesse, ils la déclaraient impuissante si elle n'était opportune. Le plus souvent, on laissait passer la première tempête de la douleur. Ainsi Sénèque attend trois ans avant de rien tenter sur l'opiniâtre douleur d'une mère, de Marcia, la fille de l'illustre Crémutius Cordus; de même, Plutarque ne se hâte pas d'adresser sa lettre à son ami Apollonius, qui avait perdu son fils, parce que, dit-il, « il n'eust pas esté à propos, sur l'heure mesme de son trespas, aller devers toy pour te prescher lors que et ton corps et ton âme estoient de tout poinct accablez soubs le faix d'une calamité si estrange. » Mais en revanche, quand lui-même perd sa fille, il écrit aussitôt sa célèbre consolation à sa femme, parce que dans cette occurrence il eût été aussi malséant d'attendre qu'il eût été indiscret dans l'autre cas de n'avoir pas attendu. La philosophie savait donc choisir son moment; elle avait ses précautions, ses accommodements, la crainte d'importuner. Il faut savoir gré à cette rude grondeuse d'avoir souvent mêlé la bonté à la brusquerie et surtout de n'avoir présenté la coupe au malade que dans l'instant favorable où celui-ci offrait les lèvres.

Les anciens, sans accorder à leurs ingénieux rai-

---

1. Ad alia mentem traducere. (*Tuscul.*, III, 31.)

sonnements plus de confiance qu'ils n'en méritaient, ont senti que ce qui importe le plus dans la consolation, c'est de parler à la douleur qui aime qu'on la plaigne. Ils savaient que les raisons sont moins touchantes que les condoléances de l'amitié. Quand les philosophes nourris dans les écoles ne l'auraient pas su, ils l'auraient appris des personnages de théâtre qui, dans les pièces d'Euripide et même dans celles de Ménandre, répètent si souvent, au milieu de leurs plaintes, que dans le malheur douces sont les paroles d'un ami comme est doux un visage bienveillant, et qu'il faut à l'affligé un ami, comme au malade un médecin. Si fréquentes étaient ces maximes au théâtre que Stobée a pu en faire tout un chapitre de son *Florilegium* sous ce titre : « que les infortunés ont besoin de condoléances. » Aussi, quand Cicéron répond à l'éloquente lettre de Sulpicius, il déclare à plus d'une reprise qu'il a été surtout sensible aux paroles qui prouvent que le consolateur partage sa douleur et à la manière dont il est entré dans sa peine, *societas ægritudinis*. C'est pourquoi il est bien inepte le langage de certains philosophes, stoïciens pour la plupart, qui pour rester fidèles à ce grand principe de l'école, à savoir que la pitié est une faiblesse, viennent dire au malheureux, avec une docte puérilité cachée sous un front d'airain, qu'ils viennent le guérir et non le plaindre [1] ; et je ne sais si jamais orateur a fait un plus sot exorde que le philosophe Aristippe commençant ainsi un discours consolateur : « Ne va pas croire au moins que je veuille ajouter ma douleur à la tienne [2]. » L'histoire ne dit pas comment ce discours a été reçu, mais chacun sent comment il aurait dû l'être, et, si l'affligé n'a point tourné le dos à cet impertinent pédantisme, ce fut de sa part une preuve méritoire de politesse attique. La compassion, voilà la plus sûre des consolatrices ; les paroles qui échappent à la pitié, si peu étudiées qu'elles soient, sont celles qui vont le plus avant dans le cœur. La douleur ne souffre pas qu'on la méprise, qu'on la gronde, encore moins qu'on la nie ; elle veut être comprise, flattée, caressée même ; surtout elle ne se laisse pas opprimer sous un appareil logique. Les démonstrations savantes, les arguments pointus ne font que l'irriter et l'irritent justement, car la plupart de ces arguments, à les bien considérer, reviennent à dire : « Êtes-vous fou d'être malheureux ? » Aussi de toute cette éloquence consolatoire rien ne devait plus toucher l'affligé et rien ne touche plus le lecteur aujourd'hui encore, que les paroles simples par lesquelles l'auteur quelquefois s'associe

---

1. Ou bien, comme dit Sénèque : « Tu attends des consolations ; je t'apporte des reproches. » (Lettre 99.)
2. Élien, *Var. hist.*, VII, 3.

au deuil d'un ami, paroles qu'on ne peut ni louer ni citer, précisément parce qu'elles sont trop simples. Tous ces grands écrivains si fiers de leur science et de leur style ne se doutaient pas que leurs plus efficaces pensées étaient celles qui ne demandent pas de talent et qu'une bonne âme peut trouver. C'est là sans doute une conclusion bien modeste, quand il s'agit d'un genre de littérature illustré par de beaux génies, mais cette conclusion a du moins le mérite de ne décourager personne, car, si l'éloquence est le privilège du petit nombre, la bonté est à la portée de tous.

La condoléance n'était pas le seul adoucissement qu'apportaient les lettres consolatrices. N'était-ce pas aussi un sujet de triste et légitime orgueil pour un affligé de recevoir d'un écrivain renommé une épître où son malheur était orné, où l'on jetait sur son deuil comme des fleurs funéraires avec tous les parfums de la poésie et de la rhétorique. Les anciens n'avaient pas comme nous le cœur fermé aux grâces apprêtées du langage. Pour eux, pour les Grecs surtout, la rhétorique avait encore des charmes et des surprises. Outre que l'affligé pouvait être fier des grandes et nouvelles pensées qu'il avait inspirées, il se laissait distraire, ne fût-ce que par la musique des périodes harmonieuses. Son esprit s'éveillait et sortait de sa torpeur, comme l'enfant qui souffre ouvre les yeux au bruit du hochet argentin. Peut-on penser, par exemple, que Marcia fut insensible à la lettre où Sénèque avait entassé pour elle les plus rares nouveautés de son éloquence, et, à supposer même que la réserve de cette matrone souffrît de voir sa discrète douleur étalée dans un écrit aux yeux de tout l'empire, ne devait-elle pas éprouver quelque lugubre plaisir à voir retracer, dans un si beau langage, l'héroïsme de son père et les jeunes vertus du fils qu'elle pleurait? De même, quand Helvia reçut de son fils, alors exilé, la belle lettre où il cherchait à la consoler de son propre exil, elle fut sans doute moins touchée de ses raisons que de son talent, et les meilleures consolations, on peut le croire, furent celles qu'elle trouva dans son orgueil maternel. Tel était, dans l'antiquité, le charme secret du style, que de grands écrivains ne trouvèrent rien de mieux, dans leur douleur, que de recourir à leur propre éloquence, et parvinrent à calmer leur désespoir en le dépeignant. Le poète Antimaque, après la mort de sa femme, dans une élégie composée pour lui-même, recueillit toutes les illustres adversités les plus semblables à la sienne, trouvant sans doute un triste plaisir à bercer ainsi sa douleur en vers mélodieux. C'est à sa propre éloquence plus qu'à sa philosophie que Cicéron demanda un secours efficace après la mort de sa chère Tullia. Ce malheur domestique, survenu après tous les malheurs de la patrie, avait accablé cette âme délicate dont le désespoir toucha à la folie. Il rêva de rendre à sa fille des honneurs divins, il lui prépara une apothéose, il choisissait déjà un emplacement où il pût lui élever mieux qu'un sépulcre, un temple; mais ni ses projets de pieuse magnificence, ni les lettres de ses amis, ni celles de ses ennemis, ni les exhortations empressées des philosophes ne l'avaient calmé, lorsque la pensée lui vint d'écrire sur sa propre douleur, d'embellir pour son usage les raisons données par les sages antiques, d'élever ainsi à sa fille un monument plus durable que le marbre de Sicyone qu'il avait déjà commandé, de jeter enfin sa douleur hors de lui, pour pouvoir la contempler dans son expression exquise, sous ces formes oratoires admirées de tous, mais qui ne paraissaient à personne plus admirables qu'à lui-même. Ainsi, dans ces lettres consolatoires, la rhétorique avait autant de bienfaisant pouvoir que la philosophie. Non seulement elle rendait le malheur plus supportable en le décorant, mais encore, par le soin qu'elle prenait de célébrer le défunt dans un langage qui paraissait devoir être immortel, elle offrait à la douleur la plus douce satisfaction et la plus flatteuse espérance, parce que la douleur est toujours ambitieuse pour l'objet de ses regrets.

Tout n'était pas inefficace dans ces discours consolateurs qui, entre autres effets, ont contraint l'affliction à se montrer décente. Les philosophes n'ont pas eu tort de blâmer l'expression désordonnée et furieuse de la douleur. Ici, il faut se figurer le caractère des populations antiques et méridionales, si sensibles, si déraisonnables, si tragédiennes. Dans l'*Iliade*, les héros affligés se roulent dans la poussière, poussent des cris sauvages et s'arrachent les cheveux. On regardait comme un strict devoir de se mettre en sang, d'offrir aux morts comme une partie de soi-même. Les plus modérés et les plus prudents, pour obéir à l'usage, se croyaient obligés de mettre en pièces au moins leurs vêtements. Dans les tragédies d'Euripide, on entend souvent des vers tels que ceux-ci : « Déchirez votre visage, faites ruisseler le sang de vos joues, tels sont les honneurs que les vivants doivent aux morts. » On peut aussi se faire une idée de ces violences en se rappelant certaines coutumes mensongères imitant les véritables. Dans les funérailles, on avait des pleureuses à gages dont le métier consistait à s'arracher les cheveux avec quelque vraisemblance et à pousser, selon le prix donné, des lamentations plus ou moins perçantes. En un mot, la douleur la plus méritoire était celle qui atteignait la démence ou celle qui imitait la démence. Quelquefois, un peuple tout entier allait jusqu'à la folie. Ainsi le jour où l'on apprit la mort de Germanicus, la foule lapida les temples, renversa les autels; plusieurs jetèrent dans les rues leurs dieux lares et exposèrent les nouveau-nés pour n'avoir plus rien à démêler avec le ciel [1]. Souvent il en était de même dans les catastrophes privées. Si grand fut le mal que partout les législateurs firent effort pour interdire les démonstrations d'un deuil exagéré. Les Lyciens avaient même fait une loi qui défendait de pleurer les morts autrement qu'en habits de femme. Mais ni les lois de Solon, ni celle des Douze-Tables à Rome [2] ne purent corriger les fausses idées que le peuple s'était faites sur les bienséances funéraires. C'est la philosophie qui par de mâles leçons, en répétant que la douleur est une faiblesse, en montrant, par exemple, que les femmes sont plus faibles que les hommes, les barbares que les Grecs, parvint à introduire des usages plus décents, et par le soin particulier qu'elle a pris d'insister sur ce point qu'une douleur modérée, contenue, bienséante fait plus honneur au défunt, elle discrédita les lamentations. Quand elle n'aurait apaisé que les gestes et les cris, elle n'aurait pas fait peu pour apaiser les âmes.

Cette littérature consolatrice eut une autre effica-

1. Suétone, *Caligula*, 5.
2. « Mulieres genas ne radunto. » (Voir *De legibus*, II, 23.)

cité en quelque sorte préventive. Si elle ne consolait pas le malheur présent, elle préparait les hommes à mieux recevoir le malheur futur. En répandant une foule de pensées graves sur la vie et sur la mort, en les présentant non pas dans leur froide généralité, mais à propos d'un fait particulier plus ou moins dramatique qui rendait ces pensées plus compréhensibles et plus touchantes, la philosophie accoutumait les hommes à réfléchir sur la condition humaine, à se familiariser avec ses fatales nécessités, à se rendre ainsi capables de faire bonne contenance, le moment venu. La légèreté des Grecs avait besoin de ces salutaires avertissements. Ce peuple jeune, vif, enivré de plaisir et de politique, tout aux joies de la vie, risquait toujours d'être accablé par le malheur, pour n'y avoir point pensé d'avance. La religion ne s'étant point chargée de son éducation morale, c'était aux sages à faire d'utiles et communes admonestations sur les tristesses de la vie. Les poètes mêmes, les poètes tragiques surtout, quelquefois les comiques, faisaient entendre sur la scène les enseignements qui, dans les temps modernes, descendent de la chaire. En Grèce, tout le monde prêchait, précisément parce que personne n'en avait la mission. Pour ces sortes de prédications sur l'humaine destinée, il n'était pas d'occasion meilleure que ces lettres adressées à un affligé, adressées aussi au public, où l'on entassait, sous forme de consolation, tout ce que la sagesse des écoles avait trouvé de bons conseils et de fortes résolutions, où le philosophe, renonçant aux discussions savantes, se faisait populaire et, par une méthode plus persuasive, ajoutait aux bons principes de beaux exemples, soit en racontant les catastrophes illustres, soit en proposant pour modèles ceux qui les avaient noblement supportées. Mais le principal but de la philosophie était d'accoutumer les hommes à de sérieuses méditations, à réfléchir sur leur condition, pour leur épargner non pas le malheur, mais la surprise du malheur. Elle voulait, pour employer un mot de Montaigne, « ôter à la mort son étrangeté et se la domestiquer à force d'y penser. » Les philosophes faisaient devant un peuple léger ce que Bossuet n'a cessé de faire au milieu d'une cour dissipée où, selon ses propres expressions, « l'amour désordonné des douceurs que goûtent les grands dans une vie pleine de délices, détournant leurs yeux de dessus la mort, fait qu'ils tombent entre ses mains sans l'avoir prévue. » De là dans les consolations antiques tant de lieux communs, alors nouveaux, sur la misère humaine, sur la nécessité d'y penser, tant d'images semblables à celle où l'on représente Prométhée formant l'homme d'un limon détrempé avec des larmes; de là ces conseils, pour nous un peu trop simples, où il est recommandé de regarder autour de soi les afflictions d'autrui, d'écouter le bruit de tous les coups du sort qui frappe à côté de nous et nous avertit de ce qui nous menace. Pour tout dire en peu de mots, la philosophie faisait à sa manière ce que fit un jour Solon, qui conduisit un de ses amis au haut de la citadelle d'Athènes, et lui montrant de la main les maisons de la ville lui dit : « Songe ce qu'il y a eu déjà de chagrins en ces demeures, combien il y en a encore en ce moment. » C'est par ces considérations et d'autres pareilles que les consolateurs essayaient d'émousser d'avance les traits de la fortune et la pointe de la douleur.

Enfin le mérite suprême de la philosophie consolatrice a été de proposer à la douleur physique ou morale, avec une éloquence souvent sublime, le remède par excellence, celui qu'aucun autre ne remplace, sans lequel tous les autres ne peuvent avoir de vertu, je veux dire la patience. Elle est, pour le malheur, sinon la seule ressource, du moins l'indispensable refuge. Que peut-on opposer à la nécessité, si ce n'est la résignation? Toutes les autres raisons données par la philosophie ne servent qu'à couvrir cet argument unique. Tout le reste n'est que brillant accessoire et que fleurs. Quand un sévère examen a effeuillé toute cette décevante floraison de l'éloquence et de la poésie, vous n'avez plus dans la main que cette tige qui peut être un soutien.

Le mérite de la philosophie n'a pas été sans doute de trouver cet argument qui n'était point difficile à rencontrer, puisqu'il n'en est pas beaucoup d'autres; le mérite est de l'avoir accrédité, de l'avoir fait bien comprendre et, par des explications tantôt savantes, tantôt simplement persuasives, de l'avoir fait aimer. Chacun, selon sa doctrine, prêcha la soumission soit à la loi du destin, soit aux ordres de Dieu. On en vint même à considérer le malheur comme une épreuve de la vertu, comme une faveur céleste, un privilège que la Providence accorde à l'homme de bien, pour l'exercer, l'épurer et l'élever à une perfection en quelque sorte divine [1]. Ce précepte tant célébré de la résignation fit si bien son chemin qu'on finit par l'adopter sans tristesse, avec enthousiasme. Ainsi Sénèque dira : « Je n'obéis pas à Dieu, je me livre à lui, *non pareo Deo, sed assentior;* » et ce qui est plus touchant encore que l'enthousiasme, c'est la simplicité affectueuse qui fait dire à la philosophie antique exhalant son dernier soupir par la bouche de Marc-Aurèle : « O monde, tout ce qui t'accommode

---

1. Cette idée, devenue chrétienne, ne fut pas toujours aussi bien accueillie par les chrétiens que par les anciens philosophes. Un bon religieux dit un jour au malheureux Scarron : « Je me réjouis avec vous, monsieur, de ce que le bon Dieu vous visite plus souvent qu'un autre. — Eh! mon Père, répondit Scarron, le bon Dieu me fait trop d'honneur. »

m'accommode... S'il faut partir, je partirai comme l'olive mûre tombe de l'arbre en rendant grâces à la terre qui l'a produite. » La philosophie avait su donner du charme à la patience, de la sérénité à cette morne vertu, et au malheur les séductions de la gloire.

La patience alla plus loin encore; elle eut ses ivresses d'obéissance et de soumission à l'ordre divin. Elle marcha au devant du malheur, elle l'appela ou se plaignit de n'être pas assez éprouvée. Le philosophe Démétrius, frappé d'un coup imprévu, disait : « Dieux immortels, je n'ai contre vous qu'un sujet de plainte : c'est de ne m'avoir pas fait connaître plus tôt votre volonté. J'aurais eu la joie de prévenir vos ordres, que maintenant je ne fais que suivre. Voulez-vous prendre mes enfants? c'est pour vous que je les ai élevés. Voulez-vous quelque partie de mon corps? choisissez. Voulez-vous ma vie? il ne me coûtera pas de vous rendre ce que je tiens de vous. J'aurais mieux aimé vous l'offrir. Qu'est-il besoin de ravir ce que vous pourriez accepter? mais quoi, on ne ravit qu'à celui qui résiste. Contre moi, il ne peut y avoir ni contrainte ni violence. Je ne suis pas l'esclave de Dieu, j'adhère d'avance à sa volonté [1]. » L'ardeur de l'obéissance s'exalte ici

---

1. Voir Sénèque, *De la Providence*, 5.

jusqu'aux reproches. Singulier état de l'âme qu'on ne peut dépeindre qu'avec des mots qui semblent se contredire : La patience s'impatientait de ne pouvoir déployer toute la bonne grâce de sa vertu.

Cependant, il est naturel qu'avec le temps on ait peu à peu démêlé la faiblesse de ces raisons consolatoires et que la plupart aient de siècle en siècle perdu de leur crédit. Autrefois, leur nouveauté plus ou moins surprenante pouvait donner à l'esprit une salutaire secousse; mais, quand l'accoutumance les eut émoussées, elles glissèrent sur les âmes sans les pénétrer. On les connaissait trop pour s'en laisser charmer encore. Outre que les philosophes errants les avaient colportées avec un zèle qui n'était pas toujours discret, les rhéteurs, dans leurs traités didactiques, avaient compromis l'art de consoler en révélant ses artifices. Nous avons encore quelques-uns de ces traités où sont rangés par ordre les lieux communs auxquels un orateur peut recourir selon que le défunt est un enfant, un jeune homme, un vieillard, où l'on fournit même des moyens évasifs : si vous avez peu de chose à dire de la personne, étendez-vous sur la noblesse de sa famille ou sur les beautés de sa ville natale. Le rhéteur va jusqu'à enseigner au consolateur quel style convient à telle ou telle partie de son discours : ici soyez simple, là brillant, plus loin sublime; ici ne manquez pas de donner à vos regrets une vivacité croissante. Tout cela est si minutieusement classé, si bien rangé par paragraphes qu'un lecteur lettré savait d'avance exactement ce que le consolateur lui dirait un jour; le malheur venu, l'affligé aurait pu réciter au philosophe ce que celui-ci venait lui dire [1]. L'art n'eut plus de pouvoir quand il fut devenu une routine prévue; la douleur fut défiante quand elle sut qu'il y avait des préceptes pour la tromper. En un mot, la vieille médecine morale ne guérissait plus, parce que ses remèdes étaient éventés. Aussi, sous l'empire, Pline le Jeune, plongé dans le deuil et demandant des secours à un ami, lui déclare qu'il ne veut pas de ces réflexions communes qui courent le monde, qu'il lui faut des raisons qu'il n'ait pas entendues ni lues dans un livre : « Donnez-moi de hautes pensées, des pensées nouvelles, *nova aliqua sed magna* [2]. » Au moment où Pline exprimait ses dégoûts en demandant des pensées nouvelles, son vœu, sans qu'il s'en doutât, était déjà rempli autour de lui par le christianisme naissant qui, sans répudier entièrement les idées antiques, sans renoncer aux usages de la rhétorique traditionnelle, ranimait la vertu mourante des anciens

---

1. Verba nota. (Ovide, *Epist. ex Ponto*, IV, 11, 12). Scio pertritum esse. (Sénèque, lettre 63). Je rougirais de te donner de ces leçons bonnes pour le vulgaire. (Julien, lettre 37).
2. Pline le Jeune, *Lettres*, I, 12.

préceptes par une ardeur inconnue et en apportait de nouveaux. Le christianisme primitif simplifia l'art de consoler. L'image de la croix le dispensait de tous les raisonnements sur la douleur. Par cela qu'il méprisait le néant de tous les biens terrestres et la vanité des attachements humains, il n'eut pas la peine de subtiliser, comme autrefois les philosophes, pour prouver que le malheur est tolérable; n'attendant rien de la vie, il n'avait point à en justifier les misères; enfin en faisant resplendir le dogme de l'immortalité jadis vaguement entrevu, il fit de la douleur présente le gage de la félicité future et trouva dès lors un plus facile accès auprès de toutes les âmes, pour avoir remplacé le raffinement logique par la simplicité de la foi, les raisons par des espérances et les arguments par des promesses.

L'EXAMEN DE CONSCIENCE CHEZ LES ANCIENS.

UN PRÉCEPTE DE PYTHAGORE

Si la critique contemporaine, par une discussion sévère des textes, et grâce à des méthodes et à des habitudes de précision nouvelles, a fait mieux connaître les doctrines philosophiques de l'antiquité, elle se montre de moins en moins curieuse du détail moral, qui pourtant donne à ces doctrines leur véritable caractère et leur prix. Dans les deux derniers siècles au contraire, c'étaient précisément les maximes, les préceptes qu'on cherchait dans les livres des vieux sages. On leur demandait, non une théorie abstraite et générale, mais, disait-on alors, une nourriture spirituelle. On lisait naïvement Sénèque comme on lisait Nicole. En cela, nos pères, sans être aussi exactement instruits que nous, entraient mieux peut-être dans l'esprit des anciens, dont la philosophie morale prétend surtout servir à la conduite de la vie et remplir le rôle que, dans les temps modernes, s'est réservé la religion. On était tout préparé au xviie siècle à lire ainsi les philosophes païens par les habitudes de la méditation pieuse ; même les lecteurs les plus profanes se plaisaient aux belles sentences, ne fût-ce que pour avoir l'occasion de rentrer en eux-mêmes et de se mieux connaître, ce qui était alors le suprême plaisir des délicats.

Aujourd'hui, nous sommes loin de ces coutumes, qui nous paraîtraient non seulement trop graves, mais trop simples. Une certaine ambition d'esprit, mêlée de beaucoup d'indifférence, ne nous laisse de goût que pour les vastes théories où sont résolus les plus grands problèmes de la nature et de l'homme. Les préceptes surtout nous importunent et nous trouvent rebelles. Je ne sais quel esprit de révolte, que nous portons en tout, se met en garde contre la plus insinuante persuasion. Nous sommes tentés de regarder le philosophe qui moralise comme un indiscret qui entreprend sur notre liberté ombrageuse, ou comme un pédagogue qui semble vouloir nous traiter en enfants. Avons-nous d'ailleurs le temps de goûter les jouissances si lentes de nos pères, et de nous replier sur nous-mêmes au milieu de la vie moderne si active et si dissipée ? Tout nous attire au dehors, non seulement les plaisirs et les affaires, mais aussi les curiosités érudites et les nouveaux devoirs de la science. Notre âme est sans cesse absente de chez elle et ne ressemble pas mal à la dame de la comédie qui est toujours sortie.

Aussi les historiens de la philosophie ne font-ils aujourd'hui que glisser sur la partie morale des doctrines antiques, peut-être parce que le sujet leur semble ou trop clair ou trop usé. Les préceptes méritent pourtant une attention d'autant plus délicate qu'ils ont été souvent mal compris par les anciens eux-mêmes. Nous voudrions donner ici un seul exemple de ces fausses interprétations antiques, et montrer par là que la critique, si elle voulait en prendre la peine, trouverait encore à s'exercer dans le champ un peu délaissé de la philosophie morale. Il s'agit d'une prescription pythagoricienne sur l'examen de conscience, que le christianisme a plus tard adoptée pour en faire une règle de pratique commune, prescription qui paraît aujourd'hui si simple que les femmes et les enfants la comprennent, et dont le sens, pourtant si manifeste, a échappé dans l'antiquité à de fort bons esprits, même à de grands esprits, et jusqu'à des biographes de Pythagore, qui se croyaient plus ou moins dépositaires de sa doctrine. Sur la foi des anciens qui se sont mépris et ont donné de ce précepte des interprétations erronées, des historiens modernes de la philosophie en France, en Allemagne et ailleurs se sont trompés à leur tour, si bien que l'erreur, de plus en plus accréditée, court encore de livre en livre. Quoiqu'il ne s'agisse que d'un point particulier de la morale, il n'est pas inutile de signaler cette erreur singulière, qui n'a jamais été redressée, et d'épargner ainsi aux futurs historiens de la philosophie une insipide et peu raisonnable redite.

I

Tout le monde connaît le petit poème gnomique intitulé les *Vers d'or*, qui devait être le manuel, le bréviaire du pythagoricien, et qui renferme la plus pure substance de la morale, la fleur choisie des préceptes de l'école, non sans parfum poétique. Ce poème, attribué par les uns à Pythagore lui-même, par d'autres à Lysis, son disciple, par d'autres encore ou à Philolaüs ou à Empédocle, ne remonte pas sans doute à une si haute antiquité, mais il est certainement antérieur au christianisme, puisque des écrivains qui ont vécu avant notre ère, entre autres le stoïcien Chrysippe [1], y ont fait quelquefois allusion. Que nous ignorions le nom de l'auteur, que

1. Chrysippe citait un vers du poème (voy. Aulu-Gelle, l. VI, 2.)

les anciens eux-mêmes l'aient ignoré, il ne faut pas s'en étonner. Souvent des doctrines, des doctrines religieuses surtout, ont produit des livres de pieuse morale écrits par une main inconnue, livres d'autant plus respectés qu'ils sont anonymes, dont le charme et le crédit tiennent au mystère qui les couvre, qui paraissent écrits pour tout le monde précisément parce qu'ils ne portent le nom de personne, et dont les adeptes enfin font leurs plus chères délices, la vérité morale n'étant jamais plus touchante que si elle se présente comme d'elle-même, sans intermédiaire, dans sa simplicité en quelque sorte divine [1].

Le poème des *Vers d'or*, après avoir tracé en une suite de maximes détachées nos principaux devoirs envers les dieux, envers les hommes, envers nous-mêmes, termine cette série de préceptes par une recommandation entre toutes précise et détaillée, par laquelle il est enjoint de ne pas terminer sa journée sans repasser sur toutes ses actions, sans les juger :

« Ne laisse jamais tes paupières céder au sommeil avant d'avoir soumis à ta raison toutes tes actions de la journée.

---

[1]. Hiéroclès dit formellement que les *Vers d'or* ne sont pas l'œuvre d'un homme, mais celle de tout le sacré collège pythagoricien, οὐχ ἑνός τινος... ὅλου δὲ τοῦ ἱεροῦ συλλόγου (ch. 27).

« En quoi ai-je manqué? Qu'ai-je fait? Qu'ai-je omis de faire de ce qui est ordonné?

« Ayant jugé la première de tes actions, prends-les toutes ainsi l'une après l'autre.

« Si tu as commis des fautes, sois-en mortifié; si tu as bien fait, réjouis-toi [1]. »

Voilà bien l'examen de conscience dans toute sa clarté. Rien n'y manque, ni la surveillance attentive de soi-même, ni le scrupule moral qui va jusqu'à s'imputer à faute le bien qu'on n'a pas fait, ni le repentir du mal, ni la joie permise du bien. Il n'est personne aujourd'hui qui, lisant ce passage, n'en comprenne aussitôt le sens. Peut-on même imaginer que ces vers renferment autre chose qu'un précepte sur ce que nous appelons l'examen de conscience? Eh bien! un certain nombre d'anciens sont tombés dans la plus étrange méprise. Ils ont cru qu'il s'agissait ici d'un exercice de mémoire. Ils ont pensé, avec une naïveté qui nous étonne, que Pythagore recommandait à ses disciples de se rappeler tout ce qu'ils avaient fait, vu, dit, entendu, même les choses les plus indifférentes, et qu'il avait eu pour but de leur fortifier l'esprit et d'affermir ainsi leur mémoire, précisément parce qu'il est difficile de ressaisir et de retenir la futile succession des petits

---

[1]. Vers 40-44.

événements journaliers. Ils n'ont pas soupçonné qu'il était parlé ici d'un exercice moral, et, s'ils ne l'ont point vu, c'est que la rare délicatesse du précepte ne pouvait être saisie dans sa nouveauté par des hommes actifs qui n'avaient guère le temps de se replier sur eux-mêmes, et qui comprenaient mieux les grands principes de la morale applicable au gouvernement des sociétés que cette morale privée et intérieure.

Aussi le plus grand des philosophes romains, l'auteur du plus beau traité de morale pratique que nous ait laissé l'antiquité, qui connaissait bien tous les systèmes de la Grèce, à qui ne manquait pas la finesse dans l'interprétation des textes, Cicéron, rencontrant la prescription de Pythagore, l'interprète comme pourrait le faire le moins subtil écolier. Dans son traité *de la Vieillesse*, où il vante l'infatigable activité de Caton l'Ancien, il fait dire au vieux censeur par une allusion visible au précepte des *Vers d'or* : « A la manière des pythagoriciens, je rappelle le soir tout ce que j'ai fait, dit ou entendu dans la journée, pour exercer ma mémoire ; *Pythagoreorum more memoriæ exercendæ gratia* [1]. » Or sur quoi pouvait porter ici l'examen de Caton ? Sur ses récoltes, sur son bétail, sur les esclaves, sur

---

1. *De Senectute*, ch. 11.

les gronderies qu'il avait faites, sur les profits et les pertes. C'est un exercice de propriétaire attentif qui tient à tout enregistrer dans son esprit, et dont la rigide économie est d'avis que tout est bon à garder, même les souvenirs. Voilà ce que le peu rêveur Caton appelle un examen à la pythagoricienne, et Cicéron ne l'entend pas autrement.

Cicéron du moins ne se pique pas d'en savoir bien long sur ce point de la doctrine pythagoricienne; il n'en parle qu'en passant, avec légèreté sans doute, mais sa phrase échappe au ridicule par sa brièveté Il n'en est pas ainsi de Diodore de Sicile, qui se croit plus instruit et qui va nous dire avec une savante puérilité comment il faut entendre le précepte. Pour bien comprendre le passage de Diodore, il faut savoir que dans l'antiquité certaines copies des *Vers d'or*, comme en témoigne la leçon de quelques manuscrits, portaient qu'il fallait faire l'examen de conscience chaque jour trois fois. On sait que dans l'école de Pythagore les nombres jouaient un grand rôle, et qu'on leur accordait certaines vertus. Du reste, le précepte semble avoir été modifié et compliqué avec le temps. Le texte des *Vers d'or* le plus accrédité ne prescrit qu'un examen, celui du soir; mais Porphyre cite deux vers appartenant à une autre rédaction où il est recommandé de faire aussi cet examen le matin. Diodore et Jamblique vont plus loin et veulent que cette récapitulation des actes remonte jusqu'au quatrième jour. Il y a là bien des incertitudes dans l'interprétation d'un précepte si simple. Peut-être ne faut-il voir dans toute cette confusion qu'une suite d'erreurs greffées les unes sur les autres; peut-être aussi l'école elle-même avait-elle peu à peu surchargé la prescription. C'est l'ordinaire tendance des doctrines morales et religieuses dans la pratique. On est naturellement amené à se dire que, s'il est bon de faire une chose, il sera mieux encore de la faire souvent. Ces détails nécessaires étant fournis, on pourra maintenant mieux comprendre et savourer l'inintelligente explication de l'examen de conscience que donne Diodore de Sicile avec une si plaisante assurance.

« Les pythagoriciens exerçaient leur mémoire avec le plus grand soin, et voici comment ils s'y prenaient. Ils ne sortaient jamais du lit sans avoir repassé dans leur esprit tout ce qu'ils avaient fait la veille, du matin au soir. S'il leur arrivait d'avoir plus de loisir que d'habitude, ils poussaient cet examen commémoratif jusqu'au troisième et quatrième jour précédent, et même au delà. Ils considéraient cet exercice comme très propre à fortifier la mémoire et à pourvoir l'esprit de beaucoup de connaissances [1]. »

---

1. Diodore, *Fragments*, l. X, traduction de M. Hœfer.

Oh ! les belles connaissances que devait procurer un pareil examen ! Se demander par quel lieu on a passé, qui l'on a rencontré, ce qu'on a dit à tel ou tel, ce qu'il a répondu, à quelle heure on a mangé, graver dans son esprit cette biographie journalière, la faire remonter jusqu'au quatrième jour, voilà une bien utile occupation, et c'eût été bien la peine de recommander cela en vers et en *Vers d'or !* Le plus plaisant, c'est que ce précepte s'adresse non pas au premier venu, mais aux adeptes; c'est de l'enseignement ésotérique qui n'est fait que pour les initiés. Les pythagoriciens, s'ils avaient voulu exercer leur mémoire, n'avaient pas besoin de recourir à ces laborieuses vétilles. Cette école savante, livrée à l'étude de la nature, de Dieu, de l'homme, particulièrement occupée de mathématiques, cherchant des mystères de toute sorte dans les nombres, avait sous la main bien assez de sujets d'études et d'exercices, et il eût été superflu assurément d'ajouter à de sérieuses et difficiles méditations ces fugitives inanités.

Il se peut que Cicéron et Diodore aient été trompés par les pythagoriciens eux-mêmes, qui à la longue ne comprirent plus la doctrine du maître. Il faut se rappeler que dans leur école on n'écrivait pas, qu'il était même interdit d'écrire, comme il était défendu de révéler la doctrine. Il fallait être initié, et ceux du dehors ne pouvaient guère être instruits des préceptes que par des indiscrétions qui n'étaient pas toujours intelligentes et complètes.

De plus, si l'enseignement oral a ses avantages, il a aussi ses inévitables défaillances. Sans doute il est plus touchant, il peut être plus vivant et plus enthousiaste, si le maître a gardé le feu sacré de l'école ; mais, si celui-ci est tiède ou faible, la doctrine languit, l'esprit se perd et risque de s'évaporer dans une perpétuelle transmission. La paresse ou l'ignorance d'un seul peut gâter à jamais l'enseignement ; une interprétation fausse a les conséquences les plus lointaines. Il est surtout à craindre que les vérités les plus précieuses ne deviennent d'inertes maximes d'où s'est retirée la vie, et que la grâce morale enfermée et pressée dans une formule ne soit comme la fleur de l'herbier, qui garde encore sa fibre extérieure sans suc et sans vertu. Que de fois cela n'est-il pas arrivé dans les doctrines ou religieuses ou profanes ! Cet accident devait être assez fréquent dans l'école pythagoricienne, à la fois savante et mystique, dont les prescriptions risquaient dans la suite des temps d'être religieusement répétées sans être comprises. Épictète, citant les vers dont nous nous occupons et recommandant de les mettre en pratique, fait la remarque que des ignorants, des pythagoriciens sans doute, récitaient ce précepte à haute voix, comme on débite le Pæan Apollon [1]. Bien des philosophes de cette école devaient ressembler à ce pythagoricien, le maître d'Apollonius de Tyane, à un certain Euxène, qui, selon Philostrate, « savait quelques sentences de Pythagore, comme les oiseaux savent quelques mots qu'ils ont appris, car il y a des oiseaux qui disent : Bonjour! sois heureux! Dieu te garde! mais ils ne savent pas ce qu'ils disent et ils ne souhaitent aucun bien aux hommes, ne pouvant que remuer la langue d'une certaine manière [2]. » Ce témoignage finement satirique de Philostrate nous permet de penser que cet Euxène n'était pas seul de son espèce, et qu'il y avait par le monde bon nombre de ces légers rediseurs, plus ou moins bien appris, qui n'avaient plus de la doctrine que le caquet.

Il est difficile et il importe peu d'ailleurs de décider si ce sont les pythagoriciens qui, pour n'avoir plus compris la prescription du maître, ont répandu une erreur sur l'examen de conscience, ou si ce sont des philosophes étrangers à la doctrine qui n'ont pas démêlé la pratique pythagoricienne. Notre dessein est de montrer seulement que, pour une

1. *Entretiens,* III, 10.
2. *Vie d'Apollonius,* I, 7.

cause ou une autre, l'erreur a été assez générale et fort durable dans l'antiquité. Nous en trouvons encore la preuve dans les compilations étendues sur la vie et la philosophie de Pythagore que nous ont laissées Porphyre et Jamblique. Comme ces deux platoniciens ne font que résumer des ouvrages antérieurs, on peut en inférer avec vraisemblance qu'ils se sont mépris après plusieurs autres historiens de la philosophie. Nous savons en effet par eux-mêmes qu'ils s'appuient sur des autorités éminentes, entre autres sur les livres de deux péripatéticiens illustres, dont les ouvrages sont perdus, dont l'un, Aristoxène, avait mérité cet honneur qu'Aristote en mourant hésitât s'il lui laisserait la conduite du Lycée ou s'il la donnerait à Théophraste, et dont l'autre, Dicéarque, a été fort vanté par Cicéron. Si donc Porphyre et Jamblique se sont trompés au IIIe et au IVe siècle, eux qui n'ont fait que résumer des écrits anciens, il faut supposer qu'un ou plusieurs de leurs devanciers s'étaient trompés avant eux, et l'erreur dès lors prend plus d'importance non seulement parce qu'elle est partagée par un plus grand nombre, mais encore parce qu'elle est probablement imputable à de grands philosophes élevés à la sévère école d'Aristote.

Porphyre, ayant à parler de la prescription pythagoricienne, paraît ne pas savoir au juste de quoi il s'agit; il la reproduit en l'expliquant avec une vague sécheresse. Voici sa phrase : « il recommandait surtout deux moments de la journée, l'heure où l'on se couche, l'heure où l'on se lève. D'une part, il faut examiner ce qu'on a fait, de l'autre ce qu'on fera; chacun doit se rendre compte des actions faites et bien réfléchir à celles qu'il va faire, et pour cela se réciter à soi-même ces vers [1]. » Là-dessus, Porphyre cite le texte des *Vers d'or*, mais il passe précisément le vers sur la joie de la conscience et sur le repentir. Cette omission assez étrange, puisqu'il oublie le vers le plus important, semble prouver qu'il n'a point saisi le vrai sens de la prescription, et qu'il n'y voyait qu'un acte de prudence et non un exercice moral. Il est permis de penser que Porphyre, malgré son apparente précision, n'a point pénétré plus avant que Cicéron et Diodore.

Si l'on peut à la rigueur discuter sur le passage de Porphyre, dont la concision peu nette se prête à des jugements divers, il n'en est pas ainsi du texte de Jamblique, qui est explicite et qui, pour être plus clair, va jusqu'à être prolixe. Il semble même que Jamblique, résumant les mêmes auteurs que Porphyre, a été sur ce point d'autant plus long que

---

1. Porphyre, *Vie de Pythagore*, 40, édit. Didot.

Porphyre avait été plus court, et qu'il se soit piqué de bien faire connaître la prescription pythagoricienne. « Un pythagoricien, dit-il, ne sortait jamais de son lit avant d'avoir repassé dans son esprit tout ce qu'il avait fait la veille. Voici comment il faisait cette récapitulation. Il tâchait de ressaisir d'abord ce que dans sa maison il avait dit, ce qu'il avait entendu, ce qu'il avait ordonné à ses gens en premier, en second, en troisième lieu. Même méthode pour ce qu'il se proposait de faire. Puis, pensant à ce qu'il avait fait hors de sa maison, il se rapppelait quelles personnes il avait rencontrées, quelle avait été la première, la seconde, la troisième, quels discours il avait échangés avec celui-ci, celui-là, ce troisième, et ainsi de suite. Il s'efforçait ainsi de se remettre en mémoire tout ce qui s'était passé dans toute la journée, en observant bien l'ordre et la succession des faits et des discours. Si le matin il avait un peu plus de loisir, il poussait cet examen jusqu'au troisième jour. Les pythagoriciens tâchaient d'exercer ainsi leur mémoire, pensant que, pour acquérir la science, la prudence et une complète expérience, il n'est rien de tel que la fermeté des souvenirs [1]. » Le texte cette fois ne laisse rien à désirer pour la clarté. Si grande est la prétention à

---

1. Jamblique, *Vie de Pythagore*, ch. XXIX, 165.

l'exactitude dans le détail qu'elle devient comique. Jamblique semble avoir recueilli ici tout un héritage d'erreurs accumulées. Cette longue et déraisonnable explication donnée par un savant philosophe montre suffisamment quel sens inepte les anciens attribuaient souvent au simple et beau précepte de Pythagore.

Il est probable que l'erreur qui faisait de l'examen de conscience un exercice de mémoire doit être imputée au célèbre péripatéticien Aristoxène, qui avait beaucoup écrit sur Pythagore; nous ne prétendons pas que Jamblique a ici directement puisé dans les livres d'Aristoxène, mais il résumait des auteurs qui eux-mêmes avaient beaucoup emprunté au péripatéticien. La méprise de celui-ci a fait fortune sous la recommandation d'un grand nom. Tous ceux qui eurent à écrire sur l'école pythagoricienne, si difficile à bien connaître dans la suite des temps, parce qu'elle était à la fois mystérieuse et dégénérée, durent naturellement s'en référer à un ancien historien de la philosophie qui par le temps où il vécut avait été plus près des sources de la doctrine. Son livre fut sans cesse consulté et résumé. Pendant six siècles, d'Aristoxène à Jamblique, l'erreur courut de livre en livre sans être arrêtée au passage. D'ailleurs la formule était assez exacte, l'interprétation seule était fausse. C'était bien la lettre du précepte, mais sans lumière. S'il est vrai, selon la célèbre comparaison de Lucrèce, que la vérité voltige de main en main comme le flambeau des jeux antiques, il peut arriver qu'elle s'éteigne en chemin tout en poursuivant sa course. C'est ainsi que les anciens se sont transmis le lumineux précepte sans s'apercevoir que dès la seconde main le flambeau n'était plus allumé.

Quel que soit le premier auteur de cette erreur si légèrement transmise, encore faut-il se demander comment elle a pu être commise, ne fût-ce qu'une fois, et comment elle a pu être répétée si souvent par des écrivains qui connaissaient le texte si clair des *Vers d'or*, qui y font allusion et vont jusqu'à le citer. Ici, il faut se rappeler que les anciens, au temps où il y avait encore une certaine activité politique, où la morale réglait surtout les devoirs du citoyen, n'étaient point faits pour comprendre une prescription qui recommandait une si exacte surveillance de soi-même. Sans doute ils faisaient honneur sans cesse à la fameuse inscription de Delphes : « Connais-toi toi-même; » ils l'attribuaient à un dieu, tant le précepte leur paraissait sublime, mais ils l'entendaient dans un sens général, scientifique; ils y voyaient un encouragement à l'étude de l'homme opposée à l'étude de la nature. Il ne pouvait venir à la pensée de ces citoyens actifs qu'une école de philosophie eût imaginé une pratique où l'on devait descendre tous les soirs en soi-même, considérer une à une toutes ses actions, les juger avec scrupule, en jouir, en souffrir, selon qu'elles étaient bonnes ou mauvaises, plus ou moins conformes à la loi morale de la doctrine. Ces sortes de délicatesses intérieures, qui nous paraissent très simples à nous qui les connaissons, pouvaient n'être pas devinées même par des esprits pénétrants qui n'en avaient jamais entendu parler. Ils étaient ainsi naturellement amenés, en présence d'un texte pour eux un peu bizarre, à rapprocher la coutume pythagoricienne d'une coutume qui leur était déjà familière, à prendre le recueillement d'une âme qui se juge pour l'attention d'un disciple qui s'exerce l'esprit. Ne voyons-nous pas autour de nous de pareilles illusions? Chacun rapporte une chose qu'il ne connaît pas à une chose qu'il connaît. Le paysan qui ne voit guère écrire que chez les officiers publics, s'il entre par hasard chez un homme de lettres en train de composer un livre, s'imagine que celui-ci fait un acte notarié ou apure des comptes. Qu'on me permette un souvenir personnel. Un jour que dans les montagnes je lisais un roman sur le bord d'un sentier, les naïves femmes qui passaient ne manquaient pas de me dire : « Vous priez donc toujours? » Pour elles, un livre ne pouvait être qu'un livre de prières. Si, par une pieuse prévention, on voit dans une occupation profane un acte de piété, il peut arriver aussi qu'on voie dans une coutume pieuse un acte profane et ordinaire, et on comprend dès lors que des historiens de la philosophie, en rencontrant pour la première fois un précepte aussi nouveau que celui de Pythagore, n'en aient pas même soupçonné le sens et la portée, et que, sans y plus penser, ils l'aient assimilé à ce qu'ils voyaient faire autour d'eux, à un exercice de mémoire en usage dans les écoles ou à un acte de prudence familier dans l'économie domestique.

Si l'on veut être tout à fait équitable pour les anciens, il faut convenir que le texte des *Vers d'or* pouvait prêter à l'illusion. Qu'on se figure en présence de ce texte un homme étranger à la coutume pythagoricienne et le lisant pour la première fois, on comprendra comment il a pu commettre sa méprise, car les mots qui composent le précepte, bien qu'ils soient pour nous d'une parfaite clarté, se plient à une interprétation légère [1]. Ainsi les mots : *En quoi ai-je transgressé (la loi)?* peuvent se traduire littéralement : *Par où ai-je passé en me promenant? — Qu'ai-je fait?* peut s'appliquer non seulement à des fautes, mais aux choses les plus indifférentes. — *Qu'ai-je omis de ce que je devais faire?* peut être pris dans le sens d'une occasion manquée

---

[1]. Πῆ παρέβην ; τί δ' ἔρεξα ; τί μοι δέον οὐκ ἐτελέσθη ;

aussi bien que dans le sens d'un devoir non rempli. Le vers sur le repentir et la joie morale pouvait exprimer un vulgaire regret ou un banal contentement pour une démarche plus ou moins utile; mais comme dès lors le précepte ne valait guère la peine d'être donné, comme il semblait un peu bizarre que Pythagore y eût insisté au point de recommander un pareil examen deux ou trois fois par jour, il a bien fallu prêter à un si grand philosophe une intention raisonnable et précise, et l'on a conclu que ces futiles questions intérieures cachaient un précepte ingénieux sur l'art de fortifier la mémoire.

Cette puérile erreur, commise d'abord, à ce qu'il semble, par d'illustres disciples d'Aristote, répétée par de célèbres platoniciens, devenue à la longue assez commune dans l'antiquité, a dû faire fortune dans les temps modernes parmi les traducteurs, les commentateurs, les historiens de la philosophie, qui, sans y regarder de près, se sont naturellement laissé égarer à la suite de ces antiques et respectables autorités. Dans la science, il en est de la succession des témoignages comme d'un convoi sur une grande route; quand l'attelage qui est en tête se détourne du bon chemin, tout le reste se détourne à la file. Déjà au IVe siècle le poète latin Ausone, trompé par la fausse interprétation des Grecs et substituant à l'examen de conscience je ne sais quel exercice qui n'a plus un caractère moral, traduit ainsi le précepte :

Qua prætergressus ? quid gestum in tempore ? quid non ?

Depuis, les traductions latines des *Vers d'or*, à peu d'exceptions près, sont à côté du sens. Nous croyons pouvoir affirmer, pour avoir fait sur ce point de fastidieuses recherches, qu'à part les traducteurs de Hiéroclès, lesquels ne pouvaient pas se tromper, éclairés qu'ils étaient dans le moment par le commentaire si détaillé et si lumineux de Hiéroclès lui-même, tous les autres, rencontrant le précepte et le vers cité dans divers ouvrages antiques, se sont mépris, — et ces traducteurs ne sont pas les premiers venus : c'est Grotius, c'est Juste Lipse, c'est Ménage et toute une suite de véritables savants. On peut s'étonner que M. Westermann en 1862, dans son édition de Porphyre, qui fait partie de la bibliothèque grecque-latine de M. Firmin Didot, ait encore laissé échapper l'erreur consacrée par le temps. Le grand helléniste M. Cobet, dans son *Diogène de Laerte* publié dans la même collection, est le seul qui, sans toutefois relever l'erreur, n'ait pas versé dans l'ornière, et c'est pour nous un plaisir de le constater. Vit-on jamais un contre-sens à la fois si tenace, si fâcheux, si facile à reconnaître et à éviter ? D'autre part, depuis le xvie siècle, des historiens qui ont touché à l'école de Pythagore, entre autres Brucker, l'auteur si connu d'une *Histoire critique de la philosophie* [1], ne voient pas qu'il s'agit dans les *Vers d'or* d'un examen de conscience; d'autres, se trompant à demi, tout en attribuant un exercice moral à l'école, reconnaissent encore à côté un exercice de mémoire. Ainsi un célèbre critique allemand, mort au commencement de ce siècle, Meiners, en son *Histoire des sciences dans la Grèce,* où il consacre une longue étude à Pythagore, ne craint pas de dire : « Pythagore, en prescrivant à ses disciples de se rappeler ce qu'ils avaient fait,... n'avait pas seulement en vue de leur apprendre à se connaître eux-mêmes et de former les cœurs à la vertu; il voulait encore par là, comme nous l'assurent plusieurs historiens, leur prescrire un excellent exercice pour la mémoire, et voilà pourquoi ces exercices sont regardés aussi comme l'art de la mémoire, selon les pythagoriciens [2]. » Meiners vante fort longuement et avec beaucoup de chaleur ce prétendu exercice de mémoire, et parlant de cette insipide biographie journalière, telle que l'entendent Diodore et Jamblique, il s'écrie avec admiration : « La mémoire des pythagoriciens devait ressembler

---

1. T. I*er*, p. 1033.
2. *Histoire de l'origine, des progrès et de la décadence des sciences dans la Grèce,* traduite par Laveaux, t. II, p. 135.

à une galerie de tableaux. » Chose plus surprenante, Fénelon lui-même, qui aurait dû mieux qu'un autre, comme esprit délicat et comme prêtre, démêler le vrai sens du précepte, Fénelon, dans son *Abrégé des vies des anciens philosophes*, traduit ainsi le passage des *Vers d'or :* « Où as-tu été ? Qu'as-tu fait à propos ? Qu'as-tu fait à contre-temps ? » Fénelon suivait la voie battue par ses devanciers. Peut-être même le pieux archevêque n'a-t-il pas ouvert les yeux, parce qu'il lui répugnait d'admettre que dans une école de philosophie antique et profane on eût déjà trouvé une prescription qui lui paraissait exclusivement chrétienne. Quoi qu'il en soit, personne n'a encore, que nous sachions, mis le doigt sur cette extraordinaire bévue plus de vingt fois séculaire, et c'est pour en faire une bonne fois justice que nous croyons devoir la signaler, avec l'espoir qu'elle n'osera plus reparaître et qu'ainsi ne sera plus défiguré un des plus admirables préceptes de la morale pythagoricienne.

II

Cependant le précepte pythagoricien, si longtemps méconnu et si mesquinement interprété, n'avait point perdu pour tout le monde son sens véritable, et semble avoir fait obscurément son chemin dans de mystérieuses écoles, puisque nous le voyons reparaître à la lumière, au commencement de l'empire romain, sous Auguste et Tibère. C'était le moment où le despotisme, en arrêtant tout à coup les occupations civiques, éveillait dans les cœurs des ambitions morales d'un genre nouveau. L'âme antique, arrêtée dans son cours naturel, reflua sur elle-même. Ne pouvant plus être citoyen, on voulut être plus homme, et ce fut avec une sorte d'enthousiasme et de sombre ferveur qu'on se resserra dans le domaine de la conscience, sur lequel le pouvoir n'avait pas de prise. La philosophie attacha plus de prix à la culture morale et devint presque exclusivement pratique. Par découragement ou pour courir au plus pressé, elle renonça aux hautes spéculations et aux problèmes savants pour ne s'occuper que de l'âme et de la perfection intérieure. Alors tous les philosophes mirent en honneur des exercices moraux inconnus ou oubliés. Pythagoriciens, platoniciens, cyniques, stoïciens, s'empruntèrent mutuellement tout ce qui pouvait servir au règlement de l'âme, et, malgré la diversité de leurs principes, se rencontrèrent facilement dans la morale pratique, où d'ordinaire les dissentiments s'effacent. Le stoïcisme, qui était la doctrine dominante, adopta et recueillit toutes ces prescriptions d'origine diverse;

il les célébra par la bouche de ses grands écrivains et les fit siennes, car, dans le monde moral comme dans le monde physique, il y a pour ainsi dire une loi de gravitation qui fait que les doctrines les plus puissantes attirent à elles et retiennent les éléments épars et flottants des doctrines moins consistantes. C'est ainsi que le vieux précepte de Pythagore, sans perdre la marque de son origine, devint avec le temps un précepte stoïcien.

C'est dans un traité de Sénèque qu'on le voit tout à coup paraître, et nous savons par l'auteur lui-même à qui il en est redevable. Il le doit à son maître Sextius, un de ces pythagoriciens nouveaux qui, pour donner à leur doctrine une force romaine, étaient devenus à leur insu, sans le vouloir, et bien qu'ils s'en défendissent, des sages stoïques. On surprend ainsi sur le fait le passage de la prescription pythagoricienne dans la doctrine de Zénon. Pour Sénèque, le précepte est nouveau, et, tout en le célébrant avec une grâce précise, il laisse voir cependant que cette nouveauté salutaire n'est pas encore très répandue, du moins dans son école. Bien que le tableau que Sénèque a tracé de l'examen de conscience soit fort connu, il faut ici le remettre sous les yeux pour montrer comment sous le despotisme accablant de l'empire on se plaisait à se réfugier en soi-même, à se surveiller, à s'assurer en silence des vertus intérieures, puisque la carrière était fermée aux vertus civiques.

« Nous devons tous les jours appeler notre âme à rendre ses comptes. Ainsi faisait Sextius. La journée terminée, avant de se livrer au repos de la nuit, il interrogeait son âme : « De quel défaut t'es-tu aujour- « d'hui guérie ? quelle passion as-tu combattue ? En « quoi es-tu devenu meilleur ? » Quoi de plus beau que cette habitude de repasser ainsi toute sa journée ! Quel sommeil que celui qui succède à cette revue de soi-même ! Qu'il est calme, profond et libre, lorsque l'âme a reçu ce qui lui revient d'éloge ou de blâme, et que, soumise à sa propre surveillance, à sa propre censure, elle informe secrètement contre elle-même ! Ainsi fais-je, et, remplissant envers moi les fonctions de juge, je me cite à mon tribunal. Quand on a emporté la lumière de ma chambre, que ma femme, par égard pour ma coutume, a fait silence, je commence une enquête sur toute ma journée, je reviens sur toutes mes actions et mes paroles. Je ne me dissimule rien, je ne me passe rien. Eh ! pourquoi craindrais-je d'envisager une seule de mes fautes, quand je puis me dire : Prends garde de recommencer; pour aujourd'hui, je te pardonne[1]. » Dans cette charmante confidence, on voit que Sénèque avait reçu directement

---

1. *De ira*, l. III, ch. 36.

cette coutume d'un maître pythagoricien, et la complaisance qu'il met à décrire dans le détail l'examen de conscience semble prouver que cet exercice n'était pas encore bien connu, que c'était une occupation d'élite à la portée seulement des philosophes et des sages les plus scrupuleux ; mais cet usage, rare d'abord, va se répandre et devenir assez commun parmi les simples amateurs de la philosophie.

En effet, un demi-siècle après Sénèque, un autre stoïcien, le sage pratique par excellence, Épictète, dans ses *Entretiens*, recommande souvent l'examen de conscience, et en insistant sur la nécessité de le bien faire, en se moquant de ceux qui le font mal, il laisse voir que le précepte était fort connu, s'il n'était pas toujours bien pratiqué. Plus d'une fois il cite le passage des *Vers d'or*, ou bien il se contente d'y faire allusion comme à une prescription dont il suffit de donner les premiers mots pour la faire aussitôt reconnaître. Ces vers, dit-il, il faut les retenir pour les mettre en pratique et non pour les débiter comme une formule consacrée dont on ignore le sens[1]. Bien plus, dans une spirituelle parodie, il nous fait assister à l'examen de conscience du courtisan qui s'est proposé un idéal de bassesse comme un honnête homme se propose un idéal de vertu, qui s'interroge

---

1. *Entretiens*, III, 10.

et se gourmande lui-même en voyant que son âme n'est point parfaite encore, c'est-à-dire entièrement conforme aux lois de la servilité. « C'est à cela, dit Épictète, à cela que notre homme applique le précepte de Pythagore. Qu'ai-je omis, se dit-il, en fait de flatterie? Aurais-je par hasard agi en homme indépendant, en homme de cœur? Et, s'il se trouve qu'il s'est conduit de la sorte, il se le reproche, il s'en accuse. Qu'avais-tu besoin de parler ainsi? se dit-il, ne pouvais-tu pas mentir? » Cet examen est d'autant plus risible que notre homme emploie dévotement les expressions mêmes des *Vers d'or* : parodie bien piquante, mais qui n'eût pas été comprise si cette peinture d'un examen de conscience fait à rebours n'avait été une allusion à un usage très connu. A ce burlesque examen de conscience du courtisan, Épictète oppose celui du sage, et avec son éloquence impérieuse et précipitée il dit à l'honnête homme : « Toi, au contraire, dis-toi dès le matin, sitôt que tu es levé : Que me manque-t-il pour m'élever au-dessus de toutes les passions, au-dessus de tous les troubles? Qui suis-je? mon misérable corps est-il moi? ma fortune est-elle moi? ma réputation est-elle moi? Point du tout. Que suis-je donc? Un être doué de raison; or que demande-t-on à un tel être? » Repasse alors dans ton esprit ce que tu as fait : « Qu'ai-je omis de ce qui conduit à la tranquille félicité? Quel acte ai-je commis qui ne soit ni d'un ami ni d'un citoyen? » Ainsi donc, sous l'empire, à la fin du 1ᵉʳ siècle, le précepte de Pythagore était devenu familier à l'école stoïcienne. Il était entré dans la doctrine et dans le cœur des philosophes et paraît même avoir flotté, en maximes incomprises ou perverses, sur les lèvres des ignorants [1].

Enfin il nous reste de l'antiquité un admirable examen de conscience : c'est le livre des *Pensées* de Marc-Aurèle. En le lisant, on assiste aux gronderies que se fait l'empereur philosophe, aux encouragements qu'il se donne à toute heure, le matin dans son lit, au spectacle, au milieu de sa cour, dans les camps en présence de l'ennemi. Il se redit sans cesse sous une forme ou sous une autre : « Regarde au dedans de toi; c'est en toi qu'est la source du bien, une source intarissable, pourvu que tu fouilles toujours. — L'âme se voit elle-même, elle se façonne, elle se fait comme elle veut être. — Quel est l'usage que je fais aujourd'hui de mon âme? Voilà la question que je dois m'adresser à moi-même en toute occasion. » C'est en pratiquant ces maximes sans relâche que Marc-Aurèle nous a laissé non seule-

---

[1]. *Entretiens*, IV, 6. Il faut lire tout ce chapitre dans l'excellente traduction de M. Courdaveaux.

ment la peinture de ses nobles scrupules d'homme et de souverain, mais encore la preuve la plus éclatante de l'importance que le précepte pythagoricien avait prise dans l'école stoïcienne.

Le précepte célébré et pratiqué, nous venons de le voir, par les philosophes du Portique, finit par passer dans l'école platonicienne, où il fut dogmatiquement expliqué avec un subtil enthousiasme. Au ve siècle de notre ère, Hiéroclès, dans Alexandrie, prit pour sujet de son enseignement public les *Vers d'or* et les commenta avec une minutieuse exactitude et une ferveur nouvelle. En lisant ce commentaire, nous croyons découvrir la cause de l'erreur qui avait si longtemps fait attribuer à Pythagore un exercice de mémoire. En effet, Hiéroclès veut que les disciples, avant de faire l'examen de leurs actions, commencent par se remémorer et par se réciter un à un tous les *vers d'or* qui renferment la liste de nos devoirs, pour s'assurer de point en point que les prescriptions imposées n'ont pas été violées et pour mettre la conscience en état de juger à cette lumière doctrinale la conduite de la journée. C'est un conseil analogue à celui que pourrait donner un directeur chrétien recommandant de repasser d'abord les commandements de Dieu et ceux de l'Eglise, afin que l'examen soit précis et complet. « Rassemble, dit Hiéroclès, dans ta mémoire tous les préceptes déjà donnés, afin que dans le tribunal de ta conscience, les yeux fixés sur ces lois comme sur des lois divines, tu puisses juger ce que tu as bien ou mal fait, car comment notre raison pourra-t-elle nous gronder sur nos manquements, nous louer de nos bonnes actions, si elle ne se représente d'abord les lois sur lesquelles nous devons régler notre vie[1]? Ce conseil traditionnel sur la récitation préalable des *Vers d'or* a vraisemblablement donné lieu à l'erreur que nous combattons. Quand les non-initiés entendaient dire vaguement que le pythagoricien était astreint à repasser chaque jour dans son esprit toutes les prescriptions morales de la doctrine, et cela, comme dit Hiéroclès, « afin que l'assiduité du souvenir rende infaillible le jugement qu'on doit porter sur soi-même. » ils se figuraient aisément, d'après des renseignements mal compris, que Pythagore n'avait eu en vue que de cultiver la mémoire de ses disciples. De plus, comme il s'agissait de se rappeler non seulement les lois, mais aussi les actions qu'on avait faites, sans en oublier une et dans l'ordre même où elles s'étaient accomplies, les mots *mémoire*, *souvenir* et d'autres pareils revenaient souvent, comme on peut le voir dans le commentaire de Hiéroclès, et ces mots répétés pouvaient encore

---

1. *Commentaire sur les Vers d'or*, ch. XIX.

entretenir l'illusion de ceux qui n'étaient pas bien entrés dans la doctrine.

Le chapitre de Hiéroclès n'est pas le froid commentaire d'un érudit qui interprète un texte ancien, c'est l'édifiante explication d'une pratique encore usitée et vivante. On le voit au soin qu'il met à donner le sens moral de chaque mot, à exprimer toute la substance d'un précepte qui lui paraît entre tous salutaire et sacré ; on le voit aussi à son enthousiasme, qui se pare d'expressions poétiques. Il veut que l'examen de conscience « soit comme un cantique à Dieu avant notre coucher ». Il trouve des mots qui ne sont pas sans éloquence sur le repentir redonnant la santé, sur le bonheur d'une âme qui, se voyant conforme à la loi prescrite, « se couronne elle-même des fruits d'une joie divine. » On s'étonne de rencontrer dans le monde païen, à une si grande distance des sources de la doctrine, une si nette intelligence de la prescription pythagoricienne, une pareille ardeur à la propager, enfin cette délectation dans l'étude et la surveillance de soi-même. Ainsi au v⁰ siècle, dans l'école platonicienne, on avait retrouvé le sens des vers si platement interprétés par Porphyre et Jamblique, et l'antique précepte, après bien des éclipses, reparut encore une fois dans tout l'éclat de sa raisonnable simplicité et de sa grâce morale.

Le précepte de Pythagore, devenu à la longue stoïcien, puis platonicien, ne manqua pas d'être adopté par le christianisme primitif, qui recueillait volontiers et sans vain scrupule dans la sagesse antique les prescriptions salutaires capables d'assurer la pureté de l'âme. On peut ici se demander si le christianisme n'a fait qu'emprunter le précepte ou s'il l'a transformé en l'adoptant. Au premier abord, il semble qu'il n'y ait aucune différence sur ce point entre la pratique des philosophes et celle des chrétiens, et pourtant les différences sont notables. Selon le christianisme, l'examen de conscience et l'aveu des fautes impliquent une prière pour demander à Dieu la vertu qu'on n'a pas ou qu'on n'a plus. Une pareille demande eût paru à la plupart des anciens tout à fait superflue, et la prescription eût été pour eux incompréhensible. Ils pouvaient bien dire çà et là vaguement que la vertu est divine, qu'elle est une inspiration; ils pouvaient comme Sénèque ou Juvénal, par mépris pour les basses prières courantes, engager les hommes à demander la sagesse plutôt que la richesse, ou bien, comme fait Hiéroclès dans un langage mystique, prier les dieux d'achever ce que nous avons commencé; mais, en général, les anciens, ne laissant aux dieux que le gouvernement du monde, tenaient à régner sur eux-mêmes et à régner sans partage. Leurs biens, leurs corps étaient livrés au caprice de la divinité, mais leur âme n'était qu'à eux, et tout l'effort du stoïcisme consistait à s'appartenir. Sur ce point, leur langage est souvent des plus explicites. On connaît la prière d'Horace : « Demandons à Jupiter ce qu'il peut donner ou retirer, la vie, la richesse ; quant à la paix de l'âme, c'est affaire à moi de me la donner :

Det vitam, det opes, æquum mi animum ipse parabo [1]. »

Cicéron fait dire à un de ses personnages plus formellement encore : « Pour la vertu, personne n'a jamais cru la tenir d'un dieu, *virtutem nemo unquam acceptam deo retulit.* » Il ajoute : « Quel homme a jamais rendu grâces aux dieux de ce qu'il était homme de bien ? On les remercie de ce qu'on a des richesses, des honneurs, de la santé ; c'est pour en avoir que l'on invoque le très bon, le très grand Jupiter, mais on ne lui demande point la justice, la tempérance, la sagesse. *Judicium hoc omnium mortalium est fortunam a Deo petendam, a se ipso sumendam esse sapientiam* [2]. » C'est aussi le sentiment qui anime Hiéroclès dans son commentaire philosophique des *Vers d'or*. Il dit et répète

---

1. *Epîtres,* I, 18, 112.
2. *De natura deorum,* l. III, ch. 36.

avec une visible insistance que « nous sommes juges de nous-mêmes, αὐτὸς ἑαυτόν... notre raison, voilà le gouverneur que Dieu nous a donné, voilà notre précepteur. » Le christianisme a enlevé l'âme humaine à l'autorité dont jusqu'alors elle avait relevé; il ne l'a plus laissée sous sa propre garde, et en lui faisant sentir le besoin d'un appui divin, en la rendant plus modeste et plus humble, il a enlevé à la conscience les joies orgueilleusement paisibles que l'antiquité goûtait sans remords. Comme nous ne sommes ici qu'un historien des idées morales, nous opposons la coutume pythagoricienne à la coutume chrétienne avec le seul dessein de montrer, ce qui est souvent contesté aujourd'hui, que le christianisme ne s'est pas seulement approprié les prescriptions antiques, mais qu'il les a profondément modifiées, et qu'il a fait connaître à l'âme des besoins et des troubles que les anciens n'avaient point ressentis.

Tandis que l'âme païenne se rend compte à elle-même et demeure son propre juge, l'âme chrétienne se donne un juge qui n'est pas elle et se traduit au tribunal de Dieu. C'est comme un changement de juridiction qui produit en l'accusé des sentiments nouveaux. Le philosophe, si sévère qu'il fût, se traitait toujours en ami, en ami mécontent, si l'on veut, mais en ami, comme le prouvent les passages de Sénèque et de Hiéroclès. Il n'avait point de peine à rentrer en grâce avec lui-même, et, quand il se condamnait, son arrêt n'avait rien de formidable. Le chrétien au contraire, devant son juge suprême doublement redoutable, parce qu'il est son juge et qu'il est en même temps l'offensé, passe souvent par des inquiétudes inconnues à la sereine antiquité. Selon la gravité de ses fautes ou selon son caractère plus ou moins timoré, il peut parcourir tous les degrés de la crainte et en arriver jusqu'à la terreur et au tremblement. Son examen doit être plus plein d'anxiété, parce qu'à la crainte que lui cause le souvenir de ses crimes s'ajoute encore la crainte de ne pas les connaître tous et de n'avoir fait qu'un aveu incomplet. Quelle ne doit pas être la consternation d'une âme passionnément religieuse qui sent que ses manquements à la loi sont des offenses, et qui comparaît devant la majesté divine présente et courroucée! Que ce ne soit point là toujours le sentiment des âmes chrétiennes dans l'examen de conscience, on ne fait pas difficulté de le reconnaître; mais qui ne sait, pour l'avoir vu dans l'histoire, que l'examen chrétien peut produire quelquefois des angoisses morales que les anciens ne pouvaient pas même soupçonner?

Il suffit en effet de parcourir l'histoire ecclésiastique et la biographie des saints pour s'assurer que l'examen est devenu souvent un exercice tragique. On y voit des hommes d'une conscience si délicate et si douloureuse, qu'on ne sait s'il faut les admirer ou les plaindre, que le sentiment de leurs fautes les plus légères retient nuit et jour dans les larmes; quelques-uns, se rappelant tous leurs péchés déjà effacés par le repentir et l'absolution, se sentent tout à coup accablés par le souvenir de leurs crimes accumulés; d'autres, songeant par hasard à quelque circonstance qu'ils ont oubliée dans leur aveu, se regardent comme des coupables qui ont usurpé et frauduleusement surpris leur pardon. Il en est que ni prières, ni veilles, ni jeûnes, ni flagellations ne peuvent apaiser, qui répandent leur honte et leur douleur en soupirs, en cris de désespoir, qui se refusent même aux consolations de ceux qui ont le droit divin de les absoudre, infortunés volontaires qui gémissent sous une pointe autrefois inconnue, qu'on a depuis appelée le *scrupule*[1]. Entendu dans le sens religieux, le scrupule est un fait psychologique tout nouveau, une véritable maladie de l'âme qui, selon les temps, a exercé plus ou moins de ravages, qui résiste à tous les remèdes humains et

1. Il y avait bien chez les païens certains scrupules, mais d'une tout autre nature et qui ne portaient jamais que sur un manquement dans les pratiques extérieures de la religion. Voyez le curieux portrait fait par Plutarque dans son traité *de la Superstition*, ch. 7.

divins, que les plus célèbres directeurs du xviie siècle ont en vain essayé de combattre, et dont l'obscure et fuyante malignité, comme on le voit dans les *Lettres spirituelles*, échappait même aux prises d'un Bossuet ou d'un Fénelon, ou renaissait sous leurs plus impérieuses objurgations.

Si l'examen de conscience a eu ses tragédies et ses terreurs condamnées sévèrement par la haute raison des plus grands docteurs de l'Église, il a recouru aussi à des pratiques d'une naïveté qui paraîtrait plaisante, si les désirs, quels qu'ils soient, de perfection morale pouvaient faire sourire. Tels sont certains usages peu connus qui, dans les premiers siècles du christianisme, se sont introduits parmi les hommes voués à la vie solitaire ou réunis dans les cloîtres. C'est là qu'on poussa jusqu'à l'extrême la pratique du précepte pythagoricien. Saint Jean, surnommé Climaque, raconte qu'il fut fort étonné, un jour que, visitant un monastère, il vit que le prieur portait attaché à son flanc et flottant au bout d'une courroie un objet dont l'usage lui était inconnu. Il apprit que c'était une tablette sur laquelle le prieur inscrivait ses fautes à mesure qu'il les commettait, et que tous les frères avaient un pareil instrument toujours sous la main. On n'attendait pas jusqu'au soir pour constater ses péchés et se les rappeler à l'heure du recueillement, on les saisissait au vol pour ne pas les laisser échapper. Le saint, revenu de son étonnement, finit par trouver cet usage fort judicieux, et dit qu'en effet un banquier ne peut pas bien constater tous les soirs ses profits et ses pertes, s'il ne les note pas de moment en moment à mesure qu'ils se produisent [1]. Il est même de ces moines qui, par humilité, faisaient collection de leurs tablettes et à leur mort léguaient à leurs frères une bibliothèque de péchés. Cette pratique, qui consiste à marquer de moment en moment tous les manquements à la règle, a pourtant plus d'un inconvénient, et il est permis de ne pas l'admirer. L'examen de conscience n'est plus la surveillance de la vie; il en devient la principale occupation. D'ailleurs ne risquait-on pas d'inscrire ses fautes avec l'impassibilité d'un greffier qui enregistre un renseignement dont il se servira plus tard, et, le soir venu, pouvait-on éprouver beaucoup de honte et de tristesse pour des crimes qu'on n'aurait pas retrouvés, si on ne les avait inscrits, et qui ne valaient pas la peine qu'on se les rappelât? Ce sont là des procédés où l'on prend la minutie pour de la délicatesse morale, et qui dans tous les cas supposent autant de loisirs que de scrupules.

En franchissant un grand nombre de siècles et en

1. *L'échelle du ciel*, de *l'Obéissance*, ch. 4, traduit par Arnauld d'Andilly.

revenant au monde profane, nous devons mentionner Franklin, qui usa d'un moyen analogue à celui de ces moines, mais avec plus de réserve et en ouvrier laborieux. Franklin a d'autant plus le droit de figurer ici que c'est conformément à la prescription des *Vers d'or*, comme il nous l'apprend lui-même, qu'il conçut la pensée de faire un examen journalier de sa conduite, et qu'il établit son tableau si connu avec colonnes verticales pour les jours, horizontales pour les vertus, formant ainsi de petits carrés où il marquait d'un point noir ses fautes à leur place. Après un certain temps, il en faisait le relevé, et selon que la page était restée plus ou moins blanche, il voyait s'il avait fait plus ou moins de progrès. Son principe ressemble à celui d'Horace : « C'est déjà un commencement de sagesse que d'avoir échappé à la folie, *sapientia prima stultitia caruisse.* » Quant à la méthode de Franklin, elle est exactement celle qui a été recommandée par Épictète : « Si tu ne veux pas être enclin à la colère, n'en entretiens pas en toi l'habitude, compte les jours où tu ne te seras pas emporté... Maintenant c'est un jour sur deux, puis ce sera un jour sur trois, et après cela un jour sur quatre [1]. » L'Américain, sans se livrer à la contemplation méditative d'un pythagoricien, sans avoir la

---

1. *Entretiens*, l. II, ch. 18.

pieuse inquiétude d'un chrétien, en homme plus sensible à l'utilité qu'à la perfection, tint registre de son âme comme fait un commerçant de ses affaires. Par cela qu'il était plus ennemi de la folie qu'épris de la sagesse, il acquit à la longue des vertus au moyen de petites économies de vices, et avec cette prudence peu ambitieuse il s'enrichit moralement, comme un pauvre se fait un pécule en retranchant sur ses fantaisies et en laissant tomber tous les soirs une pièce de monnaie dans sa tirelire.

Au vieux précepte de Pythagore était réservé un honneur plus surprenant. L'an V de la République française, la secte des théophilanthropes, voulant établir une religion à peu près sans cérémonies et sans pratiques, n'imposa guère d'autre devoir à ses adeptes que l'examen de conscience. On sait que ce nouveau culte ne manqua pas de dévots à Paris et en province, qu'il se célébrait dans les églises alors vacantes, notamment à Saint-Sulpice, appelé le *temple de la Victoire*, et se célébrait non sans appareil. Les autels étaient ornés de fleurs et des fruits de la saison, on chantait à l'unisson des hymnes, les psaumes classiques de Jean-Baptiste Rousseau. Le ministre du culte ou plutôt l'orateur, tout ennemi qu'il eût des ornements sacerdotaux, se prêtait à revêtir un costume particulier, l'ancienne robe des docteurs, dont on avait seulement changé la couleur noire et triste pour ne pas affliger les yeux par un sombre aspect et pour donner à la morale un air plus séduisant. Ainsi que l'a écrit un fervent adepte, « ce costume est simple et grave ; mais, offrant l'heureux mélange du blanc, du rose et du bleu, il repose l'œil plus agréablement et annonce un moraliste aimable. » Ce prédicateur si délicieusement tricolore ne recommandait aux fidèles que deux pratiques également pythagoriciennes, le matin une invocation à la divinité, d'une prolixité, il est vrai, peu pythagorique, puisque la formule, la même pour tous, renfermait une trentaine de lignes, et le soir un examen de conscience où l'on devait, comme il était dit dans ce nouvel Évangile, « mettre ses vices à la question. » Cet examen était la principale pièce de cette religion peu compliquée et le plus important article de ce fort simple rituel. Ainsi, par une bizarre fortune, le précepte des *Vers d'or*, mal compris pendant des siècles, puis recueilli par les plus grandes doctrines philosophiques, enfin jugé digne de devenir chrétien, parut encore la dernière ressource des candides novateurs, et, dans la ruine universelle des cultes, fut regardé comme l'unique et solide soutien de la morale publique et privée.

Nous avons jugé utile de faire toute l'histoire de ce précepte, parce qu'il est beau en lui-même, parce qu'il a été défiguré, et pour montrer surtout par un exemple comment beaucoup d'autres prescriptions de la même école ont pu être dans le cours des âges dénaturées par de fausses interprétations. De tous les grands systèmes antiques, si le plus mal connu est celui de Pythagore, ce n'est pas, comme on le répète, que les documents nous manquent. Il est peu d'écrivains graves dans l'antiquité qui n'aient eu l'occasion de toucher à une doctrine entre toutes célèbre, et dont l'enseignement était non seulement scientifique et moral, mais encore religieux et politique. Malheureusement ces documents, quand on les examine et qu'on les compare, paraissent quelquefois ou peu judicieux ou contradictoires. Ce qui nous fait craindre que notre ignorance ne soit sur certains points irrémédiable, c'est que les anciens eux-mêmes semblent avoir beaucoup ignoré. La vie extraordinaire de Pythagore, ses voyages mystérieux, ont été de bonne heure entourés de fables et de légendes, auxquelles l'école elle-même peut-être prêtait les mains pour entretenir de vénérables illusions. De plus, le maître n'ayant rien écrit, sa doctrine a été livrée aux hasards de la tradition orale, confiée à des initiés à qui le silence était imposé comme par une loi. Les symboles du poétique philosophe sont devenus à la longue des énigmes; enfin, l'école étant une sorte d'église fermée, les anciens n'ont pu recueillir que les bruits du dehors et de vagues rumeurs propagées par l'admiration ou par la raillerie, si bien que la critique moderne, déconcertée entre ces témoignages disparates, est quelquefois tentée de prendre un parti extrême, de tout rejeter ou de tout admettre, quand elle ne flotte pas incertaine sans rien décider. Il importe donc dans un pareil système, plus que dans tout autre, de signaler les erreurs et les interprétations inconsidérées, si peu importantes qu'elles puissent paraître, et de dissiper certaines illusions consacrées par le temps. Elles sont nombreuses, ces illusions et ces erreurs, et, pour ne citer que quelques exemples, n'a-t-on pas cru que Pythagore, en imposant la loi du silence, avait ordonné à ses disciples de ne point prononcer une seule parole pendant deux, trois et même cinq ans? Que de fables aussi ont couru sur la communauté des biens dans cette école, sur les abstinences! Si, sur ces points et d'autres encore, on faisait peu à peu ce que nous venons de tenter sur un seul précepte, si l'on purgeait de tout ce qui lui est étranger la morale de Pythagore, elle nous paraîtrait sans doute plus raisonnable, plus pratique, plus profonde, car il n'est qu'un moyen, qu'un espoir de clarifier une doctrine obscurcie, c'est d'en éliminer ce qui la trouble et de lui faire déposer sa lie.

UN CHRÉTIEN DEVENU PAÏEN

L'EMPEREUR JULIEN [1]

I

Le IVe siècle peut être regardé comme le véritable point de partage entre l'antiquité et les temps nouveaux. C'est le moment où le christianisme, monté sur le trône impérial, armé de la puissance politique, devenu religion d'Etat, a consommé sa lente victoire et, en dépit de sourdes ou violentes résistances, a fixé les destinées du monde. Le concile de Nicée, pour mettre fin à toutes les incertitudes et aux inévitables oscillations de la raison flottant entre tant de cultes et de sectes, arrête avec une rare précision un symbole qui s'imposera sans conteste à tout l'Occident pendant des siècles. Il n'y a pas eu dans l'histoire de changement plus durable, car

---

1. *L'Eglise et l'empire romain au quatrième siècle,* par M. Albert de Broglie. Paris, Didier, 1866.

malgré quelques accidents historiques tels que la Réforme, qui n'a pas rompu la chaîne des traditions, la société moderne et contemporaine tient encore par mille liens visibles et invisibles au grand événement qui s'est accompli sous le règne de Constantin. Au triomphe politique du christianisme et à la conquête qu'il a faite de l'empire romain se rattachent, de fort loin si l'on veut, nos institutions, nos mœurs, nos croyances et quelquefois même, sans que l'on s'en doute, nos passions actuelles et nos controverses. N'avons-nous pas vu naguère l'épiscopat, la presse, l'opinion agités par un livre célèbre qui reproduisait avec moins de dogmatisme que de poésie la fameuse hérésie d'Arius? Ne voyons-nous pas en ce moment éclater un schisme dans l'Eglise protestante de Paris sur la même question qui, au IVe siècle, divisait tout l'empire? Ce sont les mêmes débats, avec cette différence qu'ils ne font plus verser des flots de sang. La Révolution française peut seule être comparée, par l'immensité probable de ses conséquences, à cette révolution antique qui a changé la face du monde et dont nous ressentons encore les lointains effets. On pourrait ajouter même que nos plus vives agitations morales tiennent précisément à ce que les deux plus grandes révolutions qui aient transformé les sociétés, celle du IVe siècle et celle du XVIIIe, se contrarient souvent et se combattent. Le long et paisible cours de l'idée chrétienne est venu se heurter au courant nouveau, et cette rencontre produit des tourbillons dans lesquels la raison moderne tournoie, et dont elle ne pourra peut-être se dégager que si les deux fleuves se pénètrent, se confondent, pour promener sur une pente commune leur double fécondité. C'est dire assez quel intérêt religieux, politique et moral peut offrir l'histoire du iv° siècle à tout esprit capable de graves méditations.

Cette histoire frappe encore par l'originalité si forte et si diverse des caractères qui occupent la scène, car, bien qu'il s'agisse d'une époque de décadence, d'épuisement et de rénovation, d'une de ces époques où d'ordinaire les individus disparaissent devant la grandeur de l'œuvre collective, on rencontre partout dans cet âge mémorable des hommes qui ont déployé toutes les vertus ou le génie de leur rôle : des politiques tels que Constantin, Julien, Théodose, des défenseurs de la foi qui ont montré toutes les sortes de courage, celui de dire la vérité et celui de braver les supplices, un saint Athanase, auquel on ne peut comparer aucun homme pour la persévérance infatigable, l'invincible opiniâtreté, la lucidité de la foi, et qui, sans jamais hésiter ni fléchir, a porté dans les cours aussi bien que dans les déserts son orthodoxie intraitable et toujours militante ; un Grégoire de Nazianze, un Basile, un Jean Chrysostome, sachant prêter au christianisme triomphant toutes les parures et les grâces innocentes de l'éloquence antique ; puis des philosophes, des rhéteurs tels que Libanius, Thémiste, Himère, plus célèbres, il est vrai, par l'enthousiasme qu'ils ont excité que par la beauté de leurs ouvrages, mais qui n'étaient point indignes de prêter leur voix à la vieille civilisation expirante, et par la bouche desquels s'exhalait en sons harmonieux encore le dernier souffle de l'antiquité païenne.

Où trouver dans l'histoire une plus grande lutte que celle qui a pour théâtre tout le monde connu et dont le prix est la conquête des âmes ? De plus, quelle que soit votre opinion, vous ne pouvez point ne pas vous intéresser à la fois au vainqueur et au vaincu ; car, si l'un apporte une foi meilleure et des idées plus pures, on n'oublie pas que l'autre est l'héritier d'une civilisation sans pareille, qui, dans les arts, les lettres et dans la politique, est demeurée, malgré sa chute, la grande institutrice du genre humain.

Que cette lutte est confuse et qu'il faut d'attention pour en démêler les fuyantes péripéties ! Il ne s'agit pas ici du clair combat de deux religions ennemies qui se rencontrent dans un seul choc et dont les combattants peuvent de chaque côté se reconnaître à des signes certains. L'Eglise a ses hérésies, ses schismes, ses guerres civiles ; elle est ensanglantée, non seulement par le sang qu'elle verse de son sein, mais par celui qu'elle répand de ses mains ; le paganisme, sans éprouver les mêmes déchirements, puisqu'il n'a point de dogmes, présente cependant des nuances infinies, depuis l'idolâtrie la plus grossière jusqu'à la philosophie la plus subtile. La société chrétienne conserve sans le vouloir des habitudes antiques, le monde païen aspire à se donner des mérites nouveaux. Des deux côtés, le langage est parfois incertain et flottant. Bien plus, ce qui ajoute à la confusion, les deux religions sont en lutte non seulement dans la société, mais souvent dans la même âme. On ne peut dire où commence l'une, où finit l'autre. Tel se croit chrétien et n'est que déiste, tel autre se croit dévot païen et n'est que philosophe. Les uns n'ont pas toujours les vertus de leur religion, les autres ont quelquefois celles que leur religion ne commande pas, mais tous ou presque tous demeurent plus ou moins engagés dans de vieilles habitudes où les retiennent les mœurs générales, les lois, le langage. On est tenté d'appliquer à cette société tout entière comme aux individus cette belle image de Milton montrant au jour de la création le lion naissant élevant déjà au-dessus de la terre sa face auguste, tandis que ses membres s'agitent encore en formes indécises dans le limon.

Ce n'est pas sans de rares qualités littéraires qu'on peut porter la lumière dans cette histoire, sur laquelle d'ailleurs nous n'avons que des documents épars, passionnés, souvent contradictoires, et qui, pour n'avoir pas été racontée par des Tite-Live ou des Tacite, impose à l'historien moderne la nécessité de mettre lui-même de l'ordre dans les faits, de les disposer avec clarté, de deviner les sentiments dénaturés des personnages, de chercher la vérité dans les légendes. Sans insister sur les difficultés que présente une histoire où l'on n'a pas d'habiles écrivains pour guides, il faut encore une grande fermeté d'esprit pour ne pas prendre trop vivement parti dans une lutte où il n'est pas donné à tout le monde de se montrer désintéressé, il faut une pénétration peu commune pour distinguer le vrai mobile des actions, une impartialité volontaire pour ne pas trop céder à des prédilections de doctrine, enfin des trésors d'indulgence pour n'être que juste. Si l'on se range trop visiblement d'un parti, on ne fait plus qu'un plaidoyer dont le moindre défaut est d'être monotone et prévu; si l'on est trop indifférent dans ce conflit des opinions armées, on risque d'éteindre toutes les couleurs du sujet. Quelle surveillance ne doit-il pas exercer sur lui-même, celui qui raconte une époque où il ne s'agit pas, comme c'est l'ordinaire, des intérêts variables et fugitifs de l'ambition politique, mais où sont soulevés les éternels problèmes de l'âme et de la conscience, dont personne ne peut entièrement se déprendre, où chacun engage sa foi religieuse ou philosophique !

M. Albert de Broglie a osé entreprendre cette longue et difficile histoire avec la confiance de la jeunesse et la précoce maturité d'un esprit de bonne heure initié par de beaux exemples de famille aux plus hautes questions de la politique, de la morale et de la religion. Sa forte éducation littéraire lui permettait de manier sans trop d'efforts les documents latins et grecs qu'il avait à consulter. La part qu'il a prise tout d'abord aux discussions religieuses de notre temps permet de penser qu'il a choisi son sujet pour s'instruire lui-même, pour s'affermir dans les principes qui lui sont chers, et pour établir sa foi sur un solide fondement historique. Mais on n'a pas à craindre qu'un si grave esprit apporte, comme tant d'autres historiens, dans cette peinture de la lutte entre le paganisme et le christianisme, de mesquines passions, une ignorance volontaire et une pieuse partialité. Ici tout est sincère, et les erreurs même ont du poids. Sans doute, lorsque M. de Broglie parle de la société païenne, nous le trouvons en général trop peu sensible à ses mérites et à ses grandeurs, comme il peut arriver à un historien que la nature même de son sujet sollicite sans cesse à se faire plutôt l'accusateur que l'avocat de l'antiquité ; mais sa critique clairvoyante, bien que dure parfois, est de celles avec lesquelles il faut compter. L'auteur reprend toute son autorité dans les peintures chrétiennes, où il tient plus qu'ailleurs à l'exacte vérité et où son talent s'épanouit avec cette grâce particulière que donne à tout écrivain l'amour de son sujet. On ne peut pas refuser sa confiance à un historien chrétien qui soumet à sa critique indépendante les plus saints personnages, les légendes les plus accréditées, et qui, tout en se laissant toucher comme il convient par la naïveté passionnée de ces récits populaires, sait y faire la part des illusions et des hyperboles. Il y a dans cette histoire si compliquée un grand art, l'art difficile de grouper autour des faits principaux mille épisodes, d'amener chaque chose à propos, d'errer en détours nécessaires sans brouiller sa voie, et de conduire le lecteur d'Orient en Occident, de ville en ville, partout où l'appellent les événements, sans l'égarer dans le dédale et de manière à lui laisser voir toujours le point d'où il est parti et qu'il doit retrouver plus tard. Enfin, s'il faut marquer nos préférences, nous mettons hors de pair les pages qui résument le livre et lui servent de conclusion, vaste tableau des destinées du christianisme retracées avec la plus lumineuse simplicité par un esprit qui voit de haut l'histoire, qui sait la juger en politique et en moraliste, pages éloquentes où la foi demande ses preuves à la raison, et qui forment le plus court, le plus substantiel et le plus brillant ensemble d'apologétique chrétienne que nous ayons rencontré depuis le xviie siècle.

Nous ne pouvons ici parcourir et juger de point en point cette grande œuvre historique qui va de Constantin à Théodose ; ce serait nous disperser dans le détail infini des événements les plus confus et réduire notre jugement en poussière. Nous allons donc nous renfermer dans le règne de Julien, règne court et clair, qui nous offre comme dans une réduction l'image de la société, la lutte des idées, l'état des âmes. Il nous semble d'ailleurs que l'historien n'a pas rendu une exacte justice au jeune empereur qui eut le tort sans doute, en voulant restaurer le paganisme, de soutenir une cause perdue, mais qui n'en est pas moins un grand esprit et un noble caractère. M. de Broglie nous invite lui-même à le combattre quand il nous dit avec cette élévation de sentiments qu'on peut attendre de lui : « La critique qui me fera connaître mes erreurs peut être sûre que je l'accueillerai avec la reconnaissance qu'on doit à un véritable service. » C'est accorder d'avance plus qu'elle ne demande à notre critique, qui voudrait simplement opposer au brillant portrait composé par M. de Broglie un portrait plus juste et un jugement plus équitable.

II

Un historien chrétien du IVᵉ siècle devrait être intéressé, ce nous semble, à ne pas rabaisser l'adversaire du christianisme. Plus est grand l'ennemi, plus la victoire sera éclatante. Pour prouver combien la foi chrétienne était irrésistible, nous nous plairions plutôt à montrer que les plus fortes digues étaient incapables d'arrêter le torrent, que les plus solides vertus profanes devaient être emportées comme des pailles légères par le courant divin. Nous laisserions à Julien ses belles et irrécusables qualités pour les humilier au pied de la croix. Nous ferions ce qu'avaient coutume de faire les vainqueurs antiques qui, pour rehausser l'éclat de leur triomphe, promenaient derrière leur char le vaincu désarmé, mais entouré de ses richesses et des marques de sa puissance, afin de mieux peindre aux yeux des spectateurs la hauteur de sa chute. Nous prendrions exemple sur Bossuet, qui, malgré l'ardeur biblique de sa foi, conserve son vif sens historique, et dans ses explications sur l'Apocalypse prouve longuement que Julien est la *bête* annoncée par les prophéties, et toutefois ne songe pas à diminuer le monstre. Que l'histoire, qui ordinairement est une grande adulatrice, se plaise à décorer le triomphe des vainqueurs, rien n'est plus naturel, puisque les causes victorieuses, non pas à un moment donné, mais à la longue, sont les plus justes ou les plus fatales ; mais elle fera toujours bien de ne pas insulter le vaincu, dans l'intérêt même du vainqueur. Et si, par exemple, elle veut montrer l'impuissance de la république romaine en face de l'empire, elle ne doit point taire les vertus de Caton, et, si elle tient à exalter le christianisme, qu'elle se garde bien de méconnaître un homme tel que Julien.

A travers tant de siècles qui nous séparent des événements, nous avons quelque peine à nous figurer le rôle que s'est donné le généreux empereur. Accoutumés que nous sommes à rendre hommage à la supériorité morale de la foi chrétienne, à contempler de loin le christianisme dans sa majestueuse et écrasante unité, nous croyons volontiers que, pour lui résister et pour le combattre, il fallait avoir un esprit bizarre, infatué de lui-même, une obstination fantasque aussi puérile qu'impuissante. A plus d'un l'entreprise paraît tout simplement méchante et ridicule. A cette distance, on risque fort de se tromper. De si loin on peut voir sans doute quelle est la meilleure des deux causes, mais on ne distingue pas les mobiles des hommes. Il faut replacer son imagination au milieu même de la lutte, entrer dans la pensée des personnages, saisir leurs passions, compter pour quelque chose les divers incidents de la mêlée, apprécier les raisons des adversaires. Dans les grandes luttes humaines, chacun des deux combattants pense toujours avoir le droit de son côté, et en effet la justice des causes n'est pas tout d'abord si clairement définie que l'on puisse dire des champions : Celui-ci est un héros, celui-là un insensé.

Reportons-nous donc au IVe siècle pour voir ce qu'était alors le christianisme ou du moins ce qu'il devait paraître aux yeux des païens. Il ne faut pas oublier que la population de l'empire était peut-être aux trois quarts païenne, et que beaucoup de ceux qui se croyaient chrétiens n'étaient pas sûrs de leur foi. Bien des âmes, ne sachant que croire ni dans quelle religion se ranger, attendaient avec une pieuse anxiété que le dieu des combats fît pencher d'un côté ou de l'autre la balance. Constantin lui-même partagea un moment ces sentiments de la foule. Lorsque l'inculte soldat des Gaules descendit en Italie à la tête d'une armée pour combattre son rival Maxence, au moment de marcher sur Rome, de fouler le territoire sacré de la république, de donner l'assaut au Capitole, à la sainte citadelle de l'antique religion, il tomba en d'étranges perplexités. Quel auxiliaire divin appellera-t-il à son secours? Peut-il implorer les anciens dieux dont il va violer le domaine? Leur assistance d'ailleurs sera-t-elle assez puissante? Dans une circonstance aussi solennelle et décisive, un chef d'armée peut-il se confier à des dieux qui depuis quelque temps se sont laissé insulter impunément, dont les images ont été renversées quelquefois par des chrétiens sans que la vengeance divine ait puni le sacrilège? Il se rappela plus naïvement encore que trois des princes qui avaient partagé avec lui le pouvoir suprême, Hercule, Sévère, Galère, avaient péri par le glaive ou de mort violente, bien qu'ils eussent placé leur confiance dans la *multitude des dieux.* N'était-ce point courir moins de risques que d'implorer le dieu nouveau et de le mettre comme en demeure de déclarer sa puissance? Après bien des anxiétés, Constantin, dit M. Broglie, « se décida à prier le Dieu de son père de prêter main-forte à son entreprise. » Il fut vainqueur, « et l'événement qui justifia son espoir décida par là de toute sa conduite. » C'est ainsi que cet homme de guerre, à l'âme simple, mal instruit des doctrines de l'Évangile, pratiquant plus mal encore ses préceptes, se trouva tout à coup le soldat du christianisme. Il avait été protégé par son Dieu, il le protégea à son tour, il fit avec lui comme une ligue défensive. Dans l'antiquité, on ne comprend pas autrement la religion. Les prières, les sacrifices étaient des hommages intéressés offerts à des maîtres tout-puissants. La piété restait fidèle tant que la divinité se montrait ou redoutable ou généreuse, et, comme on le voit souvent dans les grands événements politiques et même dans la familiarité de la vie domestique, quand le pouvoir d'un dieu paraissait fléchir, on s'adressait à un autre, et on cherchait ailleurs un patronage plus efficace. De là vient que les succès et les revers décident si souvent de la piété et de la foi. Le dernier adversaire de Constantin, l'empereur Licinius, fit en païen ce qu'avait fait en sens inverse son rival. Flottant entre les chrétiens et les païens, ne sachant lesquels il devait protéger, il finit par se faire le champion du paganisme, et le matin même de la fameuse journée d'Andrinople, où les armées des deux religions se heurtèrent dans une rencontre suprême, il posa nettement la question devant ses soldats avec une simplicité grossière : « Amis et compagnons, ce jour décidera qui de son dieu ou des nôtres a droit aux hommages des hommes;... car si nos dieux, qui ont au moins l'avantage d'être plusieurs contre un, se laissent vaincre par le dieu de Constantin, sorti on ne sait d'où, personne ne doutera plus quel est celui qu'il faut adorer. Chacun devra se ranger du côté du

plus fort et prendre le parti de la victoire... Nous-mêmes, il nous faudra bien reconnaître cet étranger, dont nous nous moquons, et donner congé à ceux pour qui nous aurons fait en vain brûler nos cierges ; mais nos dieux sortiront vainqueurs de la lutte... »
Le fougueux Licinius, on le voit, ne raisonnait pas autrement que Constantin. Seulement il fut battu, chassé, poursuivi à travers son empire, et en perdant cent mille hommes dans une suite de défaites, il put se convaincre que le dieu nouveau était plus fort que tous les siens. Triste et naïve manière de s'en remettre, comme dans les duels du moyen âge, *au jugement de Dieu*, pieux fatalisme qui changeait la force en bon droit, dangereuse persuasion qui faisait dépendre la foi des hasards de la guerre ! Ne pouvait-il pas venir à quelque dévot païen l'idée et le courage d'éprouver encore une fois le pouvoir de l'olympe et de lui fournir l'occasion d'une revanche ? Julien tenta l'entreprise avec les idées qu'on avait de son temps. La cause du plus grand nombre pouvait lui paraître la plus juste ; une bataille avait élevé le christianisme, une bataille pouvait le renverser.

On ne se figure pas non plus ce qu'était alors la société chrétienne ni quel ressentiment elle devait inspirer quelquefois à des païens. Une secte étrangère et exécrée, longtemps rampante sous le mépris public ou hautement rebelle aux lois, aux mœurs, à la religion de l'empire, qui jusqu'alors paraissait n'avoir su que braver follement des supplices mérités, marche maintenant la tête levée, elle a son empereur, elle a sa capitale, elle a transporté à Constantinople la fortune et la majesté de l'antique empire romain. Non contente de renier les dieux, elle les dépossède, démolit leurs temples, proscrit les saintes cérémonies, abat les idoles, vend à la criée les objets du culte, et, dépouillant les images sacrées de leurs pierreries et de leurs ornements, elle se fait un plaisir sacrilège d'étaler le bois pourri que couvrait un brillant appareil, et d'entonner au milieu de ces exhibitions dérisoires ses psaumes abhorrés comme des chants de triomphe. L'image d'un supplice réputé infâme flotte sur les étendards des légions romaines, et, par un contraste que M. de Broglie appelle piquant, mais qui devait paraître odieux, les faisceaux sont obligés de s'incliner devant la croix. Il y a eu dans l'histoire des révolutions moins clémentes et de plus complets renversements, jamais peut-être il n'y eut pour un peuple plus grande humiliation que celle qui fut infligée par le christianisme au peuple-roi.

Encore si la nouvelle religion avait désarmé ses ennemis par le spectacle de ses vertus et les bienfaits de la concorde qu'elle annonçait et semblait promettre! mais ses vertus étaient précisément de celles qui se cachent et qui ont leur asile dans le fond des consciences et l'obscurité des familles. Ce qui paraissait au grand jour n'était point fait pour inspirer le respect. La cour impériale et chrétienne était le théâtre des plus épouvantables tragédies. Déjà le grand Constantin, le défenseur de la foi, le promoteur du concile de Nicée, avait étonné le monde par la subite explosion de ses sentiments restés à demi barbares. Après avoir ordonné le meurtre de son fils Crispus sur de faux rapports, rappelé au sentiment de son crime par sainte Hélène, il ne sut que noyer ses remords dans le sang de ses conseillers, dont il fit un effroyable et mystérieux carnage, allant jusqu'à faire étouffer dans un bain brûlant sa femme Fausta, la mère de ses enfants. Les jeux et les fêtes qu'il donna avec un faste inaccoutumé, pour désarmer la réprobation du peuple, n'empêchèrent pas un long cri d'horreur de courir à travers tout l'empire. A peine le monde eut-il échappé à la sauvage, mais forte main de Constantin, et fut-il livré à ses fils indignes, les prédécesseurs immédiats de Julien, que la cour chrétienne offrit un spectacle plus honteux et plus lamentable. L'inepte et odieux Constance, qui se piquait d'être un théologien couronné, eut bientôt pris son parti de faire assassiner toute sa famille collatérale, oncles et cousins, dans une sorte de massacre en règle où il n'oublia personne, excepté deux enfants en bas âge, dont l'un, Julien, dit avec raison M. de Broglie, « était tenu en réserve par la justice divine pour venger ces forfaits. » Tant de cruautés lâches ou barbares, dont la cour chrétienne donnait le spectacle de haut, pouvaient inspirer de l'horreur pour une religion qui avait de pareils défenseurs.

Que devaient aussi penser les païens à la vue de cette cour hypocrite et avide où affluaient tant de chrétiens nouveaux? « Les faveurs des princes, dit M. de Broglie, multipliaient de jour en jour, sans grand profit pour l'Eglise et sans grande édification pour les fidèles, le nombre des chrétiens... Paraître touché de la vérité du christianisme et ardent à s'instruire, être particulièrement accessible aux arguments de l'empereur et laisser peu à peu fléchir devant la force de ses raisons les préjugés de l'idolâtrie, ce fut bientôt pour tout bon courtisan la manière connue de se mettre en grâce;... les honneurs et même l'argent pleuvaient sur leurs têtes, car Constantin ne dédaignait pas tout à fait ce moyen indirect de prosélytisme. » De proche en proche et de haut en bas de la hiérarchie sociale, le christianisme vainqueur fit peser sur le monde le poids des privilèges qu'il accordait à ces faux ou vrais fidèles. Jusqu'au fond des provinces les plus reculées se fit sentir cette oppression causée par les conversions intéressées. Comme les membres du clergé étaient exempts des charges municipales, fort lourdes alors, bien des gens, et des plus riches, aspirèrent à l'ordination sacerdotale. Tel fut cet entraînement où la piété avait si peu de part que, sur les réclamations des villes privées de leurs plus opulents magistrats, il fallut régler que le nombre des prêtres ne dépasserait pas dans chaque ville le chiffre fixé. Les privilèges du christianisme inquiétaient partout les citoyens et appauvrissaient l'empire, et, comme de plus on avait accordé la permission de tester en faveur des corporations catholiques, il ne tarda pas à s'élever un clergé aussi riche que puissant, dont l'opulence paraissait fondée sur la misère publique. Si grand était le mal et le scandale que M. de Broglie lui-même, dans l'intérêt de la foi et des vertus chrétiennes, ne peut s'empêcher de regretter le temps des persécutions.

A l'irritation des païens se joignit bientôt le mépris, quand ils virent que cette religion qui promettait la paix était en proie aux plus bizarres dissensions intérieures et donnait au monde le spectacle de querelles et de fureurs jusque-là inconnues. L'antiquité païenne n'avait jamais fait que discuter dans les écoles les problèmes religieux avec une modération tempérée par le goût littéraire, sans prosélytisme ardent et comminatoire. On vit donc alors avec étonnement éclater les horribles violences d'une foi jalouse. Si les querelles religieuses paraissent les plus honorables à ceux qui les soutiennent, elles sont en général regardées comme les plus abominables par ceux qui y sont désintéressés. La paix du monde était partout troublée par des schismes armés. Dans les ardentes provinces de l'Afrique, les donatistes violaient les églises des catholiques, pillaient, tuaient pendant plus d'un demi-siècle, et il fallut enfin que l'autorité politique les exterminât comme des brigands. Ailleurs c'étaient des émeutes chrétiennes pour ou contre un évêque qu'on voulait déposer. Cette funeste division prit des proportions immenses quand éclata l'hérésie d'Arius, qui niait la divinité du Christ. Le monde fut partagé entre les deux doctrines. Les catholiques et les ariens furent tour à tour vainqueurs et vaincus. L'arianisme, condamné par le concile de Nicée sous Constantin, fut au contraire adopté par son successeur Constance. Il devint religion d'Etat, et l'on vit ce singulier spectacle d'une religion, qui n'existait que parce qu'elle se regardait comme divine, nier la divinité de son fondateur. Les grands évêchés de Constantinople et d'Alexandrie, les véritables citadelles de la foi, sont pris et repris par la ruse ou le courage. Les outrages réciproques trainent dans la boue l'autorité épiscopale. Pendant que deux évêques se disputent le siège de la capitale, la population décide le litige par le meurtre et l'incendie. La ville d'Alexandrie est conquise les armes à la main par un évêque usurpateur qui chasse l'héroïque Athanase, conduit une émeute à l'assaut d'une église et prend pour alliée la populace païenne afin d'assurer sa victoire ; « les prêtres sont foulés aux pieds, les sanctuaires livrés au pillage, les vierges dépouillées de leurs vêtements, les cérémonies de l'Eglise parodiées. » Le temps des persécutions est revenu, mais cette fois ce sont des chrétiens qui persécutent les chrétiens. Naguère, au concile de Nicée, on se montrait du doigt avec un respect attendri les évêques martyrs, glorieux débris de la foi, qui levaient pour bénir leurs mains mutilées par la persécution païenne ; maintenant, au concile de Sardique, on contemple aussi, mais avec une pitié mêlée d'horreur, les cicatrices de martyrs nouveaux échappés à des tortures chrétiennes ; on se passe de main en main des chaînes de fer, des instruments de supplice apportés comme de saisissants témoignages des fureurs hérétiques. Orthodoxes et ariens se renvoient les anathèmes. Aux évêques d'Occident qui les condamnent, les évêques d'Orient répondent par d'autres excommunications. Tandis que les catholiques apprennent au monde la condamnation de leurs adversaires, ceux-ci, usurpant dans leur défaite l'autorité du concile, trompent les fidèles sur les résultats de la lutte, et dans une sorte d'appel au peuple chrétien ne se font point scrupule de dire que saint Athanase et ses collègues sont des « scélérats aux sentiments impies, aux mœurs honteuses. » La confusion se répand partout ; l'autorité impériale, déconcertée par ces désordres d'un genre nouveau, prend parti pour l'une ou l'autre Église, protège celle-ci, opprime celle-là, et quelquefois, fatiguée, incertaine, assiste indifférente à ce vaste conflit d'opinions et trouve son abaissement dans son impuissance. Le pieux Constantin lui-même, au moment où les disputes commençaient, déplorait déjà « cette détestable division, cette haine et cette discorde qui tendent à la ruine du genre humain.... et qui donnent occasion de railler à ceux dont les sentiments sont éloignés de la sainte religion. » Que ne vit-on pas plus tard sous ses fils, quand l'Orient et l'Occident furent en feu, quand la capitale, les grandes villes, les provinces éloignées, se livrèrent à tous les emportements d'une intolérance sanglante ! Quelle joie pour les païens spectateurs impassibles de ces luttes fratricides [1] ! et que ne devaient-ils pas dire quand saint Athanase

---

1. Bossuet ne peut s'empêcher de dire : « L'enfer fit alors ses plus grands efforts pour détruire par elle-même cette Église que les attaques de ses ennemis déclarés avaient affermie. » (*Disc. sur l'hist. univ.*, 2ᵉ partie, ch. 20.)

s'écriait : « Les bêtes féroces ne sont pas plus ennemies des hommes que les chrétiens ne le sont souvent les uns des autres! » Les païens éprouvaient les sentiments qu'éprouvent aujourd'hui les Turcs de Jérusalem, qui contemplent avec un mépris sublime et un contentement superbe les mutuels outrages que se font les diverses communions chrétiennes dans l'église du Saint-Sépulcre.

Tandis que ces affreuses discordes déconsidéraient le pouvoir politique désarmé, tour à tour clément et rigoureux, mal préparé à remplir des devoirs nouveaux, qu'elles enlevaient tout prestige à l'autorité ecclésiastique et risquaient d'entraîner dans la même ruine l'Eglise et l'empire, il se déchaîna sur le monde un fléau moins terrible, mais plus intolérable, je veux dire l'universelle manie de dogmatiser. Ecoutons saint Grégoire de Nazianze : « Toutes les assemblées, tous les marchés, tous les festins sont troublés d'un bruit importun par des disputes continuelles, qui ne laissent ni la simplicité aux femmes, ni la pudeur aux vierges, dont elles font des parleuses et des disputeuses, en sorte que les fêtes ne sont plus des fêtes, mais des jours pleins de tristesse et d'ennui, où l'on ne trouve de consolation aux maux publics que dans un mal encore plus grand, qui est celui des disputes, et où enfin on ne travaille qu'à réduire la religion à une triste et fatigante sophistiquerie [1]. » Nous regrettons que M. de Broglie n'ait pas cru devoir citer les éloquents témoignages des docteurs de l'Eglise qui se sont faits les interprètes de ce désenchantement, de ce dégoût, et qui ont peint avec de si vives couleurs ces temps fâcheux et pesants, insupportables même aux plus fervents chrétiens. Si saint Grégoire osait parler avec tant de dédain de ses frères, que ne devaient pas dire les païens? Ammien Marcellin, avec non moins d'impatience, nous fait voir l'empereur lui-même, Constance, troublant sans cesse l'unité du christianisme par sa manie de raffiner sur les questions théologiques, jetant en proie au monde de niaises subtilités, multipliant ainsi les dissidences et les controverses. « Ce n'étaient sur les routes que nuées de prêtres, allant disputer dans ce qu'ils appellent leurs synodes, pour faire triompher telle ou telle interprétation. Et ces allées et venues continuelles finirent par épuiser le service des transports publics [2]. » L'historien païen donne à entendre que tout le monde était excédé et que les chevaux mêmes n'en pouvaient plus. Au milieu de ces passions déchaînées, de ces chicanes furieuses, de ces cris d'un dogmatisme pointilleux, qui troublaient jusqu'au foyer domestique, n'était-il pas permis à des païens

1. Traduction de Bossuet, l'*Apocalypse*, ch IX, 6.
2. L. XXI, 16.

de croire qu'eux seuls avaient en partage non seulement la raison, mais la vertu et la piété?

Le paganisme n'était pas en effet, comme on le dit souvent, entièrement inanimé. M. de Broglie a fait voir dans un excellent chapitre qu'il avait pris une vie nouvelle en se transformant. D'abord il avait pour lui la durée et l'accoutumance. Le vieil arbre dont la sève était tarie, dont bien des branches étaient desséchées, se soutenait encore par la force et le poids de ses racines. Sans doute elle avait bien perdu de son prestige, la religion officielle, la vieille mythologie de la Grèce et de Rome, depuis longtemps livrée au ridicule par toutes les sectes philosophiques. Elle dut recevoir aussi un grand coup quand l'empereur, le chef pontife lui-même, donna l'exemple de la défection, et avec tout son cortège de courtisans et de magistrats déserta en même temps que le culte des dieux le séjour de la ville éternelle; mais l'apostasie même d'un souverain n'est pas si puissante qu'elle puisse entraîner le peuple. La vie antique tout entière était comme attachée au culte, les mœurs aussi bien que les plaisirs. La foule oisive, qui depuis des siècles était accoutumée à la misère et ne demandait plus à ses maîtres que *du pain et des jeux*, ne pouvait pas renoncer à ses spectacles et à ses fêtes religieuses. Tel était alors le besoin de ces plaisirs populaires que, malgré les anathèmes de l'Eglise, les chrétiens mêmes redevenaient païens le jour où se donnait un combat de gladiateurs. D'autre part, les hommes cultivés, les sophistes, les philosophes, qui alors exerçaient une si grande influence par leur éloquence théâtrale, les guides adulés de l'esprit public, étaient retenus dans la religion par leurs habitudes littéraires. Leur esprit était comme captif dans le cercle enchanté d'un culte décoré par les chefs-d'œuvre de l'art et de la littérature. Leur imagination ne pouvait cesser d'être païenne sans déposer pour ainsi dire sa force et ses grâces. Combien n'y avait-il pas de ces hommes peu dévots, mais encore sous le charme de la religion, que nous appellerions volontiers des Chateaubriand païens en extase devant le *génie du paganisme*. Ils allaient quelquefois jusqu'à une sorte de mysticisme poétique où ils distinguaient à peine la réalité de la fiction, et parlaient avec onction et avec une vanité innocente d'Apollon ou de Minerve, comme s'ils en étaient les ministres et les confidents. De tels hommes devaient être les derniers à se rendre à la beauté triste des enseignements chrétiens, parce qu'il n'est peut-être pas de sacrifice plus difficile à faire que celui de son talent, et que pour un rhéteur rien n'est plus dur que de renoncer à des phrases toutes faites qui ont été la gloire de sa vie. Ce qui fortifia surtout le paganisme, c'est le secours que lui prêta la philosophie en le rajeunissant. Elle, qui jusqu'alors lui avait fait la guerre, devint son alliée dans le péril commun et par l'instinct de sa propre conservation. La philosophie prit tout à coup des allures mystiques et inspirées, elle entoura de savantes ténèbres la claire mythologie compromise par sa clarté; à ses explications symboliques elle mêla les pratiques mystérieuses des cultes orientaux, à sa théologie subtile et confuse les redoutables secrets de la magie; elle eut ses initiations clandestines et terribles, ses enthousiasmes extatiques, ses vertus nouvelles, souvent empruntées au christianisme, ses bonnes œuvres, ses miracles même. En un mot, elle devint la théurgie, cet art sublime et suspect qui prétend pouvoir évoquer Dieu sur la terre et dans les âmes. Le christianisme rencontrait donc non plus un culte suranné, facile à renverser, mais une religion vivante, puisant son énergie dans sa défaite, défendue par des fanatiques savants dont la sombre ferveur et l'éloquence illuminée étaient capables d'entraîner aussi une armée de prosélytes.

Ainsi le paganisme n'était plus cet édifice ruineux qu'on nous peint quelquefois, qui devait s'écrouler au premier souffle. Sa vétusté avait été étayée par des superstitions nouvelles, et l'éclectisme alexandrin, moitié philosophique moitié religieux, en avait cimenté les pierres disjointes. Cette religion, solidement assise sur la base séculaire des mœurs et des coutumes, solidement réparée, pouvait donner à quelqu'un l'idée de la défendre, et en profitant d'un moment favorable, des fautes de l'ennemi, de recommencer une guerre qui ne paraissait point désespérée. Les défenseurs ne manqueraient pas, et on pouvait être sûr non seulement de leur nombre, mais de leur ardeur, car nous nous trompons aujourd'hui quand nous ne voyons chez les païens qu'une obstination froide qui ferme volontairement les yeux à la vérité chrétienne. Dans les rencontres hostiles et souvent meurtrières, la foi se heurtait à la foi. C'est du reste l'ordinaire effet des luttes prolongées de mettre aux mains des adversaires les mêmes armes, et, s'il est vrai que dans les guerres politiques toute cause qui inspire le fanatisme excite chez l'ennemi un fanatisme contraire, à plus forte raison doit-il en être ainsi dans les guerres religieuses. Aussi voyons-nous dans le camp des païens, avec des croyances moins pures et moins clairement définies, la même confiance dans l'intervention divine, des deux côtés la même attente des signes surnaturels. S'il y a des légendes chrétiennes, il en est aussi de païennes. De toutes parts éclatent des miracles et des prodiges, et telle est la foi des uns et des autres et la facilité à tout admettre de ce qui paraît divin que les païens souvent ne mettent pas en doute les miracles des chrétiens, et que les chrétiens ne contestent pas les prodiges des païens. Seulement chacun croit avoir pour soi la divinité et donne pour auxiliaires à l'ennemi les démons. De là vient que l'histoire du paganisme semble calquée sur celle du christianisme. Julien fait naturellement et sans malice l'inverse de Constantin. Si celui-ci a eu un songe merveilleux après lequel il s'est voué à son Dieu, celui-là en aura un semblable avant de se consacrer aux siens. Ni l'un ni l'autre n'étaient des imposteurs; mais leur imagination, exaspérée par la lutte, le péril et l'ardent esprit du temps, voyait ce qu'elle avait intérêt à voir pour la défense de la cause sacrée.

C'est pour faire comprendre le rôle si souvent méconnu de Julien que nous venons de peindre en traits rapides l'état de l'empire et des âmes, les misères du christianisme divisé, la joie de ses ennemis, la rénovation de la foi païenne. La foi, non la politique, égara Julien. Il eut le malheur de se dévouer à la cause qui n'était pas la meilleure; il fut la victime d'une passion religieuse. Que la postérité le plaigne, le condamne ou déteste son entreprise, rien de plus naturel. Nous sommes prêt à souscrire à sa pitié ou à sa justice, fût-elle irritée; mais, tout en accablant sa foi stérile, il faut savoir reconnaître dans l'homme et dans le prince une haute raison et un grand caractère, ne fût-ce que pour adresser un suprême salut à un des plus beaux exemplaires de la vertu antique et au dernier représentant d'un monde qui va mourir.

III

L'histoire se montrerait peut-être équitable, si elle cessait de flétrir Julien du nom d'apostat. On pourrait facilement soutenir qu'il n'a jamais été chrétien que par contrainte, et qu'il avait plus que tout autre des motifs pour ne pas goûter les enseignements du christianisme, qui lui furent imposés par son terrible tuteur, l'empereur chrétien Constance, le meurtrier de toute sa famille. Échappé par hasard, comme un petit Joas, au massacre des siens, enfermé avec son frère pendant six ans dans un château de Cappadoce, traité avec égard sans doute, comme un prince, mais par des maîtres qui étaient ses surveillants et des serviteurs qui étaient des espions, le jeune Julien fut soumis à une sorte de régime claustral. Sur les recommandations expresses et méticuleusement prudentes de Constance, qui tenait à en faire un chrétien et qui en aurait fait volontiers un moine, il pratiquait avec rigueur toutes les règles ecclésiastiques, les jeûnes, les aumônes, l'assistance aux offices. La politique byzantine prévenait déjà la coutume des rois mérovingiens, qui enseveliront au fond d'un cloître les jeunes héritiers des races royales. Le futur césar remplissait dans les cérémonies solennelles l'office de lecteur, et du haut de l'estrade qui faisait face au peuple lisait à haute voix les textes sacrés. On conduisait dévotement les deux frères aux tombeaux de tous les martyrs. Si dans les exercices religieux on ne remarqua jamais chez Julien de la tiédeur ou de la répugnance, on pouvait néanmoins s'étonner de quelques faits qui depuis ont paru significatifs. Son frère et lui ayant voulu bâtir en commun une église sur le tombeau d'un martyr, la construction de l'aile dont Julien s'était chargé fut toujours entravée pour un motif ou pour un autre, et resta inachevée. « Il semblait, dit M. de Broglie, que Dieu refusât ses offrandes. » Ne serait-il pas plus vrai de dire que dans ces sortes d'offrandes Julien mettait peu de bonne grâce et de diligence? De même dans les exercices de rhétorique qu'on faisait composer aux deux jeunes gens, Julien prenait toujours le rôle d'avocat du paganisme, et dans ce jeu d'esprit il mettait une curieuse obstination à ne pas se laisser battre. Souvent aussi, dans les ennuis de sa solitude, on l'avait surpris contemplant avec une admiration inquiétante les splendeurs d'un beau jour ou d'une nuit étoilée, et son ardent enthousiasme semblait annoncer déjà le futur adorateur des astres et du dieu soleil. Cette vie solitaire et captive, sans amis, cet espionnage respectueux, mais visible, ces règles d'abstinence, cet enseignement religieux forcé, toute cette contrainte, en refoulant sans cesse cette jeune âme sur elle-même, devait lui donner une force singulière. Cette imagination, échauffée par la méditation et qui ne pouvait se répandre, garda et accumula tous ses feux. Comme il est vrai de dire, selon le mot du prophète, que l'iniquité est toujours prise dans ses propres filets! Cette éducation, qui paraissait si prudente à Constance, qui devait éteindre le jeune homme, était la mieux faite pour l'exalter et lui donner le goût des libres pensées. Quand il sortit de sa prison, il avait l'esprit assez impatient du joug pour détester la foi qu'on lui avait apprise, et assez de science chrétienne pour combattre ce qu'il détestait. Son oppresseur ne pouvait pas mieux s'y prendre pour lui inspirer la haine du christianisme et pour donner à cette haine des armes aiguisées.

A peine sorti de sa réclusion, mais non tout à fait libre, car l'œil jaloux de Constance ne le perdait pas de vue, il se porta du côté où l'entraînaient ses instincts et ses goûts, vers la littérature et la philosophie profanes. Déjà dans sa première enfance son livre favori était Homère. Il se plongea dans l'étude des grands écrivains classiques de Rome et surtout de la Grèce, sans plus se souvenir des maîtres de la chaire chrétienne. Il fréquenta les écoles des sophistes à Constantinople comme un simple étudiant, et ne se distingua de ses compagnons que par son esprit et son ardeur d'apprendre. Heureuse et prudente modestie qui certainement lui sauva la vie, car son frère Gallus, soupçonné d'ambition, sera bientôt assassiné à son tour! Toujours surveillé par les créatures de Constance, chargées de rendre compte de toutes ses démarches et même de s'assurer s'il donne des marques extérieures de foi chrétienne, Julien ne tarde pas à être renvoyé de Constantinople, où il faisait ses études, parce que la faveur publique semble fonder sur lui de lointaines espérances et saluer d'avance un nouveau Marc-Aurèle. Il est interné à Nicomédie, mais à la condition qu'il ne verra pas le célèbre orateur païen Libanius, la merveille de cette ville. Julien promet, reste fidèle à la lettre de son engagement, ne voit pas le sophiste, mais s'enivre de son éloquence écrite. Malheureusement il est mis en rapport avec Maxime d'Éphèse, il subit le charme de ce grand initiateur théurgique, se fait instruire dans ces sombres mystères qui offraient un attrait à son esprit mélancolique et une pâture à son âme avide de foi. Il se hasarde à prendre la robe des philosophes, et, selon la mode du temps, laisse pousser sa barbe, quand, sur un signe venu de la cour, le voilà de nouveau obligé de reparaître à l'église, rasé, vêtu en moine, et de redevenir comme dans son enfance lecteur public des saintes Écritures. Tout à coup il apprend que son frère a été tué par l'ordre de Constance et que lui-même est mandé à la cour, qui était alors à Milan. Il y va porter sa vie précaire, qu'un mot impérial peut trancher. Éconduit, humilié par les eunuques du palais, à demi captif pendant six mois, sous l'œil des gardes qui ne le perdaient pas de vue, il se trouve que par une étrange rencontre ce contempteur du christianisme se promenait tous les jours devant la basilique où était réuni le concile arien qui condamnait les orthodoxes. Il entendit les échos de ces débats, avec quelles pensées, M. de Broglie nous le dit en beau langage. « La mémoire toute nourrie des dédains de Tacite et de Cicéron, que n'avait-il pas senti, que n'avait-il pas souffert en voyant ainsi la majesté romaine compromise dans les déchirements d'une secte juive! De quel œil méprisant avait-il lu sur les murailles l'édit impérial contre Athanase, mélange de dialectique subtile et de brutalité arrogante signé d'une main parricide! Combien de fois, en levant les yeux vers le ciel, avait-il vu se dresser entre le Dieu de Constance et lui l'image sanglante d'un père qu'il n'avait pas connu et d'un frère qu'il n'osait pleurer! » Où trouver ailleurs dans l'histoire un prince ardent, généreux, spirituel, soumis à une oppression plus inepte et plus cruelle, à de plus intolérables injures, qui n'est en possession ni de sa vie, ni de son âme, ni de son esprit, auquel on fait sentir qu'il ne doit vivre, penser que selon un caprice d'en haut? Misère de tous les instants qu'on ne peut raconter dans le détail, qu'il suffit de se figurer, et qui arrachait au malheureux ce cri qu'il faut recueillir dans sa noble épître au peuple d'Athènes : « Que de torrents de larmes je répandis, que de gémissements, les mains tendues vers l'Acropole de votre cité, suppliant Minerve de sauver son serviteur et de ne pas l'abandonner [1] ! » Dans son désespoir, le jeune philosophe opprimé se détournait du Dieu adoré par son tyran et levait ses mains vers la déesse de la sagesse, la seule divinité qui ne l'eût pas fait souffrir. Ainsi donc, que l'on donne à Julien tous les noms qu'il plaira, qu'on l'appelle insensé, fanatique, mais qu'on cesse de lui infliger durement ce nom d'apostat, de peur qu'un historien, trop touché de ses malheurs, ne s'avise un jour de prouver que l'apostasie était excusable.

1. *Epître au sénat et au peuple d'Athènes*, ch. 6, traduction de M Talbot.

Chose vraiment remarquable, jusqu'à ce moment la vie de Julien a été réglée, arrangée dans le détail par la défiance ombrageuse de Constance, qui s'en était fait le maître, avec des minuties de prétendue prudence qui n'étaient qu'une maladresse poussée jusqu'à la perfection. On lui avait fait détester le christianisme à force de vouloir l'y enchaîner, on lui fournit encore l'occasion de s'attacher davantage au paganisme. Julien ayant demandé à se retirer modestement en Asie, Constance, par une défiance nouvelle, lui assigna pour séjour Athènes, « la ville, dit un Père, la plus dangereuse pour le salut, » la ville des plus beaux souvenirs antiques, l'asile des muses, de l'éloquence, de la philosophie profane et, à cette époque, des initiations mystiques. Julien séduit tout le monde par ses talents, son beau langage, sa modestie charmante chez un prince. Il marche entouré d'orateurs, de philosophes, de vieillards, de jeunes gens, qui aiment à faire cortège à celui dont ils devinent sans doute les secrets sentiments, tandis que des étudiants chrétiens, parmi lesquels saint Grégoire et saint Basile, pénètrent déjà en lui, avec la clairvoyance d'une foi inquiète, le redoutable ennemi du christianisme; mais bientôt Julien est arraché de nouveau à ses études et à cette douce popularité. Par un coup de théâtre surprenant, il est jeté dans la carrière politique. Le faible Constance, apprenant que la Gaule était en proie à la révolte et aux invasions barbares, incapable de faire face au péril, songe à partager le fardeau de l'empire, et ne trouvant plus personne de sa famille, qu'il avait exterminée, il se voit forcé, malgré de secrètes alarmes, de s'adresser à ce cousin de vingt-quatre ans, l'objet de ses ombrages. L'étudiant d'Athènes, qui reçoit subitement l'ordre de se rendre à Milan, peut croire qu'on l'appelle à la mort, et c'est la pourpre de César qu'on lui réserve. Il est présenté par Constance lui-même aux acclamations des troupes. On l'envoie dans la Gaule, triste et désespéré, à la tête de trois cent soixante soldats, sans instructions, sans même l'avertir de ce qu'on savait déjà, que les Francs avaient forcé le Rhin et se répandaient jusque dans la Bourgogne. N'ayant pas amené d'armée avec lui, chargé de commander aux troupes indisciplinées de la Gaule, qui étaient sous les ordres de généraux hostiles et d'avance convaincus que le mauvais vouloir envers Julien leur serait compté par l'empereur comme un mérite, entouré d'officiers chargés de le surveiller et de trésoriers qui devaient lui refuser l'argent, il se sentit de toutes parts enlacé dans des fils invisibles qui aboutissaient à la main perfide de Constance. Comment n'aurait-il pas compris qu'on l'avait envoyé si loin moins pour sauver une province que pour se perdre lui-même? Il résolut de ne compter que sur sa propre bonne volonté, et tout d'abord cet échappé des écoles mit à profit l'hiver pour apprendre l'art de la guerre dans les livres et dans des exercices infatigables où il plaisantait avec ses soldats de sa gaucherie et de son air emprunté : « Voyez, Platon, ce que l'on fait d'un philosophe! » Dès le printemps, se sentant l'ardeur qui fait les capitaines, il entra en campagne après avoir demandé humblement la permission d'aller montrer à l'ennemi *l'image de l'empereur*. L'infortuné ne pouvait même devenir un héros qu'au profit de Constance. Nous ne raconterons pas ses brillantes campagnes, par quels coups d'audace il prouva sa décision, avec quelle prudence il répara ses premières fautes, comment il apprit la guerre sur le champ de bataille, avec quel élan, à la tête d'une armée peu nombreuse qu'il avait animée de son grand cœur, il rejeta les barbares au delà du Rhin, qui vit sur ses bords un digne élève de Jules César ou plutôt un autre Germanicus. M. de Broglie, qu'on ne peut pas soupçonner d'entraînement pour Julien, raconte toutes ses victoires avec une certaine bonne grâce militaire; lui-même est sous le charme de cette valeur, de cette simplicité, de cette modestie nécessaire sans doute, mais touchante. Du reste, rien n'est plus séduisant que les débuts des grands capitaines; leur génie éclate en libres saillies, en bonds imprévus; leur art est neuf, net, hardi, facile et de plus heureux. Le bonheur et la jeunesse embellissent les victoires, et les yeux les plus prévenus ne manquent jamais de se laisser ravir à ces aurores de la gloire.

Pourquoi faut-il que M. de Broglie nous gâte si souvent les aimables portraits qu'il fait du prince par des reproches de dissimulation qui nous paraissent immérités? Que Julien n'ait pas beaucoup d'abandon dans sa conduite et l'expression de ses sentiments, doit-on s'en étonner lorsqu'on connaît la situation qui lui est faite? Qu'il n'ait pas professé hautement la foi païenne, lui le lieutenant d'un empereur chrétien, et qui commandait à des chrétiens, la politique lui en faisait une loi. Que, toujours attentif à se disculper, il n'ait jamais manqué de répondre aux délations, d'en conjurer les effets, c'était une habileté permise à un prince qui ne marchait qu'escorté de traîtres, de généraux et d'intendants apostés pour l'accuser et le perdre. Que dans un mouvement de reconnaissance vraie il ait composé un panégyrique de Constance avec une rhétorique mensongère en le comparant aux héros de l'*Iliade*, c'était un sacrifice à la mode littéraire du temps, un moyen de se faire pardonner ses victoires et de désarmer la jalousie par des compliments. Et ne peut-on point soupçonner qu'il n'a fait l'éloge de l'empereur que pour avoir le droit de faire celui de l'impératrice Eusébie, sa bienfaitrice, sa patronne, qu'il célèbre cette fois en termes ingénus et touchants? Il faut se rappeler toujours que Julien ne s'avançait qu'au milieu des pièges, que toutes ses démarches, ses paroles étaient rapportées à l'empereur, et qu'il était obligé de contenir même son cœur. On lui interdit jusqu'à l'amitié. Aussitôt qu'on apprend à la cour qu'il a un confident digne de lui, on le lui enlève, et on envoie son cher Salluste exercer des fonctions en Thrace : cruelle et humiliante séparation qui arrachait à Julien ces plaintes si tendres dans une lettre à son ami, où il se rappelle « ces fatigues partagées, ces affectueux saluts de chaque jour d'une tendresse si sincère, ces entretiens tout pénétrés de vérité et de justice, cette communauté d'efforts pour le bien, ce même courage à résister aux méchants, une telle ressemblance de mœurs, une telle confiance d'amitié... A qui permettrai-je aujourd'hui de me traiter avec une noble franchise, qui me réprimandera avec douceur et tournera mon âme vers toutes les choses honnêtes? C'est moi que les sycophantes ont voulu percer en te blessant »[1]. Voilà comme on le traitait, lui le sauveur de la Gaule, comme on s'entendait à

---

1. *Consolation à Salluste*, passim.

le punir, s'il ouvrait son cœur même dans le commerce de la plus innocente amitié. Pourquoi donc s'étonner que devant son perfide entourage il ait fait mystère de ses pensées?

Nous voudrions insister un moment sur un de ces reproches de dissimulation à propos de la soudaine révolte militaire qui éleva Julien à l'empire, et qui fut, selon M. de Broglie, l'effet d'une conspiration ourdie par le césar lui-même. D'après le récit de l'historien, la révolte ne fut qu'une habile collusion entre le général et ses soldats; le lecteur tient tous les fils de l'intrigue, hâtons-nous cependant d'ajouter que c'est moins Julien que M. de Broglie qui est l'auteur de cette trame si finement tissée. Voici les faits dans leur simplicité et leur vérité historiques. Le faible Constance, battu par les Perses, ordonne à Julien de lui envoyer deux légions et des troupes auxiliaires auxquelles pourtant on avait promis de ne jamais les mener au delà des Alpes. Julien désolé fait néanmoins exécuter l'ordre impérial; les troupes murmurent et ne veulent point aller sans retour aux extrémités du monde; toute la Gaule désespérée, se voyant privée de ses défenseurs et craignant de retomber dans la servitude des barbares, dont Julien l'avait délivrée, s'agite et se plaint. Les femmes des soldats avec leurs enfants se répandent sur les routes, poussent des cris et s'opposent au départ. Julien, loin de profiter de cette indignation douloureuse, fait tout ce qu'il peut pour en atténuer les effets. Il va jusqu'à préparer de vastes chariots pour que les soldats puissent emmener leurs familles. Il ne veut pas que les troupes irritées passent par Lutèce, sa résidence. Décentius, l'imprudent délégué de Constance, décide qu'elles traverseront Lutèce, pour faire partager sans doute au césar la responsabilité de cette mesure impopulaire. Pendant le défilé, Julien harangue cette armée silencieuse et morne, il fait entrevoir aux soldats les récompenses qui les attendent auprès de l'empereur; mais dans la nuit la révolte éclate, les légions assiègent le palais en criant : « Nous voulons Julien pour auguste! » Il refuse de paraître, et seulement quelques heures après il parcourt les rangs, repousse avec indignation le titre d'auguste, étend vers les soldats ses mains suppliantes, et, pour les apaiser, va jusqu'à leur promettre de faire révoquer l'ordre de départ. On le saisit de force, on le place sur un bouclier, on lui met sur la tête, faute de diadème, un ornement militaire, et le voilà empereur. Toute cette scène que M. de Broglie regarde comme une pièce de théâtre composée par un grand artiste en intrigues est au contraire dans Ammien Marcellin [1] aussi simple qu'admirable; depuis le

1. L. XX, ch. 4.

commencement jusqu'à la fin, Julien n'a rien négligé de ce qui pouvait amortir l'effet d'un ordre suprême qui était insensé. Avec un désintéressement qu'il ne faut pas trouver suspect par cela qu'il est héroïque, il a lutté jusqu'au bout, comme autrefois Germanicus dans une situation semblable, dont Tacite a dit : *Quanto summæ spei propior, tanto impensius pro Tiberio niti* [1]. En général, il faut se garder de prêter aux grands hommes des motifs vulgaires et de les ramener tous à la même mesure. Nous ne prétendons pas que Julien n'ait pas eu d'ambition ; mais assurément cet original génie en avait une qui n'était pas ordinaire. Il y a dans l'ambition bien des degrés, et l'on peut aspirer à autre chose qu'à des honneurs, au pouvoir, au trône. L'enthousiaste disciple des philosophes était bien plus porté à vouloir étonner le monde par ses vertus et par l'éclatante nouveauté de son désintéressement. La gloire d'un Galba, d'un Othon et de tant d'autres généraux proclamés empereurs par leurs soldats ne tentait pas son orgueil, qui avait de plus hautes visées. Le succès ne valait pas les périls que l'entreprise lui faisait courir. D'ailleurs il savait que le pouvoir suprême irait un jour facilement à lui, qu'il était le seul héritier de Constance, qui n'avait pas d'enfant. Enfin n'y avait-il

---

[1]. *Annales*, l. I, ch. 34.

point autour de lui dans le monde entier, de Constantinople, d'Athènes à Lutèce, comme une immense conspiration de faveur publique, et croit-on que depuis dix ans il n'avait pas senti doucement frémir sous le vent populaire la voile qui devait le mener au port? Il avait une ambition plus digne de son orgueil et de sa foi, et ce prince mystique, qui pouvait se croire prédestiné et chéri du ciel non moins que de la terre, mettait son point d'honneur à ne pas rechercher ce qui lui serait tôt ou tard offert par la fortune pour être un instrument pur et irréprochable entre les mains des dieux.

Ce que nous disons ici n'est pas pour défendre Julien, dont la révolte eût été bien excusable et naturelle après tant d'outrages reçus de Constance. C'est simplement pour conserver au prince l'originalité de son caractère que nous repoussons l'accusation qui du reste ne repose sur aucun témoignage historique. M. de Broglie a d'abord la bonne foi de reconnaître que tous les écrivains païens, Ammien Marcellin, Libanius, Zozime, donnent la résistance de Julien à la proclamation des soldats comme sincère; mais il préfère s'en rapporter au récit des chrétiens. On pourrait lui objecter que les chrétiens sont suspects aussi bien que les païens en sens inverse. Eh bien! s'il le faut, je tiens pour non avenus les témoignages profanes pourtant si dignes de confiance, et je n'écouterai que l'opinion chrétienne, s'il est vrai qu'elle accuse Julien d'avoir pris la couronne lui-même. Que dit l'historien chrétien Sozomène ? « En ce temps-là, Julien, au comble de la gloire, adoré par ses soldats, fut proclamé par eux auguste. » Il n'est point parlé ici de dissimulation. Zonaras, après un récit confus, ajoute : « Devant les épées nues des soldats qui menaçaient de le tuer, Julien accepta l'empire, peut-être contre son inclination. » Reste le témoignage de saint Grégoire, qui n'est guère impartial, puisqu'il a donné lui-même à son discours le titre d'*invectives contre Julien*. Or le fougueux orateur, qui répand ses saintes colères en cent pages in-folio, se contente de dire : « Il prit le diadème, » jugement sommaire qui est prononcé non pas sur la prétendue conspiration de Julien, mais sur l'irrégularité de son avènement. Puis donc que ni les païens ni les chrétiens ne l'accusent, nous n'avons pas le droit de l'accuser non plus, à moins de dire comme un historien timide qui, ne voulant point le condamner sans preuves et n'osant l'absoudre hardiment, laisse échapper cette phrase naïve : « Il faut avouer que, si ce prince fit mouvoir les ressorts qui l'élevèrent au rang suprême, il cacha bien son jeu [1]. »

1. *Vie de l'empereur Julien*, par l'abbé de La Bleterie, 1746.

Si l'histoire n'offrait jamais que les mêmes scènes d'intrigue et d'ambition, elle ne mériterait vraiment pas d'être étudiée. C'est à saisir la différence des caractères et des hommes qu'elle doit mettre son soin et son intérêt. Julien est tout autre chose qu'un général rebelle qui en grandissant veut faire violence à la fortune; il ne doit pas être confondu avec tous les chefs d'armée qui dans la Gaule se sont fait proclamer empereurs. Il était peut-être dans son caractère de craindre autant que de désirer la couronne. Déjà, quand à Milan il fut créé césar, on remarqua son air soucieux, son secret effroi au milieu des fêtes, et, quand il dut monter à côté de l'empereur sur le char triomphal qui les ramenait tous deux au palais, on l'entendit murmurer ce vers tragique d'Homère, qu'il s'appliquait à lui-même : « La mort l'a couvert de pourpre, et la puissance du destin a mis la main sur lui. » Il recule devant sa destinée, il faut qu'il se gourmande : « Toi qui veux être un homme, un homme fidèle à ses devoirs, tu priverais les dieux de ta personne! est-ce là servir les dieux?» Plus tard, après une grande victoire remportée en Gaule, à ses soldats qui une première fois lui donnent le nom d'auguste, il répond sèchement et les fait taire. Plus fier encore qu'ambitieux, cet élève de la philosophie, qui regardait la royauté comme un sacerdoce, semble avoir redouté longtemps les hautes responsabilités du pouvoir suprême, comme font les rêveurs épris de perfections idéales.

Ce ne sont pas des pensées communes qui s'agitaient dans cet esprit à la fois étrange et noble, alors enfermé dans ce palais des *Thermes*[1] dont nous avons encore les ruines sous les yeux. Pour nous, nous n'apercevons jamais ces voûtes ouvertes par le temps, où l'œil du passant pénètre, sans nous représenter le grand prince qui jadis les remplissait de ses travaux et de ses méditations solitaires. C'est de là que rayonna pendant quatre ans dans toute la Gaule l'infatigable activité du jeune césar, que sa vigilance contenait au loin les barbares, que son intraitable probité épouvantait les concussionnaires et les spoliateurs officiels, que sa justice faisait partout régner le droit. C'est vers ce simple palais que se tournaient l'admiration et la reconnaissance des Gaules, et que nos ancêtres ont envoyé les premières bénédictions qu'ils aient adressées à un prince. Les détails épars dans les histoires du temps nous permettent de nous figurer encore cet intérieur austère. Voici la chambre toujours sans feu l'hiver sous ce climat pourtant si rigoureux pour un Grec et un Oriental; voici la table où l'on ne servit jamais que la nourriture du soldat, le lit com-

1. A Paris, Boulevard Saint-Michel.

posé d'un tapis et d'une peau de bête, petit lit qu'ont rendu célèbre la plus sévère chasteté et de si courts sommeils. Dans cette chambre qui était un cabinet de travail pour le général et un oratoire pour l'ardent néophyte de la philosophie, Julien, après les fatigues du jour, faisait trois parts de ses nuits. La première était donnée au repos; puis il s'occupait d'affaires, dictait ses lettres avec une telle rapidité que ses secrétaires n'y pouvaient suffire; enfin il se livrait aux charmes de ses études littéraires ou philosophiques. Alors il montrait une incroyable ardeur à gravir les sommets les plus ardus de la science, et, comme dit Ammien Marcellin, « sa pensée toujours tendait à s'élancer au delà. » Et c'était non pas de simples études, mais des exercices de l'âme. Toujours en face des images d'un Epaminondas ou d'un Marc-Aurèle qu'il se proposait comme exemples, il aspirait à montrer un jour en sa personne la philosophie sur le trône. A ses rêveries politiques, l'ardent disciple de Porphyre ajoutait encore ses rêveries plus hautes et plus chimériques sur la purification et la déification de l'âme. Initié à des cultes secrets, il ne se mettait jamais au travail sans invoquer à genoux Mercure, qui, d'après de mystérieux symboles, était considéré comme le principe, le moteur de toute intelligence. Telles étaient les habitudes journalières de ce mystique païen.

Aussi dans cette nuit de la révolte, nuit de perplexités terribles où il fut tout à coup assiégé dans son palais par l'enthousiasme menaçant de son armée, il refusa de paraître. Les soldats ferment les issues pour ne pas laisser échapper celui qui, dans leur détresse, peut seul les sauver d'un ordre inique en devenant leur complice et leur empereur. En entendant leurs cris prolongés, plus redoutables encore que flatteurs, Julien, réfugié à l'étage supérieur, dans l'appartement de sa femme, levant les yeux par une fenêtre ouverte vers la voûte du ciel, pria Jupiter de lui envoyer un signe de sa volonté. Le génie même de l'empire lui apparut avec ces paroles : « Julien, je me tiens à ta porte depuis longtemps, tu m'as déjà plus d'une fois refusé l'entrée. Si tu me repousses encore, quand tant de gens me conduisent vers toi, je m'en irai triste pour ne plus revenir. » Voilà ce qu'il racontait plus tard lui-même. Ainsi nous n'avons point là sous nos yeux un ambitieux vulgaire, un artisan d'intrigues; c'est un homme exalté par des vertus, par les abstinences, par l'orgueil, un amoureux de l'idéal politique, un philosophe dévot, un visionnaire si l'on veut, ou plutôt un ascète militaire.

Par une fortune bien rare à cette époque, il devint empereur sans verser une goutte de sang. Toujours réservé et prudent, espérant éviter la guerre civile, il écrivit des lettres à Constance pour se justifier et déclarer qu'il se contenterait de sa province. Constance ne veut rien entendre et se prépare à la guerre. Les deux empereurs marchent l'un contre l'autre, et le monde chrétien en suspens ne sait pour qui faire des vœux. « Chacun sentait instinctivement, dit M. de Broglie avec éloquence, que les situations naturelles étaient renversées et que personne n'était dans son rôle. Le représentant du vieux culte de l'orgueil et des sens était un jeune homme de mœurs austères et simples, modestement éclairé d'un rayon de gloire. Vieilli avant l'âge par la vie des cours, le défenseur de l'Évangile s'avançait, comme une idole fardée, au milieu d'une pompe ridicule et portait sur ses vêtements la tache du sang des chrétiens. » Heureusement la mort de Constance épargna une sanglante bataille à l'empire, et Julien, seul maître du monde, put entrer à Constantinople avec la fière pensée que ses dieux cette fois étaient vainqueurs, et qu'il allait devenir leur ministre sur la terre.

Nous n'avons pas dessein de raconter ce règne si court, si connu, et dont on pourrait deviner les caractères, tant les réactions politiques sont toujours les mêmes. Avons-nous besoin de dire que les lettrés, les sophistes, les philosophes accoururent autour de Julien, comme autrefois à la cour de Constantin et de Constance affluaient les évêques et les théologiens? Au-dessous des courtisans accoutumés à tourner avec grâce leur aile au vent de la fortune, et pour qui un changement de religion ne paraissait que l'obligation décente d'une situation nouvelle, le peuple était si fatigué de querelles religieuses, si incertain, si troublé, qu'il ne vit pas sans plaisir changer la face des choses. L'armée était heureuse de voir un tel général maître de ses destinées. Des chrétiens sincères et fervents craignaient moins une persécution païenne qu'ils ne détestaient la tyrannie théologique de Constance. Les orthodoxes se réjouissaient de voir tomber la puissance arienne. Jamais si grand changement ne se fit plus naturellement et avec plus de douceur. Le monde d'abord ne fut pas trop étonné de se réveiller païen; pour tout dire, Julien faisait son entrée à Constantinople au milieu de la joie universelle, et venait relever le paganisme à la tête d'une armée presque entièrement chrétienne.

Durant ce règne, qui ne dura pas deux ans et qui fut si rempli, M. de Broglie suit Julien pas à pas, le tient sous son œil vigilant et sévère comme un accusé déjà condamné d'avance auquel on doit la stricte justice, mais rien de plus. N'est-il pas à craindre que l'historien, en voulant n'être que juste, devienne dur, et même qu'il ne découvre partout des mystères de perversité? Pour nous, nous sommes au contraire frappé des bonnes intentions du nouvel empereur, de sa droiture et de sa franchise si contestée. Si dès les premiers jours Julien introduit timidement un sacrifice païen dans la cérémonie des funérailles du chrétien Constance, ce n'est point à nos yeux un détour de la dissimulation qui n'ose déclarer ses sentiments, c'est une réserve décente en pareille circonstance, car dès le lendemain on voit le restaurateur du paganisme, devant ses autels improvisés à la hâte, porter lui-même le bois des sacrifices, aller, venir, courir avec trop peu de respect humain vraiment, « comme le meilleur des prêtres, » dit Libanius, et, il faut en convenir, avec moins de dignité qu'il ne sied à un souverain pontife. Loin de se montrer dissimulé, il ne contient point assez son zèle pieux. De même, M. de Broglie soupçonne toujours de l'hypocrisie dans ses déclarations de tolérance religieuse. Pourquoi donc mettre en doute la sincérité de cette belle pensée exprimée en termes si justes : « S'il est possible de guérir par une opération sage les maladies du corps et les maux de l'âme, les erreurs sur la nature de Dieu ne peuvent se détruire ni par le fer ni par le feu? » Il dit ailleurs dans ses lettres : « J'ai résolu d'user de douceur et d'humanité envers tous les Galiléens et de ne pas souffrir qu'aucun d'eux soit nulle part violenté, traîné aux temples, forcé par de mauvais traitements de faire quelque chose qui soit contraire à sa façon de penser... Je ne veux pas, par tous les dieux, que l'on frappe les chrétiens sans droit ni justice. Leur erreur est de croire avec une insolence barbare que le Dieu véritable est inconnu à tout autre qu'eux [1]. » Cette dernière phrase méprisante semble garantir la sincérité du reste. Les faits vinrent d'ailleurs confirmer les paroles. Non seulement Julien ne persécuta point, mais il arrêta les persécutions des chrétiens contre les chrétiens; il autorisa les exilés orthodoxes à rentrer dans leurs foyers. On peut dire qu'à l'avènement de Julien le christianisme, naguère horriblement divisé, put enfin respirer. Maintenant, que l'empereur, comme on se plaît à le dire, ait accordé la plus entière liberté de conscience parce qu'il savait que les chrétiens, une fois libres, se déchireraient, selon le mot de saint Athanase, comme des bêtes féroces, c'est un reproche que nous n'oserions faire, parce qu'il risque de retomber plus lourdement sur les chrétiens que sur le prince. Qu'aux représentants des sectes chrétiennes présents à sa cour, et qu'il invitait à la concorde, il ait dit avec la hauteur familière d'un souverain et la malice d'un homme d'esprit : « Suivez mes conseils, les Alle-

---

1. *Lettres* 7; 43; 63.

mands eux-mêmes et les Francs s'en sont bien trouvés, » c'est là un détour aussi innocent que spirituel pour déclarer qu'il saurait au besoin imposer la paix aux esprits. On oublie toujours une chose : c'est que Julien, à supposer qu'il ne fût pas hostile aux chrétiens, n'avait pas à tenir une autre conduite. Tout ce qu'on pouvait lui demander, c'était de pacifier l'empire, de ne pas tourmenter les dissidents. La religion chrétienne ne devait pas avoir de privilège; elle n'était pas plus que le paganisme religion d'Etat, on pourrait dire qu'elle l'était moins; elle n'avait droit qu'à une protection égale, et il était assurément généreux à un prince si dévotement païen de la lui accorder en termes explicites, qui devenaient un engagement d'honneur, plus facile, il est vrai, à prendre qu'à tenir.

M. de Broglie a le tort, selon nous, de soupçonner sans cesse les bonnes intentions de Julien et de voir partout des persécutions dissimulées. Quand le nouvel empereur, pour redresser de justes griefs, et cédant aux cris du peuple longtemps opprimé, livre aux tribunaux des hommes détestés, M. de Broglie suppose que Julien les livre avec empressement parce qu'ils étaient chrétiens. Si Julien congédie, aux applaudissements de toute la foule, l'armée des parasites qui remplissait le palais de Constance, les chambellans, les cuisiniers, les barbiers, qui avaient les traitements des plus hauts fonctionnaires, M. de Broglie devine que dans le nombre il y avait des chrétiens qu'on était heureux d'éliminer. S'il supprime les innombrables officiers de la police, les *curieux*, s'il diminue les contributions locales, s'il s'oppose à l'établissement de nouvelles charges, c'est qu'il met, nous dit-on, son ostentation à paraître se confier à l'amour de ses peuples. Si encore, sur les justes demandes de l'opinion, il soulage la misère publique, alors navrante, en mettant fin à l'abus des immunités et des *voitures publiques*, c'est-à-dire au transport gratuit des personnes, qui ruinait les provinces, on ne manquera pas de dire qu'il a voulu satisfaire un secret ressentiment, parce que les privilégiés qui abusaient le plus de ces exemptions étaient les évêques et les prêtres, dont les continuels voyages à la cour et aux conciles avaient surtout, nous dit M. de Broglie lui-même, « mis les chevaux sur la litière ; » car le noble esprit de l'historien, tout en arrivant toujours à des conclusions sévères contre Julien, ne cache jamais la vérité, même quand il lui coûte de la reconnaître. Il faut pourtant s'entendre sur ces faits et d'autres que nous passons sous silence. Les mesures de Julien sont-elles, oui ou non, d'un souverain ami du bien public [1] ? sont-

---

1. Bossuet, qui n'est pas suspect, parle hardiment de son *gouvernement équitable* (*Disc. sur l'hist. univ.*, 1re partie, XI).

elles équitables, et si, comme on paraît le croire, elles sont justes, pourquoi donc faire toujours sur cette justice des réflexions déplaisantes qui ont peut-être pour effet de mettre en doute la justice de l'historien?

On pourrait, en suivant l'historien pas à pas, relever une foule de petits jugements accessoires où semble percer une hostilité méprisante. Nous n'en donnerons qu'un ou deux exemples. Lorsque Julien, assiégé de sophistes avides, de philosophes quémandeurs, de prétendus sages accourus pour solliciter des faveurs, afficha plus de simplicité pour faire honte à ces faux ministres de la sagesse, et donna au monde le bizarre spectacle d'un empereur vêtu en philosophe de l'école cynique, M. de Broglie met en note : « Cynique vient d'un mot grec qui signifie *être chien.* » Cette étymologie, du reste exacte, peut pourtant donner une idée fausse à ceux qui ignorent que le nom de cynique était porté par des hommes souvent vénérés, qui prêchaient la plus haute et la plus pure morale, qui faisaient profession de pauvreté, qui croyaient exercer un ministère sacré, et dont l'âme, disait Épictète, « devait être plus pure que le soleil. » Le philosophe cynique n'était autre, sous une forme païenne, que le moine mendiant allant de contrée en contrée réveiller les âmes. De même M. de Broglie défigure légèrement le portrait physique de Julien. Quand Ammien Marcellin dit seulement que le prince avait la lèvre inférieure un peu proéminente, n'est-ce pas traduire avec peu de bonne grâce que de dire : « Sa lèvre inférieure tombait en formant une grimace désagréable? » On sait que pareille lèvre est un trait caractéristique dans la famille impériale des Habsbourg, et pourtant il n'y a que leurs ennemis qui aient prétendu que ce fût une grimace. Simples inadvertances, nous le savons, et non point restrictions calculées, mais qui prouvent pourtant que dans les petites comme dans les grandes choses l'éloge coûte un peu à l'historien, car, hâtons-nous de le dire, M. de Broglie n'appartient pas à cette nouvelle école de critiques qui s'imaginent que les philosophes sont par état difformes et laids, que la beauté est donnée par surcroît à l'orthodoxie, et qui, sans doute pour s'être trop contemplés eux-mêmes, finissent par se persuader que la grâce corporelle accompagne toujours la grâce divine.

Mais, au lieu d'épuiser la liste de nos dissentiments, nous préférons louer la pénétration de l'historien, qui a vu nettement que ce règne singulier, commencé selon nous avec de si bonnes intentions, ne pouvait pas suivre toujours la voie droite et unie. Un prince avec des idées si particulières et des vertus qui n'étaient plus de son temps risquait fort de rencontrer d'insurmontables obstacles chez ses amis comme chez ses ennemis. Ce fut d'abord pour Julien une douloureuse surprise de voir les païens si profondément corrompus et la plupart même assez indifférents à sa restauration religieuse. Cette foule de devins, d'augures, de poètes, de philosophes, qui coururent se ranger autour de lui, et qui racontaient pour les faire payer les tourments qu'ils avaient soufferts, n'était qu'un troupeau famélique dont l'avidité importune soulevait son dégoût. « O combien, s'écriait-il, la philosophie est devenue par vous vile et méprisable [1] ! » Le sévère administrateur, même quand il éconduisait avec de bonnes paroles cette multitude cupide, était l'objet des plus vives récriminations. Puis les cultes secrets longtemps ensevelis dans les ténèbres ramenaient au grand jour leurs ignobles orgies ; charlatans de toute espèce, enthousiastes de carrefour, bacchantes, prêtresses échevelées, promenaient dans les rues leurs impudiques cérémonies. Toute la vieille fange qui, sous la domination chrétienne, s'était déposée peu à peu dans les bas-fonds, remontait à la surface. D'autre part, les chrétiens ariens et orthodoxes, réconciliés dans le péril commun, allaient opposer une invincible résistance et décon-

---

1. *Contre Héraclius*, 14.

certer quelquefois la justice du souverain par des difficultés inextricables. Rien, par exemple, ne pouvait paraître plus juste que de restituer aux villes païennes leurs terres et leurs temples, qui leur avaient été enlevés par Constance ; mais depuis tant d'années ces temples étaient devenus des églises, et comment pouvait-on, sans amener de sanglantes collisions, rétablir avec pompe une idole sur l'autel qui avait porté le corps de Jésus-Christ ? Comment rendre aussi aux sectes chrétiennes naguère opprimées leurs sanctuaires usurpés ? L'équité même du prince faisait naître partout des conflits, tant la situation était embarrassée et les intérêts enchevêtrés par plusieurs révolutions religieuses. Qu'on ajoute à cela l'imprudence héroïque des chrétiens renversant les idoles, les cris contre les magistrats, même quand ils ne faisaient que punir une témérité illégale et sacrilège, la révolte des villes entières démolissant les temples, et l'on comprendra combien le rétablissement du paganisme tenté par la main la moins tyrannique pouvait jeter de trouble dans le monde. La plus vive souffrance du pouvoir absolu doit être de se sentir impuissant. L'impatience de Julien devait être d'autant plus vive qu'il s'était fait une loi de ne pas la répandre en caprices, qu'elle était contenue et comme emprisonnée par sa justice même. Il vint un jour où il n'eut plus la force de se tenir renfermé dans sa modération. Attaqué sans cesse par des chrétiens spirituels et éloquents, qui en l'outrageant lui-même outrageaient en même temps ses dieux, et qui dans leurs pieux pamphlets se servaient des armes empruntées à la philosophie, l'empereur philosophe lança l'étrange édit qui défendait aux chrétiens d'enseigner les lettres profanes, sous prétexte que « celui qui enseigne une chose à ses disciples pendant qu'il en pense une autre, celui-là est aussi éloigné de faire un bon maître qu'un honnête homme... Interprétez Mathieu et Luc... Contentez-vous de croire et cessez de vouloir connaître. » Cet acte tyrannique, qui décèle la mauvaise humeur et le dépit d'un sophiste, fut avec raison blâmé par les païens mêmes ; mais combien ne devons-nous pas nous défier de nos jugements sur une époque troublée, quand nous voyons que cette mesure détestable fut applaudie par les chrétiens rigides ! Ils disaient que la métaphysique et la fable étaient dangereuses, qu'en effet les âmes vraiment fidèles devaient se renfermer dans la foi et dans les limites de la science chrétienne. A leurs yeux, Julien faisait acte de sagesse souveraine en ramenant le christianisme à la pureté de l'enseignement apostolique. Quand on songe aux violences des règnes précédents, on est tenté de remarquer la modération relative de cette mesure vexatoire et de juger avec quelque clémence cette coupable erreur d'esprit. Avons-nous tous d'ailleurs le droit de nous montrer sévères, et n'avons-nous pas entendu autour de nous, il n'y a pas bien longtemps, une bruyante agitation et comme une émeute de pieuses âmes qui demandait aux pouvoirs publics précisément ce que Julien avait ordonné, à savoir que dans nos écoles il fût interdit d'étudier les auteurs profanes de l'antiquité? Ils ignoraient, ces chrétiens trop zélés, et ils auraient frémi d'apprendre qu'ils étaient les imitateurs de l'apostat, et des imitateurs bien plus iniques, puisque Julien interdisait les lettres antiques à ceux qui souvent les trouvaient méprisables, tandis que les nouveaux persécuteurs prétendaient les interdire à ceux qui les jugeaient de tout point excellentes. Aussi faut-il détester l'intolérance philosophique ou religieuse partout où on la rencontre, non seulement à cause du mal qu'elle produit dans le moment, mais parce que ses armes sont de celles qui changent le plus facilement de main.

Sur cette pente de la tyrannie où il aurait fini par glisser, Julien fut arrêté par la guerre des Perses, où il mourut à trente et un ans en héros et en philosophe. Ayant voulu dans une retraite périlleuse ranimer le courage de ses soldats par l'exemple de son audace, il se jeta dans la mêlée sans cuirasse et eut le foie traversé d'un javelot. Transporté dans le camp, sitôt que la première douleur fut calmée, il redemanda son cheval et ses armes, et l'émule des héros antiques fut un moment troublé à l'idée qu'il avait perdu son bouclier ; puis il fait aux assistants désolés un long discours avec le calme tragique des vieux temps, se félicite de mourir jeune dans la fleur de sa renommée, prend ses amis à témoin qu'il n'a pas abusé du pouvoir, et remercie les dieux qui lui envoient la mort sous la forme d'un glorieux congé. Il sait d'ailleurs par la philosophie qu'il va changer sa condition pour une meilleure. Enfin, après avoir réprimé par quelques mots les larmes et les gémissements de ses amis, il entre avec les philosophes Maxime et Priscus dans un grave entretien sur la nature de l'âme et sa destinée future, et sans agonie ferme ces yeux terribles et doux que jadis les soldats « ne se lassaient pas de contempler [1] ». Des historiens prétendent que l'armée regarda la mort de Julien comme un châtiment céleste; rien n'est plus faux, car, lorsque le lendemain Jovien fut élu par des officiers et que le nom du nouvel empereur parcourut les rangs, l'armée déjà en marche, trompée par la ressemblance des noms et entendant crier derrière elle : Jovien auguste !

1. Cujus oculos cum venustate terribiles... diu multumque contemplantes. (Ammien Marcellin, l. XV 8.).

répéta avec transport : Julien ! Elle croyait que la blessure n'était pas dangereuse et qu'il revenait à la vie. En apprenant la vérité, les soldats éclatèrent en sanglots; ils venaient de le perdre une seconde fois.

Bien que nous ne soyons pas insensible à la classique beauté d'une fin qui rappelle les plus grands trépas, et qui est touchante malgré sa sérénité un peu théâtrale et sa fastueuse simplicité, nous dirons que cette mort ne nous paraît ni regrettable ni prématurée. Julien avait tenté une entreprise impossible, qui lui coûta le repos et qui aurait fini par lui coûter l'honneur. Le temps était venu où, sous peine de laisser avilir en lui la majesté souveraine, il était obligé de renoncer à la persuasion pour recourir à la force. Des chrétiens emportés par l'ardeur de leur foi, d'autres encouragés par sa longanimité et son mépris philosophique des injures, commençaient à l'insulter en face. S'il punissait l'insolence, il risquait de faire des martyrs. Déjà, pour quelques châtiments infligés par des magistrats plus soucieux de la gloire du prince que le prince lui-même, l'opinion chrétienne exaspérée se répandait en hyperboles orientales et racontait que l'Oronte charriait des monceaux de cadavres chrétiens. D'autre part, à quoi pouvait se résoudre sa justice au milieu de querelles chaque jour renaissantes entre païens et chrétiens, entre ariens et orthodoxes, entre chrétiens et Juifs, et comment prendre parti pour les uns ou pour les autres sans être accusé ou de tyrannie ou de ruse ? Encore s'il avait trouvé un appui solide chez les païens ! mais ceux-ci ne pouvaient s'accommoder de son intégrité, de ses exemples austères, de son mépris pour la licence et la servilité. Abhorré des chrétiens, importun aux païens, sa vertu même était un fardeau pour le monde. Ce fut un bonheur pour lui de mourir « avant d'avoir abusé du pouvoir », comme il le dit lui-même à ses derniers moments, et peut-être ne savait-il pas jusqu'à quel point il avait raison de remercier ses dieux qui lui faisaient la grâce de le rappeler à eux « dans la fleur de sa renommée ». Si nous osions, comme fait parfois M. de Broglie, pénétrer les desseins de la Providence, nous dirions volontiers que Julien a été montré un instant au monde pour rappeler le christianisme à la concorde et même au respect de certaines vertus antiques qu'il ne fallait pas laisser périr, et pour prouver au paganisme son irrémédiable impuissance.

Nous voudrions que l'histoire se bornât à condamner avec sévérité l'immense erreur dont Julien fut la victime volontaire, mais qu'elle ne se crût pas obligée comme autrefois de disputer au prince une à une ses incontestables vertus. Il ne faut pas vouloir mutiler ou égratigner son image, qui est d'airain, mais la jeter par terre d'un seul bloc. S'il est peu sensé d'applaudir avec des historiens du XVIIIe siècle à la tentative d'une restauration païenne, il est non moins dangereux qu'injuste de dépouiller de ses mérites un héros païen par cela qu'il est l'ennemi du christianisme. Faudra-t-il encore dans notre siècle des ambages et des circonlocutions pour déclarer que Julien fut un grand caractère, et devons-nous être réduit à redire cette phrase d'un historien que M. de Broglie appelle sage et qui nous paraît plus que prudent : « Ce serait trop priser les vertus humaines de penser que Dieu les refuse à ses ennemis? » Comment! on ira jusqu'à dédaigner les vertus parce que Julien les a possédées! Ces détours de langage, ces louanges indirectes ou arrachées ne prouvent qu'une chose : c'est qu'il est impossible d'enlever à Julien son honneur. On ne peut lui refuser la pureté des mœurs, ni l'héroïsme, ni le constant souci du bien public, ni l'humanité, ni le don de plaire. Grand général avant d'avoir manié une épée, maître des cœurs par son éloquence militaire, il égala les plus célèbres capitaines au sortir des écoles. Habile et redoutable dans la controverse religieuse et philosophique, il fut un des premiers écrivains de son temps et fit preuve non seulement de facilité impétueuse, mais d'élégance et de grâce. Son orgueil ne s'abaissa jamais à la cruauté ni à la vengeance, et ne fit tort qu'à lui-même. Presque irréprochable, sinon dans sa conduite, du moins dans ses désirs, il n'eut d'autre vanité que celle de l'esprit et peut-être celle de la vertu. Plutarque aurait pris plaisir à composer sa biographie et l'aurait ajouté à la liste de ses héros. Comptez en effet dans l'histoire des temps anciens et des temps modernes les princes qui furent plus grands que Julien, et vous serez bientôt au bout de votre énumération. Sa gloire n'égalera pas peut-être en tous sens celle des plus illustres; mais, si elle est trop courte par quelque endroit, elle pourra bien, par un autre côté, la dépasser; s'il n'a pas le génie de César, il a plus de vertu; s'il n'a pas la vertu unie de Marc-Aurèle, il a plus d'esprit. Aucun n'eut plus que lui la bonne volonté, ne poussa plus loin la patience et ne contint d'une main plus ferme ses passions. Malheureusement l'amour du surnaturel qui s'était emparé de toutes les âmes et l'oppression qui pesa sur son enfance et sa jeunesse détournèrent la sève généreuse qui était en lui vers les dangereuses rêveries et les mystérieuses curiosités; mais ses défauts mêmes et les imprudences de son esprit, trop ardent à pénétrer les choses célestes, témoignent de sa grandeur. En politique, il s'éleva jusqu'à la chimère, en philosophie jusqu'au mysticisme, et, si son génie rencontra les nuages, c'est qu'il était haut.

Ne refusons pas à Julien cette gloire pour laquelle il a tant travaillé et que nous pouvons lui accorder avec d'autant moins de scrupules que nos éloges ne balanceront pas les injustices passionnées et les injures dont quinze siècles chrétiens ont accablé son nom, mais n'oublions pas de réprouver hautement sa malheureuse entreprise. Sur ce point, nous serons peut-être plus sévère que M. de Broglie lui-même, car au reproche qu'il lui fait d'avoir traversé les destinées du christianisme nous ajouterons cet autre reproche, d'avoir traversé les destinées de la philosophie. Il n'a pas été seulement hostile à l'avenir, il a été infidèle au passé. Tandis que les efforts séculaires de toutes les sectes philosophiques ont eu le but commun de détruire la superstition, lui, le disciple égaré des philosophes, a tout fait pour la réveiller. Sa foi insensée, en arrêtant le cours de la raison humaine, a encore essayé de lui faire rebrousser chemin. Bizarre fanatisme que l'esprit du temps explique, mais n'excuse pas chez un si grand homme, et qui pouvait paraître regrettable même à plus d'un sage païen ! Un de ces chers confidents auxquels Julien se plaisait à ouvrir son cœur et à qui il permettait les honnêtes réprimandes n'aurait-il pas été en droit de lui dire : « Quoi ! Socrate, Platon, Cicéron, Sénèque et tous les sages ont voulu épurer le culte, ils ont dévoilé les hontes et les mensonges de la superstition, et vous, leur successeur couronné, vous rétablissez ce qu'ils ont détruit, vous rappelez les aruspices, qui n'osaient plus se montrer; vous rendez la voix aux oracles muets, vous allez chercher l'avenir dans les entrailles des victimes! Et, comme si nous n'avions pas assez de superstitions, vous faites venir encore celles de l'Égypte et de la Perse! Est-il besoin de nous ramener en arrière aux temps de Romulus et de Numa? Ces chrétiens que nous détestons tous deux sont peut-être de plus fidèles héritiers de Platon, eux qui prétendent n'offrir à leur Dieu que ce qu'on lui offrait dans l'Académie ou dans le Portique, c'est-à-dire un culte intérieur et tout moral, qui méprisent ce que la philosophie a méprisé, qui honorent ce qu'elle a honoré. S'ils ont aussi leurs superstitions, combattez-les par la philosophie et non point par des superstitions surannées. Opposez à leurs miracles votre incrédulité et non point vos prodiges. Si en voulant arrêter leur erreur vous êtes vaincu, on pourra vous louer d'avoir combattu au nom de la raison humaine, mais on ne vous pardonnera pas d'avoir lutté pour un culte condamné. Exécré dans l'avenir par le christianisme votre vainqueur, vous serez encore un sujet d'éternels regrets pour la philosophie, dont vous aurez obscurci la cause. »

UN PAÏEN DEVENU CHRÉTIEN

SYNÉSIUS [1]

Une monographie bien faite sur un personnage célèbre, quand elle n'est pas un panégyrique, mais une œuvre de critique solide, est toujours une attachante lecture, qui promet des révélations nouvelles. La grande histoire, nécessairement cérémonieuse ou trop rapide, néglige des détails importants dont la ténuité lui échappe ou qui ne peuvent pas entrer dans le plan d'une vaste composition. C'est en interrogeant la vie d'un homme, ses sentiments, ses

---

1. *OEuvres de Synésius, évêque de Ptolémaïs, traduites entièrement pour la première fois en français et précédées d'une étude biographique et littéraire*, par M. H. Druon. Paris, Hachette, 1878. Ce livre ne renferme pas seulement une biographie complète et un examen approfondi des ouvrages de Synésius, mais encore bien des discussions nouvelles et un appendice savant, où M. Druon a classé dans un ordre chronologique les nombreuses lettres de son auteur, dont il est si utile de pouvoir fixer les dates.

opinions, ses habitudes, qu'on pénètre, par mille petits chemins inconnus, jusqu'au cœur d'une société disparue. On la voit plus familièrement, on l'aborde par tous les côtés à la fois, on la juge de plus près. Ce sont souvent les détails particuliers qui font le mieux ressortir les principaux caractères d'une époque, et il n'est pas nécessaire d'invoquer ici l'exemple de Plutarque pour prouver qu'une biographie composée avec art peut devenir un grand tableau d'histoire générale qui nous présente avec les mœurs et les coutumes l'état moral de tout un siècle.

Par les vicissitudes de sa vie et de ses opinions, par le rôle qu'il a joué comme citoyen, comme ambassadeur, comme philosophe et comme évêque, Synésius, dont M. Druon vient de publier l'intéressante histoire, nous dépeint dans ses divers ouvrages, et mieux qu'un autre peut-être, le commencement du ve siècle de l'ère chrétienne, et le fait d'autant mieux connaître qu'il n'est pas un historien, qu'il n'écrit le plus souvent que pour lui-même, pour ses amis, au jour le jour, avec une passion naïve qui, à cette époque de sophistique, ne laissait pas de s'accorder avec la prétentieuse parure du style. Que de renseignements imprévus il nous fournit sans y penser, sur l'état de l'empire, sur sa faiblesse politique, sur les écoles, les doctrines, la littérature, et, en général, sur ce monde moitié chrétien, moitié païen, où les mœurs sont si différentes des opinions, les dogmes encore mal définis, les croyances disparates, où les plus saintes vérités empruntent le langage à la mode des sophistes! En toutes choses, la lumière et les ténèbres sont, pour ainsi dire, confondues dans ce monde bizarre dont la grandeur morale égale les misères, où non seulement les nations sont partagées par les croyances, mais où le même homme est souvent double aussi, chrétien par le cœur, païen par l'esprit, et qui présente enfin ce singulier spectacle d'une société qui fait effort pour sortir de sa frivole corruption, frappée déjà à son sommet par le rayon divin, engagée encore dans le vieux limon, société raffinée et brutale à la fois, qui dispute, qui prêche, pendant que le cercle dont les barbares étreignent l'empire se resserre chaque jour et menace cette vieille civilisation qui n'a plus de soldats et ne songe pas à se défendre.

Nous voici dans la Cyrénaïque, sur le rivage africain de la Méditerranée, contrée autrefois florissante, dont Pindare a chanté les rois, célèbre par son commerce et son école de philosophie, où naquit, où mourut Synésius. Ses lettres nous disent ce qu'était alors une province sans cesse attaquée par les bédouins du temps, livrée à la mauvaise administration, à la lâcheté, à l'avarice des gouverneurs envoyés de Constantinople pour refaire leur fortune, ravagée par la famine, par l'ennemi, et, plus encore, par les inutiles soldats chargés de la défendre. Il faut voir dans le détail les émouvantes peintures de Synésius pour se figurer toutes ces calamités. Dans leurs fréquentes incursions, les barbares dévastent les champs, les bourgs ouverts, et ne se laissent pas même arrêter par les forteresses. Suivis de leurs femmes, qui tiennent le glaive tout en allaitant leurs enfants, ils violent et dépouillent les sépulcres, brûlent les églises, chargent leur butin sur des milliers de chameaux, entraînent les populations pour les réduire en esclavage. Les habitants ruinés avaient encore la douleur de penser que leurs enfants, enlevés, associés un jour à ces brigandages, deviendraient les auxiliaires de leurs éternels ennemis. Les troupes, qu'on entretient à grands frais, se cachent à l'heure du péril, et, quand la capitale de la Cyrénaïque va être assiégée, le gouverneur se hâte de monter sur un vaisseau, et, comme pour empêcher que le courage de ses administrés ne fasse honte à sa lâcheté, il envoie aux Cyrénéens l'ordre de ne pas engager le combat. Bien plus, une loi interdit aux particuliers de fabriquer des armes et de se défendre. Triste temps, où une province de l'immense empire ne comptait que sur quarante soldats courageux et fidèles; où, dans la plus grande détresse et le plus pressant danger, on demandait à Constantinople cent soixante combattants qu'on ne put pas même obtenir! La province était oubliée et ne pouvait être sauvée un moment que par un riche et puissant citoyen, tel que Synésius, ne comptant que sur lui-même et les siens, se mettant, malgré la loi, à la tête de ses laboureurs, qui, sans armes militaires, refoulaient les brigands avec des massues, des haches et des pierres. C'est ainsi qu'une belle province, la brillante colonie de Lacédémone, allait, par la faiblesse et l'incurie du gouvernement politique de l'empire, descendre à jamais dans les ténèbres de la barbarie.

Au milieu de toutes ces misères, on n'oubliait pas la poésie, l'éloquence, la littérature. Il faut suivre ce jeune et vaillant soldat volontaire d'une pauvre cité d'Afrique, épris des belles études, quittant sa patrie, qu'il trouvait « trop rebelle à la philosophie », et allant chercher en Egypte des lumières nouvelles. Alexandrie n'était pas seulement l'entrepôt du commerce d'Orient, le réceptacle de tous les vices, mais le foyer de la science grecque, ville des voluptés grossières et des plaisirs élégants, remplie de marchands, de matelots, de bateleurs, de courtisanes, mais aussi de sophistes, d'orateurs, où, sur les places et dans les rues, on vit des portefaix prêcher la philosophie à la multitude, où à une foule de disciples accourus de toutes parts s'ouvraient de riches bibliothèques, de célèbres écoles : ici, le modeste Didascalée réservé à l'enseignement chrétien ; là, le somptueux Musée, vrai palais de la science païenne, fréquenté par tout un peuple avide de savoir et de beau langage. C'est là que Synésius entendit, connut, aima la savante Hypatie, cette jeune fille mathématicienne et philosophe qui expliquait le néoplatonisme à une foule de respectueux adorateurs de son génie et de sa beauté. C'est une aimable et tragique apparition dans l'histoire que celle de cette vierge éloquente, consacrant son âme à la philosophie, son corps à la chasteté, qui inspira tant d'amour sans que le plus léger soupçon eût jamais effleuré sa vertu, qui tint les esprits distingués et le peuple même sous l'innocent empire de sa grâce et de sa parole, jusqu'au jour où cette belle inspirée, en se rendant à son école, fut arrachée de son char par une populace fanatique, et que cette noble élève de Platon, entraînée dans une église, dépouillée de ses vêtements, fut déchirée au pied d'un autel chrétien par des mains chrétiennes. J'ignore sur quel texte s'est appuyé M. Druon pour affirmer que Cyrille, patriarche d'Alexandrie, pleura sur le crime de son furieux troupeau, qui déshonorait son Eglise. Sans prétendre, avec quelques historiens, que Cyrille fut l'instigateur de ce mouvement populaire, la vérité nous oblige à dire que la mort d'Hypatie fut regardée par la communauté chrétienne et par son chef comme une victoire et qu'on pensait bien plutôt à célébrer le triomphe qu'à regretter la victime. Il faut se rappeler que, dans ce christianisme militant des premiers âges, la foi, loin d'apaiser toutes les passions, exaspérait quelquefois les rivalités et les haines, que la mansuétude n'était pas encore une vertu commune, et, si l'on veut laisser à l'histoire du temps son rude caractère, et ne pas prêter nos scrupules délicats aux violents défenseurs d'une religion longtemps opprimée, il faut reconnaître que le fougueux patriarche ne fut point affligé par un accident heureux qui lui paraissait une revanche et une juste humiliation pour les ennemis de l'Eglise, et qu'il fut loin de vouloir effacer avec ses larmes le sang de la vierge philosophe, de cette muse pudique si outrageusement immolée à un Dieu de miséricorde.

Le goût de Synésius pour les sévères études et sa tendre admiration pour Hypatie, alors dans l'éclat de la jeunesse et de la gloire, ne l'empêchèrent pas de quitter Alexandrie. Un véritable amateur d'éloquence et de philosophie se devait à lui-même d'aller visiter Athènes, la patrie, comme on aimait à le redire, de Démosthène et de Platon. Pour paraître savant, il fallait avoir vu l'Académie, le Lycée, le Portique, et tous ces temples de la sagesse antique qui avaient conservé de loin tout leur prestige, bien que la philosophie les eût désertés et qu'ils ne fussent plus habités que par la sophistique. La mode voulait qu'on eût traversé au moins ces célèbres écoles, pourtant si déchues de leur ancienne splendeur. Celui qui revenait d'Athènes pouvait parler avec plus d'autorité, se donner le droit de mépriser tous ceux qui n'avaient pas touché cette terre privilégiée. On accourait encore à Athènes moins pour s'instruire que pour y être allé, et c'était une belle présomption de sagesse et une gloire que d'en être revenu. Mais ce fut un grand désenchantement pour le grave disciple d'Hypatie de voir la stérile activité de ces écoles dégénérées, où des maîtres vieillis, gâtés par le luxe et la mollesse, ne pensaient qu'à grossir leur auditoire en attirant les élèves par l'appât des petits cadeaux; où les élèves, par amour-propre, par vanité, pour appartenir au maître le plus suivi, recrutaient des auditeurs, enrôlaient les nouveaux venus et travaillaient avec tant de zèle à la renommée de leur sophiste, que ces puériles cabales se changeaient quelquefois en luttes sanglantes. Tout ce mouvement et cette vaine agitation des écoles d'Athènes ne firent pas illusion à Synésius, et, après avoir visité avec une sorte de respect religieux les lieux consacrés par de grands souvenirs, il se hâta de quitter une ville qui n'avait plus rien d'auguste que des noms autrefois fameux, et que, dans sa mauvaise humeur, il compare à une victime consumée dont il ne reste plus que la peau pour retracer aux yeux un être naguère vivant.

Une ambassade de Synésius nous conduit à Constantinople, siège du gouvernement, où la Cyrénaïque, accablée par tous les malheurs à la fois, envoyait ses vœux et ses plaintes. Si les provinces étaient malheureuses, la brillante capitale de l'empire offrait peut-être un spectacle plus triste et plus dégradant. Le faible héritier de la puissance romaine, Arcadius, régnait alors, dominé par deux ministres dont l'un était un eunuque et l'autre un chef de barbares. C'est un grand dommage pour l'histoire que nous ne possédions pas les lettres que Synésius dut écrire à ses amis de Cyrène pendant son long séjour dans la ville impériale. Durant trois années, il assiégea les portes du palais, lui le représentant officiel de toute une province, sans pouvoir se faire entendre dans cette cour frivole, occupée d'intrigues et de plaisirs; trois ans on fit attendre, non par mauvais vouloir, mais par indifférence, par oubli, un ambassadeur qui, dans le péril pressant de sa patrie assiégée par des pillards, venait demander au gouvernement une centaine de soldats. On conçoit la juste irritation de Synésius quand il fut enfin admis à porter la parole devant l'empereur. Quelle liberté de langage, quelle hardiesse indiscrète, quelle vive satire de cette dégradation morale et politique qui livre les dignités et le pouvoir même à des chefs barbares et qui fait préférer la compagnie des fous et des bouffons à celle des centurions et des généraux! Cependant nous ne pouvons admettre que cette audacieuse harangue ait été prononcée telle que nous la lisons. Nous savons sans doute que les philosophes avaient le privilège de l'insolence, qu'on entendait volontiers à la cour ces pacifiques contempteurs des grandeurs humaines, que c'était même une sorte de spectacle divertissant que se donnaient les princes que celui d'un sophiste impertinent prêchant sur les devoirs de la royauté. Mais, pour être écoutée et soufferte, la remontrance ne peut aller jusqu'à l'outrage. Nous croyons donc que Synésius, de retour dans sa patrie, pour faire honneur à son ambassade et rendant compte à ses concitoyens, a mis après coup, dans un discours d'apparat, non pas seulement ce qu'il avait dit à la cour, mais encore ce qu'il en pensait. Quoi qu'il en soit, ce discours s'élève souvent au-dessus du lieu commun oratoire, et renferme çà et là une vive et précise peinture des mœurs impériales et plus d'un trait énergique que l'histoire peut recueillir.

Revenu dans la Cyrénaïque, Synésius retrouva la

guerre. Après avoir, par ses exhortations et plus encore par l'exemple de son courage, ranimé les espérances de ses concitoyens et repoussé les barbares, il put jouir enfin de quelque repos, se livrer à ses goûts, aux rêveries, aux plaisirs que lui offraient la campagne et l'étude. Retiré dans le domaine de ses pères, il composa une partie de ses *Hymnes*, qui lui ont assuré une place honorable dans l'histoire de la littérature et qui, par la hauteur des pensées, la pureté des aspirations, ont mérité d'être comparées aux *Méditations poétiques* et aux *Harmonies religieuses* d'un illustre poète contemporain. C'est la même mysticité un peu monotone, la même adoration d'un Dieu souvent mal défini, un culte poétique où la philosophie paraît emprunter le langage de la foi; seulement, dans les *Hymnes* de Synésius, on distingue plus nettement, sous les effusions lyriques, l'abstraite et subtile théologie du panthéisme alexandrin. Après tant de siècles écoulés, et malgré la diversité des temps, les chants du païen devenu mystique et du chrétien devenant philosophe se rencontrent dans les hautes et vagues régions d'une sentimentale métaphysique. Nous ne croyons pas que Lamartine ait imité Synésius, bien que de nombreuses ressemblances [1] vous fassent d'abord

---

1. Ces ressemblances ont été curieusement relevées par M. Druon, page 182.

illusion. C'est que l'un et l'autre poète ont chanté en un temps de trouble moral, placés sur les limites confuses de la philosophie et de la religion, dans une sorte de crépuscule intellectuel, entre la foi et la raison, avec cette différence que l'auteur des *Hymnes* saluait, en quelque sorte, l'aurore d'une croyance nouvelle, tandis que le poète des *Méditations* et des *Harmonies* semblait plutôt dire adieu à une croyance ancienne. Du reste, sans insister sur ces conformités littéraires et philosophiques souvent remarquées, on peut dire que le caractère, les sentiments, la vie même des deux poètes, présentent plus d'une analogie. Nous ne voudrions pas pousser l'exactitude du rapprochement jusqu'à l'indiscrétion. Mais pourquoi ne dirions-nous pas que le poète de Cyrène faisait un noble usage de sa fortune, qu'il la dépensait avec une insouciante libéralité, que son patrimoine était assez considérable pour qu'il n'eût pas besoin de l'administrer avec une vigilante économie? Dans ses domaines, où il exerce une large et délicate hospitalité, il partage avec plaisir les occupations du fermier sans s'associer à ses calculs, et jouit de la campagne en poète sans se demander si les moissons rempliront ses granges. Il se plaît à vivre au milieu de cette population rustique dont il est le bienfaiteur et qu'il s'attache par ses services. Son affectueuse bonté se répand même sur les animaux compagnons de ses plaisirs, sur ses chiens, sur ses chevaux, dont il parle avec attendrissement. Ce propriétaire campagnard, hardi chasseur, que le malheur des temps rendait quelquefois guerrier intrépide, était une âme rêveuse qui se livrait volontiers aux douceurs d'un quiétisme poétique. Il aime à contempler les spectacles de la nature, les travaux du laboureur, la verdure, les prés, les eaux, les bois, et il décrit avec une voluptueuse mollesse les couleurs, les parfums, la fraîcheur et toutes les délices de la campagne et de la solitude. S'il faut l'en croire, il consacre ses douces journées à la prière, à l'étude de l'homme, de la divinité, des lois qui régissent le monde, et dans ses contemplations nocturnes, seul à seul avec Dieu, il lui semble « que les astres même le regardent avec amour ». Au milieu de ces ravissements poétiques et de cette exaltation demi-religieuse, son âme éclate en hymnes et croit monter sur les degrés de la philosophie jusqu'à Dieu. Telle était la vie de ce contemplateur innocent, mêlé quelquefois aux affaires, ambassadeur par occasion, soldat par nécessité, sachant accepter les devoirs de la vie active, préférant les délicieuses langueurs de la pensée, qui se complut dans les raffinements littéraires et les poétiques méditations jusqu'au moment où le peuple, accoutumé à son patronage, reconnaissant de ses services, exaspéré par le malheur, abandonné par le pouvoir politique, l'appelât de ses vœux et, dans l'excès de son admiration et de sa reconnaissance, lui confiât ce qui était alors une sorte de dictature morale, l'épiscopat.

Notre dessein ne peut pas être, dans ces quelques pages, d'analyser les œuvres philosophiques du futur évêque, son traité sur la Providence et son livre assez bizarre sur la divination par les songes. Nous voulons simplement esquisser en quelques traits la physionomie de l'homme et de l'écrivain. Comme on a souvent fort exagéré la valeur doctrinale de ces traités, il faut savoir gré à M. Druon d'avoir jugé l'auteur avec une juste modération et de n'avoir pas cédé à la tentation de surfaire son héros. C'est l'ordinaire défaut des longues monographies d'enfler les mérites du personnage célébré et d'ajouter à la vérité les complaisances bien naturelles et fort explicables du panégyrique. M. Druon a le courage de ne pas accepter des témoignages trop favorables et résiste à l'autorité de Bossuet lui-même, qui appelle le philosophe de Cyrène *le grand Synésius*. En effet, ce serait faire beaucoup d'honneur à un écrivain qui ne fut qu'ingénieux de lui accorder un si beau titre, qui doit être réservé au génie. Synésius comme philosophe, dans la prose et dans les vers, n'est ni profond ni original. Il doit être rangé parmi ces amateurs de philosophie, comme on en voyait beaucoup alors, qui, après avoir fréquenté les écoles, après en avoir rapporté fidèlement une ample provision de dogmes, ajoutent peu à leurs cahiers de notes, s'exaltent quelquefois en les relisant et jettent les broderies de leur style sur ce canevas emprunté. Pour ces esprits élégants, plus amoureux de beau langage que de sévères vérités, la Philosophie est surtout un thème à variations oratoires, un plaisir transcendant, une noble occupation et non pas une pénible recherche et une investigation scientifique. Par la manière dont ils définissent la philosophie et la métaphysique, on voit bien quels sont leurs goûts et quelle est leur portée. Synésius dira que « la métaphysique n'est pas une science particulière; elle est tout ce qu'il y a de plus parfait, de plus élevé dans chaque chose, le résumé et l'expression la plus vive de toutes les sciences, de tous les arts; elle est la réunion de toutes les Muses. » Une pareille définition plaira toujours à ces délicats artistes de la parole qui ont plus d'imagination que de rigueur, qui aiment à se jouer sans fatigue au milieu des plus hautes pensées, et qui, d'ailleurs, auraient tout à perdre si, au lieu de planer élégamment au-dessus d'une science, ils étaient forcés de se plier à une méthode et de s'emprisonner dans d'étroites limites. Un caractère de l'époque qui mérite d'être signalé, c'est que ces brillants esprits qui ne croient pas que la philosophie puisse se suffire à elle-même et qui lui donnent pour cortège la rhétorique et la poésie, sont précisément ceux qui prennent le plus volontiers des airs mystérieux, comme s'ils étaient les interprètes d'une doctrine sacrée. Ils méprisent surtout le profane vulgaire. « Il ne convient pas, dit Synésius, que les vérités philosophiques soient livrées à la foule; on ne peut les aborder qu'après une véritable initiation : il faut donc que devant le sanctuaire s'étende un voile. » Comme ils se jugent seuls dignes de posséder la vérité, ils vont jusqu'à recommander à leurs amis de se taire sur leurs croyances communes; ils n'osent même les confier aux lettres les plus familières. A quoi bon tous ces mystères? La philosophie était-elle alors l'objet d'une surveillance politique? Ce sont là bien des façons pour dire tout bas ce qu'on avait entendu professer tout haut dans les écoles d'Alexandrie. Il ne faut y voir qu'une espèce de coquetterie sérieuse, un ingénieux détour de l'amour-propre, une naïve préoccupation de soi-même. Synésius aime, respecte, vénère la doctrine non pas seulement parce qu'elle est belle, mais parce qu'elle est devenue sienne; il s'en fait le hiérophante; « célébrer les mystères de la philosophie » est une de ses expressions favorites. « Le philosophe, dit-il encore, est presque un demi-dieu. » On ne peut pas mieux s'y prendre pour se tirer hors de pair, attirer sur soi le respect et se donner les apparences d'un pontife qui annonce une religion. Ce caractère des écrits de Synésius nous paraît curieux, parce que nous le retrouvons dans quelques ouvrages philosophiques de notre temps. C'est la même manière vague de définir la philosophie, le même souci de la forme, un dédain pareil pour le profane public, et cette mystérieuse révélation de doctrines connues. Dans ce langage sacerdotal, il faut moins voir une nouveauté de doctrine qu'une nouveauté de style. Il arrive un moment dans l'histoire de la littérature et de la philosophie où le plus sûr moyen de toucher les esprits, c'est de parler la langue de la piété, où l'incrédulité même prend les raffinements mystiques de la dévotion, s'épanche en tendresses métaphysiques, fait jouer les plus délicats ressorts de la passion en exaltant les âmes sans but précis. Ce n'est ni de la religion, ni de la piété, ni l'ivresse de la vérité philosophique; c'est un art nouveau, le mysticisme du style.

Quelles que soient l'honnêteté, la décence, la gravité des ouvrages philosophiques de Synésius, nous croyons avoir le droit de l'appeler sophiste, dans le sens le moins défavorable et purement littéraire du mot, c'est-à-dire un habile décorateur de pensées communes. Presque tous les hommes de lettres à cette époque étaient des sophistes; mais, pour être juste, on doit reconnaître qu'ils ne l'étaient pas tous de la même façon. Les uns, les moins honnêtes, non pas les moins vantés, font de l'éloquence un spectacle et un commerce, vont de ville en ville, donnant des représentations oratoires, et avec un appareil indécent, des gestes d'histrion et les grâces empruntées à l'art des courtisanes, ne cherchent à recueillir que de lucratifs applaudissements : virtuoses errants de l'éloquence, qui exploitent la curiosité populaire et le goût général du temps pour les artifices de la parole. D'autres, qui ne valent pas mieux et qui tendent au même but par des moyens contraires, au lieu de revêtir la pourpre et de poser sur leur tête la couronne de fleurs, se jettent dans un autre excès de l'ostentation, l'ostentation de l'austérité, et promènent sur les places et dans les rues leur manteau troué, leur barbe inculte et leur gueuserie insolente. Ce sont les sophistes plus particulièrement adonnés à la philosophie, disciples dégénérés de Diogène, écornifleurs de repas, redoutés par l'indiscrétion cynique de leurs remontrances morales, sachant donner les apparences d'une intraitable sagesse à leur mendicité menaçante. Ce n'est pas, nous n'avons pas besoin de le dire, à ces deux classes de sophistes qu'appartient Synésius. Il est un grand seigneur indépendant par sa fortune, et non pas un homme de lettres cherchant à vivre de sa profession. Lui-même il se place au-dessus de ces charlatans de haut et de bas étage; il se défend contre leur jalousie, il attaque leur ignorance, leur verbeuse facilité, et couvre de son mépris ces orateurs de théâtre, véritables esclaves du public qui les paye. « Parler pour la foule, ô le misérable métier! » dit-il avec la morgue de l'opulence et la dignité de l'homme qui se respecte. Comme il fait sentir sa supériorité à ces pauvres gens, orateurs mercenaires, et avec quelle hauteur patricienne il marque la distance qui les sépare de lui quand il leur dit encore, non sans grâce : « Moi, je ne chante que pour mon plaisir; tandis que je m'adresse aux arbres, le ruisseau qui coule devant moi poursuit sa course sans jamais se tarir; ce n'est pas comme l'eau de la clepsydre, que d'une main avare mesure pour vous l'appariteur public. Je puis chanter quelques instants seulement ou pendant des heures entières, qu'importe? Je m'arrête quand je veux, et le ruisseau coule encore, et il continuera de couler jour et nuit, et l'année prochaine et toujours. » Ce sont là de charmantes paroles, qui révèlent le vrai caractère de Synésius écrivain. Il est un sophiste qui n'écrit que pour son plaisir, disons un sophiste amateur. La littérature est pour lui une distraction, un divertissement, et souvent aussi, il faut l'avouer, une bien frivole occupation. S'il affecte la gravité d'un sage, s'il en prend quelquefois le ton sincère, s'il fait passer sur sa lyre ou sous sa plume les redites de la philosophie alexandrine, c'est que les grandes idées se prêtent aux ornements de la rhétorique et peuvent devenir un sujet d'amplifications littéraires, d'autant plus méritoires que les philosophes, en général, ne cherchaient pas la gloire du style. Mais, à le bien prendre, ce profond rêveur aime beaucoup les futiles exercices du temps. Il s'amuse à faire des pastiches, imitant la langue des grands écrivains de l'antiquité. En lisant une tragédie ou une comédie, il intercale des passages de sa façon qui ne font pas disparate, c'est lui-même qui le dit : « On me croirait l'égal, tantôt de Cratinus, tantôt de Diphile ou de Philémon ; il n'est aucun mètre, aucun genre de poésie où je ne puisse porter mes tentatives, soit que j'oppose un ouvrage à un ouvrage, soit que je lutte contre un fragment. » On reconnaît là, et les exercices et aussi la vanité des sophistes. Synésius se vantait comme les sophistes, mais sa vanité était plus naïve, plus innocente ; il se vantait en famille, dans ses lettres à ses amis avec une candeur et une sincérité parfois plaisantes. Il s'admire, il s'étonne de lui-même, il a quelque peine à comprendre qu'un homme puisse avoir tant de facilité et d'esprit. Si dans un cercle on le prie de lire un livre, il ajoute, tout en lisant, un passage de son invention, « et cela, dit-il, sans effort, j'en prends à témoin le dieu de l'éloquence. » De tous côtés s'élèvent un murmure flatteur et des applaudissements qui s'adressent non pas à l'auteur du livre, mais aux additions improvisées. Toutes ces merveilles, il les raconte dans un ouvrage destiné à son fils qui n'est pas encore au monde. L'enfant repose encore dans le sein de sa mère, et déjà on l'entretient de rhétorique, de succès littéraires; on lui ménage la surprise d'une glorieuse naissance. On ne pouvait s'y prendre de meilleure heure pour lui donner une haute idée des talents paternels. « Pourquoi, écrit Synésius, n'instruirais-je pas mon fils, ce fils dont le ciel m'a promis la naissance dans quelques mois et que je crois déjà voir? car je veux qu'il sache un jour discourir [1]. » Surprenant progrès de la rhétorique! Trois siècles auparavant, Quintilien commençait l'éducation du futur orateur quand celui-ci était encore entre les bras de sa nourrice. Nous jugeons aujourd'hui que le bon rhéteur était trop pressé. Synésius, plus impatient, semble trouver que vouloir façonner un orateur quand il est déjà à la mamelle, c'est s'y prendre un peu tard. En lisant ce long ouvrage si plein de sollicitude paternelle et oratoire, on n'ose se figurer l'affreuse décep-

---

1. Dion, 18.

tion que l'auteur aurait pu éprouver en découvrant après quelques mois que ce fils attendu, prédestiné et si bien préparé à l'éloquence, était une fille. Qu'on se rassure : la fortune complaisante permit que ce fût un fils.

Il ne faut pas trop s'étonner qu'un noble esprit, ayant l'instinct de la grandeur, capable de sérieuses pensées, attache à des bagatelles de rhéteur une importance comique. Il ne pouvait en être autrement dans ce monde païen si usé, qui n'avait plus ni la passion politique, ni le sentiment religieux, ni le juste discernement des doctrines philosophiques, et qui, de toute cette sévère et forte antiquité dont il avait reçu l'héritage, ne savait plus estimer que la rhétorique. Les grandes passions qui inspiraient jadis les œuvres immortelles de la Grèce avaient été peu à peu éteintes par le despotisme macédonien ou romain, par l'incrédulité, par la corruption des mœurs, la paresse et la frivolité. L'esprit qui agite et féconde les âmes soufflait ailleurs, et dans la désoccupation de la société païenne, qui n'avait plus de raisons de vivre, l'étude même était devenue futile. De l'ancienne philosophie il ne restait plus guère que des maximes, banales à force d'être répétées; de l'éloquence, des formes oratoires; de la religion, des images. Toutes ces richesses léguées par le génie à ces enfants dégénérés ne servaient plus que de jouets à leur oisiveté puérile. Dans les temps de stérile activité littéraire, il arrive toujours que des modes remplacent l'inspiration absente. Les sujets, le ton d'un ouvrage, certaines affectations qui passent pour charmantes, tout cela est imposé aux meilleurs esprits qui n'en voient pas la ridicule uniformité. Il n'y a que la liberté généreuse, un grand intérêt, une forte passion qui puissent renouveler la littérature et lui donner une variété féconde. Dès que ces inspirations nécessaires font défaut, l'éloquence adopte des formes convenues, toujours les mêmes. Elle ressemble alors à ces industries de l'Orient, immobiles depuis des siècles, qui reproduisent dans des ouvrages subtilement ingénieux le dessin, les couleurs, les bizarreries d'une époque déjà bien éloignée. Tel était le style plus ou moins asiatique des sophistes, cet éternel décor oriental qui consistait à jeter sur toute espèce de matière les mêmes enluminures; et Synésius, comme les autres, pouvait se croire un grand écrivain, parce qu'il réussissait dans ces inutiles compositions. Il avait pris pour modèle Dion Chrysostome, qui s'était fait, trois siècles auparavant, une brillante renommée, un sophiste élégant et grave, qui avait aussi des prétentions à la philosophie; il l'admire, il l'étudie, il le vante et voudrait en tout lui ressembler. C'est encore une infirmité des littératures déchues de se condamner à une imitation servile et de ne pas savoir choisir les meilleurs modèles. Dion avait attaqué les sophistes, Synésius les attaque à son tour ; Dion faisait des discours sur la royauté devant Trajan, Synésius en fera devant Arcadius ; Dion prenait des airs d'inspiré, Synésius parlera en hiérophante ; Dion s'était fait une grande réputation par ses lettres, Synésius tâchera de se signaler dans le genre épistolaire. Les succès les moins respectables du maître excitent l'émulation de ce trop fidèle disciple. Ainsi, comme l'usage voulait que le sophiste eût fait un de ces tours de force oratoires qui consistaient à déployer toutes les ressources de l'art dans la plus vile matière, à faire quelque chose de rien, à célébrer, par exemple, la mouche, le cousin, la puce, à chanter la goutte ou la fièvre, à tenter enfin des panégyriques impossibles, Dion, dans sa jeunesse, avait eu le malheur de composer l'éloge de la chevelure ; Synésius ne manqua pas de faire l'éloge de la calvitie. C'était encore un hommage, quoique ce fût une réfutation. Combien l'auteur dépensait d'esprit et d'érudition dans ces bagatelles laborieuses, on ne peut se le figurer que lorsqu'on a parcouru ce long ouvrage où toutes les sciences, l'astronomie, la médecine, l'histoire, la philosophie, la poésie, l'agriculture sont mises à contribution pour fournir des preuves à celui qui veut démontrer que la calvitie est un inappréciable avantage. Tous ceux qui ont quelques raisons de s'intéresser à ce sujet devraient lire ce livre pour apprendre ce qu'il y a, non seulement de bonheur, mais aussi de mérite à être chauve. Sans doute, Synésius avoue que c'est là un jeu d'esprit; oui, mais le jeu d'esprit était alors chose sérieuse. Il espère que ce bel ouvrage le fera passer à la postérité; il a pour lui « la tendresse d'un père ». Ne disait-il pas avec un orgueil singulièrement placé et une sorte d'onction religieuse : « J'ai rendu service aux gens de bien en composant ce discours, où j'ai parlé de la divinité avec le respect qu'elle mérite et rappelé aux hommes d'utiles vérités. » Si vous regrettez qu'un si honnête talent se soit égaré sur un si mince sujet, vous ne voyez pas les choses avec les yeux du temps. C'est précisément la matière qui paraît magnifique à l'auteur. « Le choix du sujet, dit-il, aura soutenu ma faiblesse et m'aura seul permis, tout médiocre que je suis, de combattre avec avantage un éloquent écrivain. » Quelle importance donnée à de petites gentillesses d'éloquence, quelle confusion dans ces esprits qui ne savent plus distinguer ce qui est grand et ce qui est futile, quel manque de jugement qui paraît dans le ton, dans le style et dans ce mélange indiscret de puérilité et de gravité pieuse ! Faire des phrases élégantes sur n'importe quel sujet paraissait une occupation sainte, et la rhétorique, quelle rhétorique ! aurait voulu ressembler à un sacerdoce.

Les lettres de Synésius sont, sans contredit, la partie la plus précieuse et la plus vivante de ses œuvres. C'est en recueillant, avec un choix judicieux, dans ces écrits plus libres et plus vrais des détails piquants, jusqu'ici négligés, que M. Druon a pu composer une biographie nouvelle. Sans prétendre, avec les contemporains et les Grecs du Bas-Empire, que ces lettres sont des merveilles de style, on doit reconnaître qu'elles nous révèlent un esprit vraiment ingénieux et surtout un excellent caractère. On y voit, à travers les artifices littéraires et la grâce étudiée du langage, quels étaient les sentiments de l'homme, sa mansuétude, qui ne le rendait pas incapable de fortes résolutions dans les périls, sa bonté prévenante et officieuse, sa passion désintéressée pour les lettres, et ce quiétisme poétique qui lui faisait préférer aux richesses, aux honneurs, les tranquilles plaisirs de l'étude solitaire. Il ne faut pas beaucoup de peine ni de pénétration pour découvrir ces qualités, qui se montrent d'elles-mêmes. Synésius a soin de se peindre en faisant valoir tous ses avantages, sans craindre que le portrait ne soit trop flatté, et avec cette complaisance discrète qui paraît ajouter à tous les autres mérites celui de la modestie. Il est le Pline le Jeune du ve siècle, sachant faire les honneurs à sa personne, mais à la grecque, c'est-à-dire avec une circonspection moins méticuleuse, une réserve moins habile et un amour-propre plus ingénu. Il faut se rappeler qu'à cette époque la maladie littéraire de l'ostentation avait envahi même les lettres familières. On écrivait à un ami pour être lu par le public. Le moindre billet bien soigné faisait le tour d'un cercle, d'une ville, d'une province; l'heureux correspondant le copiait et l'envoyait aux beaux esprits de sa connaissance. « Tu as reçu, écrit Synésius à son cousin, le talent de dicter des lettres destinées à être montrées et applaudies. » Un autre ami, l'avocat Pylémène, vient d'écrire à Synésius, qui lui répond : « Maintenant, de bouche en bouche, dans toutes nos cités vole le nom de Pylémène, le créateur de cette lettre divine. » Aussi n'était-ce pas une petite affaire de composer une lettre et de risquer sa gloire sur un billet « qui sera lu dans l'assemblée générale de la Grèce ». Après cela, faut-il s'étonner que les plus sincères esprits aient manqué de naturel même dans les épanchements de l'amitié, qu'ils aient prodigué les expressions emphatiques du sentiment, les citations érudites, les curiosités de la science, et qu'ils aient étalé les ressources de leur savoir-faire oratoire? La publicité certaine et d'ailleurs espérée des lettres intimes avait contribué à multiplier les formules les plus hyperboliques. N'était-ce pas pour intéresser le correspondant à répandre la lettre qu'on lui donnait tant de louanges, qu'on lui prodiguait les épithètes de « vénérable, de sacré, de divin? » N'était-ce pas pour provoquer les violentes mais flatteuses réclamations des lecteurs, qu'on disait de soi-même, avec une humilité peu compromettante par son exagération : « Je suis le plus nul de tous les hommes? » Tel était le protocole de la sophistique ; le monde littéraire ressemblait à une immense coterie, où les mots n'avaient qu'une valeur de convention, où les coquetteries pédantes avaient remplacé les civilités et devaient être commodes dans les échanges d'une mutuelle admiration.

Pendant que Synésius, partagé entre la culture des lettres et l'éducation de ses trois enfants, se livrait tranquillement, dans les intervalles de la paix, à une vie de beaux loisirs, au moment où, entouré du respect de ses concitoyens qu'il avait plus d'une fois servis par son courage à la guerre, il goûtait encore toutes les douceurs de ses succès littéraires, il fut tout à coup troublé dans son bonheur par cette gloire même : il fut fait évêque. En lisant sa biographie, le lecteur éprouve quelque chose de la surprise que dut éprouver à cette nouvelle le philosophe bel esprit et père de famille. Etait-il donc chrétien ? Comment, à quelle époque l'était-il devenu? C'est là un problème historique souvent agité et difficile à résoudre. Les conjectures les plus complaisantes ne permettent pas d'affirmer qu'il avait renoncé à ses doctrines et entièrement adhéré à la foi nouvelle. Sans doute nous savons que six années auparavant, Synésius retournant à Alexandrie attiré par les chères leçons d'Hypatie, établit, on ignore comment, des relations avec le patriarche Théophile. On peut supposer que cet ardent propagateur de la religion chrétienne, qui poussait quelquefois le zèle du prosélytisme jusqu'à la violence, n'a pas dû négliger l'occasion qui lui était offerte de gagner à l'Eglise un homme aussi considérable par sa naissance, sa fortune, son crédit et ses talents. N'était-ce pas dans l'espérance de faire cette précieuse conquête qu'il donna au philosophe païen une épouse chrétienne? Ces sortes de mariages mixtes, si on peut les appeler ainsi, entre gentils et chrétiens, n'étaient pas rares, et, loin d'être condamnés par l'Eglise, paraissent avoir été favorisés par les évêques, qui faisaient ainsi doucement entrer le christianisme dans les familles païennes. La femme, comme le dit M. Druon, était alors une sorte d'apôtre attaché au foyer domestique. Que depuis ces entretiens avec Théophile et depuis ce mariage Synésius ait incliné au christianisme, nous avons d'autant moins de peine à le croire que par sa vie honorable, la pureté de ses sentiments et même par son amour pour un certain mysticisme métaphysique, il n'était pas fort éloigné sinon des dogmes, du moins de certaines habitudes chrétiennes. Mais nous ne pouvons dire qu'il était converti et qu'il avait changé de religion. Non seulement il n'est point baptisé, mais encore il ne connaît pas les livres sacrés; c'est lui-même qui l'affirme [1]. Pourquoi ne point s'en rapporter à lui quand, repoussant l'épiscopat, il déclare que sur des points importants ses opinions philosophiques ne sont point conformes aux dogmes de l'Eglise? Faut-il croire que cette déclaration n'était qu'une ruse pour échapper à d'austères devoirs et qu'il feignit d'être resté philosophe, comme fit saint Ambroise, qui, pour ne pas accepter l'archevêché de Milan, voulut se faire soupçonner de meurtre et d'adultère? Non, pour préciser la véritable situation morale de Synésius, il faut admettre qu'il n'était pas chrétien, mais capable de le devenir. Après son élection, comme dit Photius, on le baptisa encore chancelant dans la foi, mais on avait la ferme espérance que la grâce viendrait aussitôt achever l'œuvre commencée. Nous ne voulons pas établir ici que l'Eglise ait fait fléchir sa loi, qu'elle ait volontairement transigé avec un païen, qu'elle ait permis expressément à un évêque de gar-

---

1. « Vous qui connaissez les saintes Écritures, vous avez placé à votre tête un homme qui les ignore. » (*Lettre* 136.)

der une doctrine condamnée ; mais nous prétendons qu'elle appela Synésius à l'épiscopat avant qu'il fût entièrement changé, qu'elle espérait dans sa naïve piété que la consécration ferait de l'évêque un homme nouveau, et sans se demander, dans son aveugle reconnaissance, si le changement était accompli déjà, elle rendit aux services et aux vertus d'un philosophe l'hommage qui nous paraît devoir être réservé à l'intégrité de la foi. Après sept mois entiers d'hésitations, de murmures, de luttes douloureuses, Synésius fit un suprême et sincère effort pour adhérer à des dogmes qui n'étaient pas les siens, et ce ne fut qu'au dernier moment, quand il ne lui fut plus possible d'éviter l'épiscopat, après avoir épuisé la résistance, qu'il déposa ses opinions et se rendit, non pas comme un néophyte illuminé soudain qui court au-devant de la vérité qui l'appelle, mais comme un grand citoyen qui se soumet aux devoirs onéreux d'une charge imposée, ou plutôt encore comme un vaincu qui capitule [1].

En ces temps de trouble, de misères et d'anarchie où les populations, lâchement abandonnées par le pouvoir politique, étaient forcées de veiller elles-mêmes à leur propre défense, la république chré-

---

1. Synésius, déjà évêque, écrit aux prêtres : « Je n'ai pu vous résister ; c'est en vain que j'ai employé toutes mes forces, toutes les ruses pour éviter l'épiscopat. » (*Lettre* 112.)

tienne (l'Église avait alors ses élections populaires, ses comices) appelait souvent à l'épiscopat non le plus saint, mais le plus vaillant homme, celui qui par ses richesses, son crédit, son courage, paraissait pouvoir devenir l'énergique protecteur de la cité. Le peuple, en accordant cette espèce de magistrature et de puissance tribunitienne, regardait moins, dans ses choix, à la pureté de la doctrine qu'à la force du caractère. Aussi combien cet honneur périlleux était redouté, et qu'il en coûtait souvent à ces hommes profanes, mal préparés à de saints devoirs, de quitter, du jour au lendemain, la vie du monde, leurs plaisirs et leurs opinions! Mais il fallait céder à la violence de la faveur populaire. Touchante naïveté de ces temps apostoliques, qu'il faut savoir comprendre et respecter! Ce Synésius, demi-païen, sophiste élégant, grand chasseur, devra renoncer « à ses armes, à ses chevaux, à ses chiens chéris. » Ce père de famille, cet époux sera obligé de sacrifier à la discipline ecclésiastique sa femme et « l'espoir d'avoir d'autres enfants »; ce poète philosophe, qui connaît mieux Platon que l'Évangile, qui n'a pas reçu le baptême, sera condamné par les rigoureuses exigences du dogme chrétien à faire un sacrifice plus cruel encore et moins facile, à étouffer en un seul jour dans son esprit ses vieilles et chères doctrines. Quoi qu'en aient dit Villemain et Chateaubriand, nous croyons, persuadé que nous sommes par l'exacte discussion de M. Druon, que Synésius évêque ne garda ni sa femme ni ses opinions philosophiques et qu'il s'immola tout entier; mais après quels combats, quelles révoltes mêlées de larmes, quelles prières pour demander à Dieu la mort plutôt que l'épiscopat! nous n'avons pas à peindre ici les occupations multiples des évêques de ce temps, leurs luttes contre l'arbitraire féroce des petits Verrès exploitant une pauvre province, ces excommunications redoutées, cette vigilante surveillance de l'hérésie alors sans cesse renaissante, cette médiation laborieuse d'un métropolitain dans les querelles de prêtres et d'évêques, et ces terribles préoccupations d'un pasteur se souvenant qu'il a été soldat et cherchant à réveiller le courage de son troupeau sans cesse harcelé par les barbares. L'épiscopat gémissait de tant d'affaires et aurait voulu se dérober du moins aux soucis temporels. Le pouvoir politique aux abois eût laissé volontiers aux chefs de l'Église les ennuis et les labeurs de la puissance civile, et ceux-ci se plaignaient amèrement qu'on voulût les distraire de leurs travaux spirituels. Le gouvernement des choses terrestres allait de lui-même à eux; ils le repoussaient, ces âmes ferventes qui croyaient se devoir uniquement à leur ministère sacré. Entendons Synésius protester contre les prétentions de ceux qui veulent faire de l'épiscopat une sorte de magistrature temporelle : « Vouloir joindre l'administration des affaires publiques au sacerdoce c'est prétendre unir ce qui ne peut s'unir. Dans les premiers âges, les mêmes hommes étaient prêtres et juges tout à la fois. Longtemps les Egyptiens et les Hébreux obéirent à leurs pontifes ; puis, quand l'œuvre divine commença à s'opérer par des moyens humains, Dieu sépara les deux existences ; l'une resta religieuse, l'autre politique. Il abaissa les juges aux choses de la terre, il s'associa les prêtres : les uns furent destinés aux affaires, les autres établis pour la prière. Pourquoi donc voulez-vous revenir aux temps anciens ? Pourquoi réunir ce que Dieu a séparé ? Vous avez besoin d'un défenseur : allez touver le magistrat ; vous avez besoin des choses de Dieu : allez trouver le prêtre. Dès que le prêtre se dégage des occupations terrestres, il s'élève vers Dieu. » Telles étaient aussi les plaintes de saint Augustin regrettant de passer sa vie « à régler les démêlés des plaideurs », de saint Jean Chrysostome jugeant que c'était trop « d'avoir à s'occuper des affaires de l'Eglise, de la cité et de son âme tout à la fois. » Quelque opportunes que puissent paraître aujourd'hui ces citations, il répugnerait cependant à notre impartialité historique de laisser croire qu'on tranchait alors déjà une grave question de politique moderne et qu'on prétendait établir expressément la séparation de la puissance civile et de l'autorité spirituelle. N'allons pas si loin et contentons-nous de mettre en lumière la sainteté scrupuleuse de ces illustres évêques qui, malgré leur héroïque activité, ne croyaient pas pouvoir, selon le mot de Synésius, « servir deux maîtres à la fois ».

L'histoire nous présente quelquefois de singuliers retours, et ce n'est pas une médiocre surprise pour le lecteur d'aujourd'hui de voir alors des princes sans énergie, des peuples sans tutelle, imposer le fardeau de la puissance temporelle à cet apostolat primitif qui s'obstine à le décliner.

Quand on parcourt les nobles et simples pages écrites par Synésius depuis sa conversion et pendant son épiscopat, on voit combien, au cinquième siècle, le christianisme pouvait tout à coup élever l'esprit d'un lettré païen. La littérature profane, en effet, était devenue stérile, pour ne savoir plus à quoi se prendre. Depuis longtemps avait disparu l'activité civique sous un gouvernement à la fois absolu et impuissant. Le culte n'était plus qu'un vieux décor poétique devant lequel on s'inclinait par habitude, mais qui ne parlait plus même à l'imagination. Les noms de Jupiter, d'Apollon, des Muses, qui reviennent si souvent dans les discours, n'étaient plus que des ornements de la phrase. La philosophie abstruse de certaines écoles n'avait pas de prise sur les cœurs; la morale elle-même ne se composait que de préceptes dont la vertu s'était évaporée en perpétuelles redites. Il ne subsistait presque rien du génie grec, qui s'était évanoui à la longue, à peu près comme ces substances parfumées qui avec le temps se consument à force de se répandre. Le peu qui restait de vigueur et de talent s'était concentré dans la rhétorique, le plus grand des arts, selon l'opinion du temps, l'art unique, mais qui par malheur n'avait plus d'objet. De là pour les écrivains le besoin et le désir d'agrandir les plus minces sujets, de les enfler pour avoir la joie de pouvoir s'enfler eux-mêmes. On donna de l'importance à des bagatelles vulgaires; la banalité, pour n'avoir pas l'air banal, se fit mystérieuse; la futilité prit un ton sacré; la puérilité même voulut être pathétique. Partout, dans l'ensemble et dans le détail des ouvrages, on remarque cette agaçante disproportion entre la matière et le style. Vous pouvez encore rencontrer çà et là de la force ou de la grâce, mais rien n'est à sa place ni à son degré. A toute cette littérature manquent surtout la justesse et le bon sens. C'est que l'esprit humain, quand il est vide, se déforme. Le monde païen n'avait plus ni passion, ni doctrine, ni vie véritable. Or, pour les sociétés comme pour les individus, le désœuvrement amène les petites manies, l'affectation, les grimaces, les enthousiasmes ridicules et tous les faux jugements qui méconnaissent la valeur relative des choses. Mais donnez tout à coup à l'un de ces hommes une doctrine à soutenir, un intérêt à défendre, aussitôt son esprit reprendra sa vigueur native et son juste équilibre; car les grands devoirs inspirent les grands sentiments, et ceux-ci entraînent un naturel langage.

Le monde littéraire, on le voit, comme le monde moral, avait besoin d'une profonde et vaste rénovation. Sans parler ici de ce qu'on nomme la vertu surnaturelle de la foi, le christianisme offrait enfin comme une pâture à ces esprits affamés, à ces cœurs oisifs, qui s'agitaient dans leur langueur; il appelait les plus vaillants à des luttes qui, pour n'être pas celles de l'antique forum, n'en étaient pas moins ardentes; il leur proposait de saintes magistratures, plus imposantes que celles des Césars, parce qu'elles embrassaient les intérêts du ciel comme ceux de la terre, et sans chasser la rhétorique séculaire, dont le monde chrétien lui-même demeura épris, il fournit du moins à cette rhétorique de grands sujets, la science de l'âme, qui s'était perdue, et la science de Dieu, qui paraissait être la plus sublime des nouveautés.

FIN

TABLE DES MATIÈRES

L'éloge funèbre chez les Romains 1
Le philosophe Carnéade a Rome 61
Les consolations dans l'antiquité 135
L'examen de conscience chez les anciens 191
Un chrétien devenu païen 235
Un païen devenu chrétien 303

Coulommiers. — Typ. P. BRODARD. — 249-06.

Librairie HACHETTE et Cie, boulevard Saint-Germain, 79, à Paris.

BIBLIOTHÈQUE VARIÉE, FORMAT IN-16
A 3 FR. 50 LE VOLUME

PUBLICATIONS PHILOSOPHIQUES

BOUILLIER, de l'Institut : *Du plaisir et de la douleur*; 4ᵉ édition. 1 vol.
— *La vraie conscience*. 1 vol.
— *Études familières de psychologie et de morale*. 1 vol.
— *Nouvelles Études familières de psychologie et de morale*. 1 vol.
— *Questions de morale pratique*. 1 vol.

CARO (E.), de l'Académie française : *Études morales sur le temps présent*; 5ᵉ édition. 1 vol.
— *Nouvelles Études morales sur le temps présent*; 3ᵉ édition. 1 vol.
— *L'idée de Dieu et ses nouveaux critiques*; 9ᵉ édition. 1 vol.
Ouvrage couronné par l'Académie française.
— *Le matérialisme et la science*; 5ᵉ édition. 1 vol.
— *Le pessimisme au XIXᵉ siècle*; 3ᵉ édition. 1 vol.
— *La philosophie de Goethe*; 2ᵉ édition. 1 vol.
Ouvrage couronné par l'Académie française.
— *M. Littré et le positivisme*. 1 vol.
— *Problèmes de morale sociale*; 2ᵉ édit. 1 vol.
— *Philosophie et philosophes*. 1 vol.

CARRAU (L.), ancien maître de conférences à la Faculté des lettres de Paris : *Étude sur la théorie de l'évolution*. 1 vol.

FOUILLÉE, membre de l'Institut : *L'idée moderne du droit en Allemagne, en Angleterre et en France*; 3ᵉ édition. 1 vol.
— *La science sociale contemporaine*; 2ᵉ édition. 1 vol.
— *La propriété sociale et la démocratie*. 1 vol.
— *La philosophie de Platon*, 2ᵉ édition.
Tome I : Théorie des idées et de l'amour.
Tome II : Esthétique, morale et religion platoniciennes.
Tome III : Histoire du platonisme et de ses rapports avec le christianisme.
Tome IV : Essais de philosophie platonicienne.

FRANCK (Ad.), de l'Institut : *Essais de critique philosophique*. 1 vol.
— *Nouveaux Essais de critique philosophique*. 1 vol.

GARNIER (Ad.) : *Traité des facultés de l'âme*; 4ᵉ édition. 3 vol.
Ouvrage couronné par l'Académie française.

GRÉARD (O.), de l'Académie française : *De la morale de Plutarque*; 5ᵉ édition. 1 vol.
Ouvrage couronné par l'Académie française.

JOLY, professeur à la Faculté des lettres de Paris : *Psychologie des grands hommes*. 1 vol.
— *Psychologie comparée : l'homme et l'animal*; 3ᵉ édition. 1 vol.
Ouvrage couronné par l'Académie des sciences morales et politiques.
— *Le Socialisme chrétien*. 1 vol.

JOUFFROY (Th.) : *Cours de droit naturel*; 5ᵉ édition. 2 vol.
— *Cours d'esthétique*; 4ᵉ édition. 1 vol.
— *Mélanges philosophiques*; 6ᵉ édit. 1 vol.
— *Nouveaux Mélanges philosophiques*; 4ᵉ édition. 1 vol.

LAFFITTE : *Le paradoxe de l'égalité*. 1 vol.

MARTHA (C.), de l'Institut : *Les moralistes sous l'empire romain*; 6ᵉ édition. 1 vol.
Ouvrage couronné par l'Académie française.
— *Le poème de Lucrèce*; 4ᵉ édition. 1 vol.
Ouvrage couronné par l'Académie française.
— *Études morales sur l'antiquité*; 3ᵉ édit. 1 vol.
— *La délicatesse dans l'art*; 2ᵉ édit. 1 vol.

NICOLE : *Œuvres philosophiques*. 1 vol.

PRÉVOST-PARADOL : *Études sur les moralistes français*; 7ᵉ édition. 1 vol.

SIMON (Jules), de l'Académie française :
La liberté politique; 5ᵉ édition. 1 vol.
— *La liberté civile*; 5ᵉ édition. 1 vol.
— *La liberté de conscience*; 6ᵉ édition. 1 vol.
— *La religion naturelle*; 8ᵉ édition. 1 vol.
— *Le devoir*; 15ᵉ édition. 1 vol.
Ouvrage couronné par l'Académie française.

TAINE : *Les philosophes classiques du XIXᵉ siècle en France*; 6ᵉ édition. 1 vol.
— *De l'intelligence*; 7ᵉ édition. 2 vol.
— *Philosophie de l'art*; 6ᵉ édition. 2 vol.

THAMIN (R.), professeur au lycée Condorcet : *Un problème moral dans l'antiquité*. 1 vol.
Ouvrage couronné par l'Académie des sciences morales et politiques.

WORMS (R.) : *La morale de Spinosa*. 1 vol.
Ouvrage couronné par l'Académie des sciences morales et politiques.

www.ingramcontent.com/pod-product-compliance
Lightning Source LLC
Chambersburg PA
CBHW050806170426
43202CB00013B/2589